Das Erwerbsverhalten verheirateter Frauen in der Bundesrepublik Deutschland

Wirtschaftswissenschaftliche Beiträge

Band 1: Christof Aignesberger
Die Innovationsbörse als Instrument zur Risikokapitalversorgung innovativer mittelständischer Unternehmen
1987. 326 Seiten. Brosch. DM 69,-
ISBN 3-7908-0384-7

Band 2: Ulrike Neuerburg
Werbung im Privatfernsehen
1988. 302 Seiten. Brosch. DM 69,-
ISBN 3-7908-0391-X

Band 3: Joachim Peters
Entwicklungsländerorientierte Internationalisierung von Industrieunternehmen
1988. 165 Seiten. Brosch. DM 49,-
ISBN 3-7908-0397-9

Band 4: Günther Chaloupek
Joachim Lamel und Josef Richter (Hrsg.)
Bevölkerungsrückgang und Wirtschaft
1988. 478 Seiten. Brosch. DM 98,-
ISBN 3-7908-0400-2

Band 5: Paul J. J. Welfens und Leszek Balcerowicz (Hrsg.)
Innovationsdynamik im Systemvergleich
1988. 466 Seiten. Brosch. DM 90,-
ISBN 3-7908-0402-9

Band 6: Klaus Fischer
Oligopolistische Marktprozesse
1988. 169 Seiten. Brosch. DM 55,-
ISBN 3-7908-0403-7

Band 7: Michael Laker
Das Mehrproduktunternehmen in einer sich ändernden unsicheren Umwelt
1988. 209 Seiten. Brosch. DM 58,-
ISBN 3-7908-0413-4

Band 8: Irmela von Bülow
Systemgrenzen im Management von Institutionen
1989. 278 Seiten. Brosch. DM 69,-
ISBN 3-7908-0416-9

Band 9: Heinz Neubauer
Lebenswegorientierte Planung technischer Systeme
1989. 183 Seiten. Brosch. DM 55,-
ISBN 3-7908-0422-3

Band 10: Peter Michael Sälter
Externe Effekte: „Marktversagen" oder Systemmerkmal?
1989. 196 Seiten. Brosch. DM 59,-
ISBN 3-7908-0423-1

Band 11: Peter Ockenfels
Informationsbeschaffung auf homogenen Oligopolmärkten
1989. 163 Seiten. Brosch. DM 58,-
ISBN 3-7908-0424-X

Band 12: Olaf Jacob
Aufgabenintegrierte Büroinformationssysteme
1989. 177 Seiten. Brosch. DM 55,-
ISBN 3-7908-0430-4

Band 13: Johann Walter
Innovationsorientierte Umweltpolitik bei komplexen Umweltproblemen
1989. 208 Seiten. Brosch. DM 59,-
ISBN 3-7908-0433-9

Band 14: Detlev Bonneval
Kostenoptimale Verfahren in der statistischen Prozeßkontrolle
1989. 180 Seiten. Brosch. DM 55,-
ISBN 3-7908-0440-1

Band 15: Thomas Rüdel
Kointegration und Fehlerkorrekturmodelle
1989. 138 Seiten. Brosch. DM 49,-
ISBN 3-7908-0441-X

Band 16: Konrad Rentrup
Heinrich von Storch, das „Handbuch der Nationalwirthschaftslehre" und die Konzeption der „inneren Güter"
1989. 146 Seiten. Brosch. DM 55,-
ISBN 3-7908-0445-2

Band 17: Manfred A. Schöner
Überbetriebliche Vermögensbeteiligung
1989. 417 Seiten. DM 98,-
ISBN 3-7908-0446-0

Band 18: Paulo Haufs
DV-Controlling
1989. 166 Seiten. DM 55,-
ISBN 3-7908-0447-9

Band 19: Rainer Völker
Innovationsentscheidungen und Marktstruktur
1989. 221 Seiten. Brosch. DM 65,-
ISBN 3-7908-0452-5

Band 20: Petra Bollmann
Technischer Fortschritt und wirtschaftlicher Wandel
1989. 184 Seiten. Brosch. DM 59,-
ISBN 3-7908-0453-3

Band 21: Franz Hörmann
Das Automatisierte, Integrierte Rechnungswesen
1989. 408 Seiten. Brosch. DM 89,-
ISBN 3-7908-0454-1

Band 22: Winfried Böing
Interne Budgetierung im Krankenhaus
1990. 274 Seiten. Brosch. DM 69,-
ISBN 3-7908-0456-8

Band 23: Gholamreza Nakhaeizadeh und Karl-Heinz Vollmer (Hrsg.)
Neuere Entwicklungen in der Angewandten Ökonometrie
1990. 248 Seiten. Brosch. DM 68,-
ISBN 3-7908-0457-6

Band 24: Thomas Braun
Hedging mit fixen Termingeschäften und Optionen
1990. 167 Seiten. Brosch. DM 55,-
ISBN 3-7908-0459-2

Band 25: Georg Inderst, Peter Mooslechner und Brigitte Unger (Hrsg.)
Das System der Sparförderung in Österreich
1990. 126 Seiten. Brosch. DM 55,-
ISBN 3-7908-0461-4

Band 26: Thomas Apolte und Martin Kessler (Hrsg.)
Regulierung und Deregulierung im Systemvergleich
1990. 313 Seiten. Brosch. DM 79,-
ISBN 3-7908-0462-2

Band 27: Joachim Lamel/Michael Mesch/Jiři Skolka (Hrsg.)
Österreichs Außenhandel mit Dienstleistungen
1990. 335 Seiten. Brosch. DM 79,-
ISBN 3-7908-0467-3

Fortsetzung auf Seite 198

Gerhard Untiedt

Das Erwerbsverhalten verheirateter Frauen in der Bundesrepublik Deutschland

Eine mikroökonometrische Untersuchung

Mit 9 Abbildungen

Physica-Verlag Heidelberg

Ein Unternehmen des Springer-Verlags

Reihenherausgeber
Werner A. Müller

Autor
Dr. Gerhard Untiedt
Institut für Ökonometrie
und Wirtschaftsstatistik
Universität Münster
Am Stadtgraben 9
D-4400 Münster

ISBN-13:978-3-7908-0609-0 e-ISBN-13:978-3-642-46931-2
DOI: 10.1007/978-3-642-46931-2

D 6 (1990)
CIP-Titelaufnahme der Deutschen Bibliothek
Untiedt, Gerhard:
Das Erwerbsverhalten verheirateter Frauen in der Bundesrepublik Deutschland: eine mikroökonometrische Untersuchung / Gerhard Untiedt. - Heidelberg: Physica-Verl., 1992
Zugl.: Münster (Westfalen), Univ., Diss., 1990

7120/7130-543210 - Gedruckt auf säurefreiem Papier

Vorwort

Die vorliegende Untersuchung entstand während meiner Tätigkeit als Wissenschaftlicher Mitarbeiter am Institut für Ökonometrie und Wirtschaftsstatistik der Westfälischen Wilhelms Universität Münster. Sie wurde im November 1990 als Dissertation an der wirtschaftswissenschaftlichen Fakultät der Westfälischen Wilhelms Universität angenommen.

Meinem Doktorvater Herrn PROF. DR. HERBERT GÜLICHER danke ich nicht nur für die Freiheit, die er mir bei der Themenwahl ließ, sondern auch für die kritische und konstruktive Betreuung während der Entstehungszeit. Herrn PROF. DR. JOSEF BLEYMÜLLER bin ich zu Dank verpflichtet für die Übernahme des Zweitgutachtens.

Meinen Kollegen DR. ALBERT OVERBECK und DIPLOM-VOLKSWIRT MARTIN POTTHOFF bin ich zu tiefstem Dank verpflichtet, da sie die Arbeit mit Kritik, Anregung und Zuspruch in jederzeit angenehmer Arbeitsatmosphäre begleiteten. Weiterhin danke ich dem Kollegen DIPLOM-VOLKSWIRT TORSTEN KÖPKE dafür, daß er sich die Mühe gemacht hat, das ganze Manuskript auf Verständlichkeit hin zu lesen.

Die Daten des Sozio-ökonomischen Panel wurden mir freundlicherweise vom Sonderforschungsbereich 3 der Universitäten Mannheim und Frankfurt und dem Deutschen Institut für Wirtschaftsforschung in Berlin zur Verfügung gestellt. Für die kollegiale Zusammenarbeit danke ich den Mitarbeitern dieser Institutionen.

Ohne die Rücksichtnahme und den Zuspruch meiner Frau Margarethe Hunke-Untiedt wäre diese Arbeit wohl nicht so schnell zum Abschluß gekommen. Ihr und unseren Kindern, Hannah Katharina und Klara Maria, ist dieses Buch gewidmet.

Münster, im November 1991

Gerhard Untiedt

Inhaltsverzeichnis

Abbildungsverzeichnis XI

Tabellenverzeichnis XIII

Symbolverzeichnis XVI

1 Einleitung **1**

1.1 Problemstellung 1

1.2 Ziel und Aufbau 3

2 Entwicklungen am Arbeitsmarkt der Bundesrepublik Deutschland 1965 – 1984 **7**

2.1 Die Erwerbsbeteiligung 8

2.2 Die Teilzeiterwerbstätigkeit 14

2.3 Das Erwerbsverhalten im internationalen Vergleich 15

2.4 Zusammenfassung 16

3 Mikroökonomische Arbeitsangebotsmodelle **19**

3.1 Das Arbeitsangebot des Haushalts 20

3.1.1 Lohnsatzvariationen und Arbeitsangebot 25

3.1.2 Nichterwerbseinkommen und Arbeitsangebot 26

3.2 Die Erwerbsbeteiligungsentscheidung 28

3.3 Die Aussagefähigkeit des einfachen Arbeitsangebotsmodells 29

3.4 Das Arbeitsangebotsmodell bei fixierter Arbeitszeit 31

3.5 Zusammenfassung 33

4 Ein ökonometrisches Modell zur Bestimmung des Arbeitsangebotes verheirateter Frauen **35**

4.1 Ein erweitertes mikroökonomisches Modell und die ökonometrische Spezifikation 36

4.2 Ein ökonometrisches Modell 39

4.3 Ökonometrische Modellgleichungen – Ein Überblick 41

5 Ökonometrische Theorie **43**

5.1 Die Analyse binärer endogener Variablen 45

5.1.1 Die KQ-Schätzung 45

5.1.2 Die PROBIT-Analyse 48

5.1.2.1 Das Modell 49

5.1.2.2 Die Interpretation der Koeffizienten 51

5.2 Die Analyse zensierter endogener Variablen 52

5.2.1 Die KQ-Schätzung 53

5.2.2 Das zweistufige HECKMANN-Verfahren 55

5.2.3 Die TOBIT-Analyse 58

5.2.3.1 Der Maximum-Likelihood-Schätzansatz . . 59

5.2.3.2 Die Interpretation der Koeffizienten 62

5.3 Das MULTINOMIALE LOGIT-Modell bei fixierten Arbeitszeiten 63

5.3.1 Die ML-Schätzung 66

5.3.2 Die Interpretation der Koeffizienten 68

5.4 Gütemaße und Teststatistiken 69

5.5 Die Multikollinearitätsdiagnose 71

5.5.1 Die VARIANCE-INFLATION-FACTORS 72

5.5.2 Das BELSLEY-, KUH- und WELSCH Verfahren . . . 74

6 Die statistische Analyse des Arbeitsangebotes verheirateter Frauen 75

6.1 Die Datenbasis . . . 79

6.2 Die Modellvariablen . . . 80

6.2.1 Die endogenen Variablen . . . 80

6.2.2 Die exogenen Variablen . . . 86

6.2.2.1 Die exogenen Variablen der Lohnsatzfunktion 87

6.2.2.2 Die exogenen Variablen der Arbeitsangebotsmodelle . . . 89

6.3 Die Erwerbsbeteiligung verheirateter Frauen . . . 96

6.3.1 Vorbemerkung . . . 96

6.3.2 Die Schätzergebnisse . . . 98

6.3.2.1 Frauen mit deutscher Staatsbürgerschaft . 98

6.3.2.2 Frauen mit ausländischer Staatsbürgerschaft 104

6.3.2.3 Zusammenfassung . . . 110

6.4 Die Bruttostundenlohnfunktion . . . 111

6.4.1 Vorbemerkung . . . 111

6.4.2 Die Schätzergebnisse . . . 112

6.4.3 Zusammenfassung . . . 115

6.5 Die Stundenangebotsfunktion . . . 116

6.5.1 Vorbemerkung . . . 116

6.5.2 Die Schätzergebnisse . . . 117

6.5.2.1 Die Ergebnisse der OLS- und HECKMANN-Schätzung . . . 117

6.5.2.2 Die Ergebnisse der TOBIT-Schätzung . . . 122

6.6 Das Erwerbsverhalten bei klassifizierten Arbeitszeiten . . . 126

6.6.1 Vorbemerkung . . . 126

6.6.2 Die Schätzergebnisse . . . 128

6.6.3 Zusammenfassung . . . 133

6.7 Zusammenfassung . . . 135

7 Zusammenfassung 139

Anhang **147**

A Deskriptive Statistiken **148**

A.1 Der Gesamtdatenbestand 148

A.2 Frauen mit deutscher Staatsangehörigkeit 150

A.3 Frauen mit ausländischer Staatsangehörigkeit 152

B Multikollinearitätsdiagnose **155**

B.1 Kollinearitätsdiagnose der Erwerbsbeteiligungsfunktion . . . 156

B.1.1 Verheiratete Frauen mit deutscher Staatsbürgerschaft 156

B.1.2 Verheiratete Frauen mit ausländischer Staatsbürgerschaft 162

B.2 Kollinearitätsdiagnose der Lohnfunktion 166

B.2.1 Verheiratete Frauen mit deutscher Staatsbürgerschaft 166

B.2.2 Verheiratete Frauen mit ausländischer Staatsbürgerschaft 170

B.3 Kollinearitätsdiagnose der Stundenangebotsfunktionen für verheiratete Frauen mit deutscher Staatsangehörigkeit 172

B.3.1 Diagnose auf Basis der erwerbstätigen Frauen 172

B.3.2 Diagnose auf Basis aller Frauen 178

C Kennzeichen ausgewählter Untersuchungen zum Arbeitsangebot von Frauen in der Bundesrepublik Deutschland **185**

Literaturverzeichnis **189**

Abbildungsverzeichnis

Abbildung 3.1 Die nutzenmaximale Arbeitszeit-Freizeitentscheidung 22

Abbildung 3.2 Lohnsatzvariation und Arbeitsangebot 24

Abbildung 3.3 Nichterwerbseinkommen und Arbeitsangebot 27

Abbildung 3.4 Arbeitsangebot und Reservation Wage 28

Abbildung 3.5 Alternative Verläufe von Arbeitsangebotsfunktionen 30

Abbildung 3.6 Standardisierte Arbeitszeiten und Lohnsatzvariationen 32

Abbildung 5.1 Die KQ-Schätzung einer zensierten metrischen endogenen Variablen bei Beschränkung auf die positiven Werte der endogenen Variable 54

Abbildung 6.1 Häufigkeitsverteilung der durchschnittlich geleisteten Wochenstunden differenziert nach der Staatszugehörigkeit 81

Abbildung 6.2 Häufigkeitsverteilung des logarithmierten Bruttostundenverdienstes $ln(w_i) = ln(BST)$ differenziert nach der Staatszugehörigkeit 84

Tabellenverzeichnis

Tabelle 2.1 Strukturdaten über die Bevölkerungsentwicklung in der BRD und ihre Beteiligung am Erwerbsleben 1965 bis 1984 8

Tabelle 2.2 Erwerbsquoten der männlichen Wohnbevölkerung der BRD nach Altersklassen von 1965 bis 1984 9

Tabelle 2.3 Erwerbsquoten der ledigen weiblichen Wohnbevölkerung in der BRD nach Altersklassen von 1950 bis 1985 . . . 10

Tabelle 2.4 Erwerbsquoten der verheirateten weiblichen Wohnbevölkerung in der BRD nach Altersklassen von 1965 bis 1984 11

Tabelle 2.5 Entwicklung der Nettoreproduktionsrate in der Bundesrepublik Deutschland 1965 – 1984 12

Tabelle 2.6 Teilzeitbeschäftigte Arbeitnehmer und Anteile an der Gesamtzahl der Erwerbstätigen differenziert nach dem Geschlecht im Jahresdurchschnitt 1960 - 1984 14

Tabelle 2.7 Erwerbsquoten verheirateter Frauen ausgewählter OECD-Staaten 1965 bis 1984 15

Tabelle 5.1 Verteilung der Störvariablen ϵ_p im LINEAREN WAHRSCHEINLICHKEITSMODELL 46

Tabelle 6.1 Relative Häufigkeit der Erwerbsbeteiligung verheirateter Frauen insgesamt und differenziert nach der Staatszugehörigkeit 82

Tabelle 6.2 Relative Häufigkeit des Arbeitsangebotes für die fixierten Arbeitszeiten Vollerwerbstätig, Teilerwerbstätig und Nichterwerbstätig insgesamt und differenziert nach der Staatszugehörigkeit 83

Tabelle 6.3 Deskription der endogenen Variablen der verschiedenen Modelle 85

Tabelle 6.4 Deskription der exogenen Variablen 94

Tabelle 6.5 OLS- und Probit-Parameterschätzwerte für das Erwerbsverhalten verheirateter Frauen mit deutscher Staatsangehörigkeit $n = 1838$ 100

Tabelle 6.6 Die Wahrscheinlichkeit, erwerbstätig zu sein, in Abhängigkeit vom Einkommen und der Zahl der im Haushalt lebenden Kinder in verschiedenen Altersklassen für verheiratete Frauen mit deutscher Staatsangehörigkeit 102

Tabelle 6.7 OLS- und Probit-Parameterschätzwerte für das Erwerbsverhalten verheirateter Frauen mit ausländischer Staatsangehörigkeit $n = 705$ 106

Tabelle 6.8 Die Wahrscheinlichkeit, erwerbstätig zu sein, in Abhängigkeit vom Einkommen und der Zahl der im Haushalt lebenden Kinder in verschiedenen Altersklassen für verheiratete Frauen mit ausländischer Staatsangehörigkeit . . . 108

Tabelle 6.9 Schätzergebnisse für den Bruttostundenlohn für verheiratete Frauen getrennt nach der Staatszugehörigkeit unter Berücksichtigung des *sample selection bias* (Heckmann-Verfahren) 113

Tabelle 6.10 Parameterschätzwerte für das Stundenangebot verheirateter Frauen mit deutscher Staatsangehörigekeit mit dem OLS-Verfahren, dem HECKMANN-Ansatz und dem TOBIT-Verfahren 118

Tabelle 6.11 Die TOBIT-Schätzergebnisse – Prognose der Erwerbsbeteiligung, des Stundenangebotes der erwerbstätigen Frauen und des Stundenangebotes aller Frauen (einschließlich der zur Zeit nichterwerbstätigen) bei Variation des Nettoeinkommens des Ehemanns 124

Tabelle 6.11 Die TOBIT-Schätzergebnisse – Prognose der Erwerbsbeteiligung, des Stundenangebotes der erwerbstätigen Frauen und des Stundenangebotes aller Frauen (einschließlich der zur Zeit nichterwerbstätigen) bei Variation der im Haushalt lebenden Kinder in verschiedenen Altersklassen . 125

Tabelle 6.13 Parameterschätzwerte für das Wahrscheinlichkeitsmodell mit klassifizierten Arbeitszeiten für verheiratete Frauen mit deutscher Staatsangehörigkeit $n = 1838$ (MULTINOMIALES-LOGIT Modell) 130

Tabelle 6.14 Das MULTINOMIALE LOGIT-Modell – Prognose der Wahrscheinlichkeit vollerwerbstätig, teilerwerbstätig oder nichterwerbstätig zu sein in Abhängigkeit von Variationen des Nettoeinkommens des Ehemanns 134

Tabelle 6.15 Das MULTINOMIALE LOGIT-Modell – Prognose der Wahrscheinlichkeit vollerwerbstätig, teilerwerbstätig oder nichterwerbstätig zu sein in Abhängigkeit von der Zahl und dem Alter der im Haushalt lebenden Kinder 135

Verzeichnis der wichtigsten Symbole

$\mathbf{A}$	Diagonalmatrix der quadrierten Residuen
$\|a\|$	Absolutwert von a
α	Signifikanzniveau für den Fehler 1. Art
β	Vektor der unbekannten Regressionskoeffizienten $(k \times 1)$
β_j	j'ter Regressionskoeffizient
$\hat{\beta}$	Schätzwerte für die unbekannten Regressionskoeffizienten β
$\tilde{\beta}$	Spaltenvektor $[(j-1) * k \times 1]$ sämtlicher Regressionskoeffizienten im MULTINOMIALEN LOGIT-Modell mit j Wahlmöglichkeiten
$\tilde{\beta}_j$	Spaltenvektor $(k \times 1)$ der Regressionskoeffizienten im MULTINOMIALEN LOGIT-Modell für die Alternative j
$\hat{\tilde{\beta}}$	Spaltenvektor $[j-1) * k \times 1]$ der Schätzwerte sämtlicher Regressionskoeffizienten im MULTINOMIALEN LOGIT-Modell mit j Wahlmöglichkeiten
$\hat{\tilde{\beta}}_j$	Spaltenvektor $k \times 1$ der Schätzwerte der Regressionskoeffizienten imMULTINOMIALEN LOGIT-Modell für die Alternative j
C	gesamter Komsum
c_i	Komsummenge eines Gutes i
C_N	gesamter Konsum aus Nichterwerbseinkommen
C_T	gesamter Konsum falls sämtliche Zeit eines Zeitintervalls T als Arbeitszeit verwendet wird
CI	Condition Index
$\frac{\partial(a)}{\partial(b)}$	partielle Ableitung der Funktion a nach b
$\frac{\partial ln\mathrm{l}}{\partial\beta}$	Spaltenvektor $(k \times 1)$ der 1.partiellen Ableitungen der Log-Likelihoodfunktion
$\frac{\partial^2 ln\mathrm{l}}{\partial\beta\partial\beta'}$	$k \times k$ Matrix der 2.partiellen Ableitungen der Log-Likelihoodfunktion
$\frac{\partial ln\mathrm{l}}{\partial\sigma^2}$	Skalar der 1.partiellen Ableitung der Log-Likelihoodfunktion für die Varianz (TOBIT-Modell)

e	Eulersche Zahl
ϵ	Störvariable
ϵ^*	transformierte Störvariable
EE	Einkommenseffekt
$F(a)$	Wahrscheinlichkeit einer beliebigen Verteilungsfunktion an der Stelle a
$\hat{\gamma}$	erweiterter Koeffizientenvektor
GLS	Generalized Least Squares
H	gewünschte Arbeitszeit
H^a	aktuell beobachtete Arbeitszeit
H_0	Nullhypothese
H_A	Alternativhypothese
ℓ	Freizeit
w	Lohnsatz je Zeiteinheit
w_r	Anspruchslohn (*reservation wage*)
$\mathbf{l}$	Likelihoodfunktion
ln	natürlicher Logarithmus
$ln\mathbf{l}$	Log-Likelihoodfunktion
λ	Übergangsrate
$\hat{\lambda}$	Schätzwert für die Übergangsrate
n	Anzahl an Beobachtungen
ν	Freiheitsgrade
OLS	Ordinary Least Squares
P	Wahrscheinlichkeit
$\hat{P}$	Schätzwert für die Wahrscheinlichkeit
p_i	Preis eines Gutes i
PA	binäre nominalskalierte endogene Variable der Erwerbsbeteiligungsfunktion
PF	nominalskalierte endogene Variable des Modells mit fixierten Arbeitszeiten
$\phi(a)$	Wert der Dichtefunktion der Normalverteilung an Stelle a
$\Phi(a)$	Wert der Verteilungsfunktion der Normalverteilung an der Stelle a

$\prod$	Produktoperator
Q	Nutzenoptimum
R^2	Bestimmtheitsmaß
$\mathbf{R}$	Matrix der Einfachkorrelationskoeffizienten
$r_{x_j x_k}$	Einfachkorrelationskoeffizient zwischen den Variablen X_j und X_k
SQR	residuale Abweichungsquadratsumme
SQT	gesamte zu erklärende Abweichungsquadratsumme
SE	Substitutionseffekt
$\sum$	Summenoperator
σ_ϵ	Standardfehler der Störvariable
$\hat{\sigma}_\epsilon$	Schätzwert des Standardfehler der Störvariable
σ_ϵ^2	Vaianz der Störvariable
$\hat{\sigma}_\epsilon^2$	Schätzwert der Varianz der Störvariable
sw	Singulärwert
T	zur freien Verfügung stehendes Zeitbudget
θ	erweiterter Parametervektor im TOBIT-Modell
$\hat{\theta}$	Startwertvektor für die unbekannten Regressionskoeffizienten und die Varianz im TOBIT-Modell
u	Indifferenzkurve
U	Nutzenfunktion
$\hat{\mathbf{V}}(\hat{\beta})$	Varianz-Kovarianz-Matrix der Regressionskoeffizienten
$\mathbf{X}$	Matrix der erklärenden Variablen
$\mathbf{x_i}$	Zeilenvektor der erklärenden Variablen für die Beobachtung i
x_{ji}	exogene Variable j für die Beobachtung i
Y	modellendogene Variable

Kapitel 1

Einleitung

1.1 Problemstellung

Die Entwicklung auf dem Arbeitsmarkt der Bundesrepublik Deutschland ist für die Jahre 1982 bis 1988 durch folgende Tendenzen gekennzeichnet: Trotz einer seit 1982 anhaltenden positiven gesamtwirtschaftlichen Entwicklung und der Schaffung zahlreicher neuer Arbeitsplätze verharrt die Zahl der Arbeitslosen auf einem hohen Niveau. Ursächlich hierfür ist einerseits der Eintritt der "geburtenstarken Jahrgänge" in das Erwerbsleben und die verstärkte Einwanderung in die Bundesrepublik Deutschland. Andererseits ist zu beobachten, daß sich das Erwerbsverhalten demographischer Gruppen[1] verändert hat. Während die Erwerbsquote[2] der männlichen Bevölkerung leicht rückläufig ist, steigt die Erwerbsquote für den weiblichen Teil der Bevölkerung an. Diese Beobachtung veranlaßte den SACHVERSTÄNDIGENRAT ZUR BEGUTACHTUNG DER GESAMTWIRTSCHAFTLICHEN ENTWICKLUNG in seinem Jahresgutachten 1985/86 "zur besonderen Situation der Frau am Arbeitsmarkt" Stellung zu beziehen.[3]

Differenziert man die weibliche Bevölkerung nach dem Familienstand, so zeigt sich, daß der Anstieg der Erwerbsquote aller Frauen auf die zu-

---

[1] Die demographischen Gruppen stellen Teilpopulationen der Bevölkerung dar. Sie ergeben sich aus der Differenzierung der Einwohner der Bundesrepublik Deutschland nach dem Geschlecht, dem Familienstand und dem Alter.

[2] Die Erwerbsquote ist definiert als der Anteil der Erwerbspersonen an 100 Personen der Wohnbevölkerung entsprechenden Alters, Geschlechts und Familienstandes im Alter von 15 bis 65 Jahren.

[3] Vgl. SACHVERSTÄNDIGENRAT ZUR BEGUTACHTUNG DER GESAMTWIRTSCHAFTLICHEN ENTWICKLUNG (1985): *Auf dem Weg zu mehr Beschäftigung.* Stuttgart, Mainz, S. 66f..

nehmende Erwerbstätigkeit der verheirateten Frauen zurückzuführen ist, während die Erwerbsquote der ledigen weiblichen Bevölkerung leicht rückläufig ist.

Über die Ursachen und Bestimmungsgründe des individuellen Arbeitsangebotes, das seinen gesamtwirtschaftlichen Ausdruck in der Erwerbsquote hat, besteht weitgehend Unklarheit.

An Studien zum individuellen Arbeitsangebot[4] in der Bundesrepublik Deutschland fehlt es weitgehend, da Individualdaten, die zur Bestimmung der Einflußfaktoren auf das individuelle Arbeitsangebot notwendig sind, nicht vorgelegen haben oder sofern Individualdaten erhoben worden sind, wie z. B. beim Mikrozensus, nicht ausreichend Informationen zum Erwerbsverhalten vorliegen.

In der vorliegenden Untersuchung wird das Arbeitsangebotsverhalten verheirateter Frauen in der Bundesrepublik Deutschland anhand aktueller Individualdaten aus dem Sozio-ökonomischen Panel[5] untersucht. Die Beschränkung auf das Erwerbsverhalten verheirateter Frauen ergibt sich aus den Tatsachen, daß dieses das größte inländische bisher nicht am Markt wirksam gewordene Arbeitspotential ist und in der Vergangenheit bei dieser Gruppe die größten Veränderungen im Erwerbsverhalten zu beobachten waren. Von besonderem Interesse ist dabei, von welchen Faktoren die Entscheidung abhängig ist, ob eine verheiratete Frau erwerbstätig ist und falls sie einer Erwerbstätigkeit nachgeht, wieviele Stunden sie dann arbeitet.

> Gelänge es, die objektiven und subjektiven Faktoren zu analysieren, die durch ihr Zusammenwirken letztlich bestimmen, ob eine Frau sich zur Berufstätigkeit entscheidet oder nicht, dann wären die Ansatzpunkte für gezielte arbeitsmarktpolitische Maßnahmen gefunden.[6]

---

[4] Zum individuellen Arbeitsangebot sind in der Bundesrepublik Deutschland Untersuchungen von FRANZ (1981), FRANZ und KAWASAKI (1981), HÜBLER (1983), MERZ (1987) und MERZ (1990) veröffentlicht, die in Anhang C näher charakterisiert sind. Mit Ausnahme der Untersuchungen von MERZ werden regionale Untersuchungen durchgeführt.

[5] Das Sozio-ökonomische Panel stellt repräsentative individuelle Längsschnittinformationen für die Bundesrepublik Deutschland zur Verfügung. Seit 1984 erhebt Infratest München im jährlichen Abstand im Auftrag des Sonderforschungsbereichs 3 der Universitäten Frankfurt und Mannheim und des Deutschen Instituts für Wirtschaftsforschung Berlin bei ausgewählten Haushalten sozio-ökonomische Merkmale, die es erlauben, individuelles Handeln in Form statistischer Modelle zur formulieren. Vgl. HANEFELD, U. (1987): *Das Sozio-ökonomische Panel.* Frankfurt a.M. .

[6] Institut für Arbeitsmarkt- und Berufsforschung (1975). Zitiert nach: HÜBLER, O. (1983): *Ökonometrische Untersuchungen zum Arbeitsangebotsverhalten von Frauen.* In: MittAB, Vol. 16, S. 301 - 311, S. 301.

1.2 Ziel und Aufbau

Die vorliegende Untersuchung setzt sich zum Ziel:

- die Einflußfaktoren für das individuelle Arbeitsangebotsverhalten verheirateter Frauen in der Bundesrepublik Deutschland zu bestimmen und
- zu untersuchen, ob zwischen verheirateten Frauen mit deutscher Staatsangehörigkeit und Frauen mit ausländischer Staatsbürgerschaft Unterschiede im Erwerbsverhalten und bei den das Erwerbsverhalten bestimmenden Faktoren bestehen.

Die Analyse beschränkt sich dabei auf

- die Erwerbsbeteiligungswahrscheinlichkeit,
- das Stundenangebot und
- auf die Bestimmung der Einflußfaktoren, wenn keine vollständig flexible Arbeitszeit angenommen ist und die Erwerbsbeteiligungsform durch die Alternativen
    1. Vollerwerbstätigkeit,
    2. Teilerwerbstätigkeit und
    3. Nichterwerbstätigkeit

gegeben ist.

Der Aufbau der vorliegenden Untersuchung gestaltet sich wie folgt:

Im **zweiten Kapitel** wird die Entwicklung der Beteiligung verschiedener demographischer Gruppen am Arbeitsmarkt für den Zeitraum 1965 bis 1984 beschrieben. Besondere Aufmerksamkeit wird auf die Entwicklung der Erwerbsquoten der verheirateten Frauen gelegt, die mit den Erwerbsquoten der männlichen Bevölkerung und denen der ledigen weiblichen Bevölkerung der Bundesrepublik Deutschland verglichen werden. Anschließend wird auf mögliche Ursachen für die Veränderung der Erwerbsquoten bei den verheirateten Frauen eingegangen und es wird ein Vergleich zwischen der Entwicklung der Erwerbsquoten der verheirateten Frauen in der Bundesrepublik mit den Quoten ausgewählter Industriestaaten vorgenommen.

Das **dritte Kapitel** beinhaltet eine Darstellung der ökonomischen Theorie des individuellen Arbeitsangebotes. Nach einer allgemeinen Charakterisierung des Nutzenmaximierungsmodells werden die Auswirkungen von

Lohnsatzänderungen auf das Arbeitsangebot diskutiert. Die Aufnahme einer Nichterwerbseinkommenskomponente wird diskutiert, und daraus folgend wird als weitere Dimension des Arbeitsangebotes die Erwerbsbeteiligung abgeleitet. Aus der Kritik am ökonomischen Modell mit vollständig flexiblen Arbeitszeiten wird übergegangen auf die Darstellung eines realitätsnäheren Modells mit fixierten Arbeitszeiten.

Im **vierten Kapitel** wird ein ökonometrisches Modell vorgestellt, das sich aus dem ökonomischen Ansatz im **dritten Kapitel** ergibt. Neben der Erwerbsbeteiligungs-, der Stundenangebotsfunktion und der Modellgleichung für fixierte Arbeitszeiten wird eine Lohnsatzfunktion vorgestellt. Deren Notwendigkeit ergibt sich aus der Tatsache, daß für die aktuell Nichterwerbstätigen kein Lohnsatz dokumentiert ist. Der Lohnsatz stellt aber eine zentrale Einflußgröße im ökonomischen Modell dar, auf die bei der statistischen Untersuchung nicht verzichtet werden soll. Daran anschließend wird ein Überblick über die ökonometrischen Modellgleichungen gegeben, die der vorliegenden Untersuchung zugrunde gelegt sind.

Das **fünfte Kapitel** befaßt sich mit den Eigenschaften der Regressionsverfahren, die zur Analyse herangezogen werden. Für die Erwerbsbeteiligungsfunktion werden das LINEARE WAHRSCHEINLICHKEITSMODELL und der nichtlineare PROBIT-Ansatz erörtert. Für das Stundenangebot und die Lohnsatzfunktion wird ausgehend vom KQ-Verfahren der zweistufige HECKMANN-Ansatz und das TOBIT-Modell diskutiert. Anschließend wird für das Arbeitsangebotsmodell mit fixierten Arbeitszeiten das MULTINOMIALE LOGIT-Modell erörtert. Teststatistiken und Gütemaße werden vorgestellt, die eine statistische Überprüfung der spezifizierten Modelle erlauben und es werden zwei Verfahren zur Multikollinearitätsdiagnose erörtert.

Im **sechsten Kapitel** wird die statistische Analyse durchgeführt. Ausgehend von der Beschreibung der verwendeten Daten werden die endogenen und exogenen Modellvariablen vorgestellt. Für die verheirateten Frauen wird anschließend getrennt nach der Staatsangehörigkeit die Erwerbsbeteiligungsfunktion bestimmt. Daran schließt sich die Bestimmung der Lohnsatzfunktion an. Für die verheirateten Frauen mit deutscher Staatsbürgerschaft werden Stundenangebotsmodelle statistisch bestimmt und überprüft, und es wird abschließend ein Wahrscheinlichkeitsmodell mit fixierten Arbeitszeiten vorgestellt. Zum Abschluß werden die ermittelten Ergebnisse kommentierend zusammengefaßt.

Die Schlußbetrachtung im **siebten Kapitel** faßt die wichtigsten Ergebnisse nochmals zusammen und diskutiert weitere Möglichkeiten zur Analyse des Arbeitsangebotes.

Sämtliche Modellrechnungen wurden mit dem Programm GAUSS[7] durchgeführt, während die zur Analyse verwendeten Daten unter Anwendung des SAS-Systems[8] aus dem Rohdatenmaterial entnommen sind.

[7] Vgl. APTECH SYSTEMS, INC. (EDS., 1988): GAUSS SYSTEM VERSION 2.0. Kent.
[8] Vgl. SAS INSTITUTE, INC. (EDS, 1985): *SAS Version 5.18*. Cary.

Kapitel 2

Entwicklungen am Arbeitsmarkt der Bundesrepublik Deutschland 1965 – 1984

Im folgenden werden Tendenzen, die auf dem Arbeitsmarkt der Bundesrepublik im Zeitraum von 1965 bis 1984 zu beobachten waren, dargestellt. Die primär zeitlich orientierte Darstellung einiger Segmente des Arbeitsmarktes gibt einen Einblick in die Entwicklung am Arbeitsmarkt der Bundesrepublik Deutschland und ist zugleich Bindeglied zur empirischen Querschnittsanalyse der Daten des Sozio-ökonomischen Panels. Besonderes Beachtung erhält die Erwerbstätigkeit verheirateter Frauen, deren Verhalten bzw. Verhaltensänderungen im betrachteten Zeitraum Gegenstand der Erörterung sind.

Ausgehend von der Entwicklung der Wohnbevölkerung in der Bundesrepublik Deutschland insgesamt und der verschiedener Bevölkerungsgruppen wird auf die Veränderung des Erwerbspersonenpotentials eingegangen. Eine Differenzierung nach dem Geschlecht, dem Familienstand und dem Alter zeigt, daß sich das Erwerbsverhalten verschiedener demographischer Gruppen im Zeitablauf unterschiedlich entwickelt hat. Es wird auf mögliche Ursachen für diese Entwicklung eingegangen, wobei das Erwerbsverhalten der verheirateten Frauen im Vordergrund steht. Anschließend wird die Entwicklung der Teilzeitbeschäftigung betrachtet und es wird dargestellt, welche Auswirkungen davon auf die Erwerbsquoten ausgehen. Um aufzuzeigen, daß die Zunahme der Erwerbsquoten der verheirateten Frauen kein bundesdeutsches Spezifikum ist, werden zum Vergleich die Erwerbsquoten ausgewählter Industriestaaten herangezogen. Abschließend werden die Ergebnisse zusammengefaßt.

2.1 Die Erwerbsbeteiligung

Bei einer relativ konstanten Gesamtbevölkerungszahl von 61 Millionen Personen in der Bundesrepublik Deutschland hat sich bei einem Frauenanteil von ungefähr 52 % an der Gesamtbevölkerung die Zahl der Erwerbspersonen[1] weiblichen Geschlechts von 9,932 Mio. im Jahre 1965 auf 11,269 Mio. im Jahre 1984 erhöht. (Vgl. **Tabelle 2.1**) Dieses entspricht einer Zunahme

Tabelle 2.1 Strukturdaten über die Bevölkerungsentwicklung in der BRD und ihre Beteiligung am Erwerbsleben 1965 bis 1984

Personen	Einheit	1965	1970	1975	1980	1984
Wohnbevölkerung						
insgesamt	Tsd	59012	61508	61991	61566	61175
Frauen	Tsd	30979	32107	32387	32149	31934
Frauenanteil	%	52,5	52,2	52,2	52,2	52,2
Erwerbspersonen						
insgesamt	Tsd	27157	26510	26868	27640	28815
Frauen	Tsd	9932	9683	10002	10478	11269
Frauenanteil	%	36,3	36,5	37,2	37,9	39,1
Erwerbsquoten						
Männer	%	90,1	91,3	85,2	84,4	81,4
Frauen	%	47,9	47,1	48,9	50,2	51,7
verheiratete Frauen	%	36,8	39,0	44,3	46,1	47,5
ledige Frauen	%	78,8	69,7	63,0	60,7	61,4
Erwerbstätige						
insgesamt	Tsd	27100	26343	25960	26874	26608
Frauen	Tsd	9834	9602	9639	10092	10171
Frauenanteil	%	36,3	36,4	37,1	37,6	38,2
Arbeitslose						
insgesamt	Tsd	85	149	918	822	2143
Frauen	Tsd	28	56	363	454	988
Frauenanteil	%	32,9	37,6	39,5	55,2	46,1

Quelle: STATISTISCHE JAHRBÜCHER, verschiedene Jahrgänge, eigene Berechnungen

[1] Die Zahl der Erwerbspersonen ergibt sich aus der Summe der Personen, die ihren Wohnsitz im Bundesgebiet haben und "eine unmittelbar oder mittelbar auf Erwerb gerichtete Tätigkeit ausüben .... oder eine derartige Tätigkeit suchen. Erwerbstätige sind Personen, die in einem Arbeitsverhältnis stehen (einschließlich Soldaten und mithelfende Familienangehörige) oder selbständig ein Gewerbe oder eine Landwirtschaft betreiben oder einen freien Beruf ausüben. Erwerbslose sind Personen ohne Arbeitsverhältnis, die sich um eine Arbeitsstelle bemühen, unabhängig davon, ob sie beim Arbeitsamt als Arbeitslose gemeldet sind oder nicht." Zitiert nach: DICHTL, E., O. ISSING (HRSG., 1987): *Vahlens Großes Wirtschaftslexikon*. Bd. 1, München, S. 532.

von 1.335 Mio. Personen oder 13.5 % für der Zeitraum 1965 bis 1984. Der Anteil der Frauen an der Gesamtzahl der Erwerbspersonen nahm von 36.3 % (1965) auf 39.1 Prozent (1984) zu.

Im gleichen Zeitraum stieg die Erwerbsquote der Frauen im Alter von 15 bis 65 Jahren von 47,9 % auf 51,7 % während gleichzeitig die Erwerbsquote der Männer von 90,1 % auf 81,4 % sank. Die hier festzustellende gegenläufige Tendenz bei der Entwicklung der geschlechtsspezifischen Erwerbsquote wird durch die **Tabellen 2.2** bis **2.4** präzisiert und mögliche Ursachen für diese Entwicklung werden aufgezeigt.

Tabelle 2.2 Erwerbsquoten der männlichen Wohnbevölkerung der BRD nach Altersklassen von 1965 bis 1984

von ... bis unter ... Jahren	Jahr				
	1965	1970	1975	1980	1984
15 - 20	68,2	55,4	57,2	48,5	46,5
20 - 25	86,6	85,9	79,9	82,0	79,2
25 - 30	94,0	92,9	90,6	90,2	86,7
30 - 35	98,3	98,4	97,3	97,3	95,0
35 - 40	98,6	98,8	98,2	98,3	97,1
40 - 45	97,7	98,5	98,0	98,1	97,5
45 - 50	96,8	96,8	96,8	96,8	96,6
50 - 55	94,6	95,1	93,1	93,3	92,9
55 - 60	90,5	89,2	85,7	82,3	80,1
60 - 65	78,1	74,4	58,3	44,2	35,2

Quelle: STATISTISCHE JAHRBÜCHER, verschiedene Jahrgänge, eigene Berechnungen

Eine differenzierte Aussage über das Erwerbsverhalten der männlichen Bevölkerung wird möglich, wenn die in **Tabelle 2.2** wiedergegebenen altersspezifischen Erwerbsquoten herangezogen werden. Die Erwerbsbeteiligung der 15 bis 20jährigen sank von 68,2 % (1965) auf 46,5 % (1984). Eine relativ starke Abnahme ist auch für die Gruppe der 20 bis 25jährigen festzustellen. Ursächlich für die Abnahme dürfte ein verändertes Ausbildungsverhalten sein, da bedingt durch längere Schul-, Ausbildungs- und Studienzeiten der Eintritt in das Erwerbsleben später erfolgt. Andererseits wird die Erwerbsquote auch durch ein frühzeitigeres Ausscheiden aus dem Erwerbsleben gemindert. Dabei spielen sowohl der vorzeitige Ruhestand als auch die Herabsetzung des Alters zum Austritt aus dem Erwerbsleben eine entscheidende Rolle. Dies führte dazu, daß die Erwerbsquote der 55 bis 60jährigen von 90,5 Prozent auf 80,1 % abnahm und sich in der Alterklasse der 60 - 65jährigen die Quote von 78,1 % auf 35,2 % reduzierte.

Hingegen änderten sich die Erwerbsquoten der männlichen Bevölkerung im Alter von 30 bis 55 Jahren kaum und blieben auf hohem Niveau, so daß in diesen Altersgruppen – unabhängig von dem Familienstand – eine Erwerbstätigkeit ausgeübt wird.

Tabelle 2.3 Erwerbsquoten der ledigen weiblichen Wohnbevölkerung in der BRD nach Altersklassen von 1950 bis 1985

von ... bis unter ... Jahren	Jahr				
	1965	1970	1975	1980	1984
15 - 20	68,5	53,4	50,1	40,9	40,6
20 - 25	86,5	84,2	75,3	76,9	75,1
25 - 30	90,8	86,4	82,1	84,8	80,9
30 - 35	90,0	88,5	86,7	88,5	89,4
35 - 40	91,5	89,0	90,6	90,9	90,3
40 - 45	89,7	90,5	89,3	88,6	90,2
45 - 50	86,4	88,9	89,5	88,1	87,0
50 - 55	83,0	84,8	85,1	86,8	82,6
55 - 60	76,8	76,5	77,2	77,2	78,0
60 - 65	49,4	46,7	35,6	26,3	22,0

Quelle: STATISTISCHE JAHRBÜCHER, verschiedene Jahrgänge, eigene Berechnungen

Entgegengesetzt zur Abnahme der Erwerbsquote der männlichen Erwerbsbevölkerung verhält sich die Entwicklung bei der weiblichen Bevölkerung. Die Erwerbsquote stieg hier von 47,9 % auf 51,7 % an (Vgl. **Tabelle 2.1**); d.h. von der Gesamtzahl der weiblichen Wohnbevölkerung war etwa die Hälfte erwerbstätig oder auf der Suche nach einer Erwerbstätigkeit. Auch im Gegensatz zur männlichen Bevölkerung ist bei den Frauen zu beobachten, daß eine Differenzierung nach dem Familienstand, unterschiedliches Erwerbsverhalten induziert (Vgl. **Tabellen 2.2, 2.3** und **2.4**). So sank die Erwerbsbeteiligung der ledigen Frauen von 78,8 % im Jahre 1965 auf 61,4 % im Jahre 1984. Ähnlich wie bei der männlichen Erwerbsbevölkerung ist das Absinken der Erwerbsquote auf ein verändertes Ausbildungsverhalten und ein frühzeitigeres Ausscheiden aus dem Erwerbsleben zurückzuführen. Dies wird durch **Tabelle 2.3** deutlicht, in der ein Absinken der Erwerbsquoten vor allem in den beiden unteren bzw. oberen Altersklassen vorzufinden ist, während bei den "mittleren" Altersklassen eine relativ konstante Erwerbsquote vorliegt.

Tabelle 2.4 Erwerbsquoten der verheirateten weiblichen Wohnbevölkerung in der BRD nach Altersklassen von 1965 bis 1984

von ... bis unter ... Jahren	Jahr				
	1965	1970	1975	1980	1984
15 - 20	57,2	58,1	57,9	55,3	53,7
20 - 25	51,7	55,1	62,1	62,3	62,8
25 - 30	40,8	43,5	51,2	55,3	58,1
30 - 35	36,5	39,8	47,1	51,2	53,4
35 - 40	38,3	41,1	45,9	50,8	54,6
40 - 45	40,6	42,3	46,5	50,7	55,6
45 - 50	38,6	41,7	45,6	47,5	51,5
50 - 55	34,5	37,5	40,3	41,4	44,7
55 - 60	28,9	31,1	31,8	31,8	34,6
60 - 65	19,3	18,8	14,2	11,2	10,1

Quelle: STATISTISCHE JAHRBÜCHER, verschiedene Jahrgänge, eigene Berechnungen

Abweichend von der Veränderung der Erwerbsquoten bei der männlichen Bevölkerung und der der ledigen Frauen verläuft die Entwicklung bei den verheirateten Frauen (Vgl. **Tabelle 2.1**). Die Erwerbsquote stieg von 36,8 % im Jahr 1965 auf 47,5 % im Jahre 1984 an. Damit hat die Erwerbsquote im Betrachtungszeitraum um ca. 30 % zugenommen. Da die Zahl der verheirateten Frauen im Jahr 1965 13,839 Mio.[2] und die Zahl der Erwerbspersonen 5,092 Mio. betrug, während die Zahl der verheirateten Frauen 1984 13,328 Mio.[3] und die Zahl der Erwerbspersonen 6,393 Mio. betrug, kann die zu Beginn dieser Ausführungen konstatierte Zunahme der Zahl weiblicher Erwerbspersonen um 1,335 Mio. fast ausschließlich auf die Zunahme der Erwerbstätigkeit bei den verheirateten Frauen zurückgeführt werden. Das Potential der erwerbsfähigen verheirateten Frauen, das bisher erst etwa zur Hälfte am Arbeitsmarkt wirksam ist, könnte bei konstantem Trend in Zukunft zu einer weiteren Annäherung der geschlechtsspezifischen Erwerbsquoten führen.

---

[2]Bestand am 31.12.1964, Vgl. STATISTISCHES BUNDESAMT (HRSG., 1966): *Statistisches Jahrbuch.* Stuttgart, S. 40.

[3]Bestand am 31.12.1984, Vgl. STATISTISCHES BUNDESAMT (HRSG., 1985): *Statistisches Jahrbuch.* Stuttgart, S. 64.

Betrachtet man die Entwicklung der altersspezifischen Erwerbsquoten der verheirateten Frauen (Vgl. **Tabelle 2.4**), so fällt auf, daß insbesondere in den "mittleren" Altersklassen eine deutliche Zunahme der Erwerbsquote festzustellen ist, während in den oberen Alterklassen – wie bei den anderen demographischen Gruppen auch – eine Abnahme der Erwerbsquoten vorliegt.

Eine Vielzahl von Einflußfaktoren beeinflussen das Erwerbsverhalten der (Ehe)Frauen, von denen hier die wichtigsten angesprochen werden.

Ein steigendes Ausbildungsniveau führt im Zusammenhang mit dem Wunsch der Frauen aktiv am Erwerbsleben teilzunehmen zu einer Erhöhung der Erwerbsquote. In einer Heirat sehen viele Frauen keinen Grund mehr aus dem aktiven Erwerbsleben auszuscheiden.[4] Die vermehrt durch Schul- und Ausbildung erworbenen Kenntnisse sollen durch eine Berufstätigkeit verwertet werden, was tendenziell zu einem Anstieg der Erwerbsquote verheirateter Frauen führt.

Tabelle 2.5 Entwicklung der Nettoreproduktionsrate in der Bundesrepublik Deutschland 1965 – 1984

Jahr	Rate
1965	1,174
1970	0,946
1975	0,679
1980	0,679
1984	0,603

Quelle: STATISTISCHES JAHRBUCH 1989, S.60

Das generative Verhalten stellt eine weitere wichtige Einflußgröße dar. Wie aus **Tabelle 2.5** hervorgeht ist für den zugrunde gelegten Zeitraum eine konstante Abnahme der Nettoreproduktionsrate[5] festzustellen, die von 1,174 im Jahr 1965 auf 0,603 im Jahr 1984 gesunken ist . Ob jedoch der

[4] Vgl. WARNKEN, J.(1981): *Überlegungen zur weiteren Entwicklung des Erwerbsverhaltens von Frauen.* In: KLAUDER, W., G. KÜHLEWIND (HRSG.): *Probleme der Messung des Frauenerwerbspotentials.* Beiträge zur Arbeits- und Berufsmarktforschung, Band 56, Nürnberg, S. 29 - 39, S. 33.

[5] "Die Nettoreproduktionsrate gibt an, inwieweit bei gegebenenen Fertilitäts- und Mortalitätsraten (den sog. Vitalitätsverhältnissen) eines Beobachtungszeitraums eine Frauengeneration durch die von diesen Frauen geborenen Mädchen ersetzt wird. .... Eine Nettoreproduktionsrate von 1,0 bedeutet, daß die Generation der Mütter durch die der Töchter ersetzt wird (falls die unterstellten Vitalitätsverhältnisse über einen hin-

Rückgang der Nettoreproduktionsrate ursächlich für den Anstieg der Erwerbsquote ist oder ob die Zunahme der Erwerbsquote ein Absinken der Nettoreproduktionsrate nach sich gezogen hat, ist nicht beantwortbar. Wie zu erkennen ist (Vgl. **Tab. 2.1** mit **Tab. 2.5**), besteht zwischen beiden Größen eine negative Korrelation.

In den vergangen Jahrzehnten hat eine zunehmende Ausstattung der Haushalte mit langlebigen Gebrauchsgütern stattgefunden, die dazu beitragen, daß der zeitliche Aufwand für Tätigkeiten im Haushalt zurückgegangen ist und dadurch ein mehr an verfügbarer Zeit gegeben ist, das alternativ als Freizeit oder Arbeitszeit verwendet werden kann. Ein Teil der verheirateten Frauen sieht sich durch Hausarbeit und Kindererziehung nicht mehr ausgefüllt und strebt nach Erwerbstätigkeit.

Weitere wichtige Einflußfaktoren auf das Erwerbsverhalten sind ökonomische Faktoren. In einer Gesellschaft, in der die Konsumnorm verstärkt durch alleinstehende Personen mit einem Vollerwerbseinkommen und Ehepaaren mit zwei Erwerbseinkommen vorgegeben wird, ist in Familien mit Kindern die Frau aufgrund der Einkommmenssitutation gezwungen, ihre Erwerbstätigkeit fortzuführen bzw. wieder aufzunehmen, damit der Lebensunterhalt der Familie gesichert ist. SCHWARZ[6] zeigt in einer Sonderauswertung des Mikrozensus aus dem Jahre 1976, daß die Erwerbsquoten verheirateter Frauen – unterschieden nach verschiedenen Nettoeinkomensklassen der Ehemänner – stark von einander abweichen. So sind die Erwerbsquoten umso höher, je geringer das Nettoeinkommen des Ehegatten ist.[7] Neben den hier aufgezeigten Tatbeständen scheinen sich in den vergangenen zwei Jahrzehnten auch die gesellschaftlichen Normen und Verhaltensmuster geändert zu haben, die ihren Ausdruck in einer Erhöhung der Erwerbsquote der verheirateten Frauen findet.

Auch die zunehmende Flexibilisierung der Arbeitszeitregelungen und das vermehrte Angebot an Teilzeitarbeitsplätzen dürften eine positive Wirkung auf die Erwerbsquoten haben, denn durch die Einrichtung von Teilzeitarbeitsmöglichkeiten erhöht sich die Wahrscheinlichkeit, häusliche Tätigkeiten und die Erwerbsarbeit miteinander zu vereinbaren. Auf die Entwicklung der Teilzeitarbeit wird nachfolgend eingegangen.

---

reichend langen Zeitraum konstant bleiben, eine Nettoreproduktionsrate von $> 1 (< 1)$, daß die nachfolgende Generation die erste mehr als ersetzt (nicht mehr ersetzt)."Zitiert nach: DICHTL, E. O. ISSING (HRSG., 1987): *Vahlens Großes Wirtschaftslexikon.* Bd. 2, München, 1987, S. 216f.

[6] Vgl. SCHWARZ, K. (1978): *Erwerbstätigkeit verheirateter Frauen – Ergebnisse des Mikrozensus.* In: Wirtschaft und Statistik, Wiesbaden, S. 473 - 480.

[7] Vgl. SCHWARZ, K. (1978), a.a.O., S. 476.

2.2 Die Teilzeiterwerbstätigkeit

Im Jahre 1984 betrug die Zahl der teilzeiterwerbstätigen[8] Personen in der BRD 3,177 Mio.. Davon waren 2,891 Mio. (ca. 91 %) Frauen, während Männer einen Anteil von 9 % oder 0,286 Mio. Personen aufwiesen.

Über die Ursachen der Teilerwerbstätigkeit gibt es in der amtlichen Statistik nur wenige Hinweise. Als Grund für die Teilzeitarbeit gaben 1984 7 % der Männer bzw. 14 % der Frauen, die jeweils teilzeitbeschäftigt waren, an, daß sie keinen Vollerwerbsarbeitsplatz gefunden hätten.[9] Die Bedeutung der Teilerwerbstätigkeit hat in den vergangenen 20 Jahren stark zugenommen, was durch die **Tabelle 2.6** belegt wird. Insbesondere stieg die Zahl der teilzeiterwerbstätigen Frauen von 0,781 Mio. im Jahre 1960 auf 2,891 Mio. im Jahre 1984 an. Waren 1960 nur etwa 8,6 % aller erwerbstätigen Frauen in Teilzeiterwerbsbeschäftigungsverhältnissen beschäftigt, so betrug ihr Anteil im Jahre 1984 31,1 %. Bei den männlichen Erwerbstätigen läßt sich hingegen nur eine geringfügige Variation feststellen.

Tabelle 2.6 Teilzeitbeschäftigte Arbeitnehmer und Anteile an der Gesamtzahl der Erwerbstätigen differenziert nach dem Geschlecht im Jahresdurchschnitt 1960 - 1984

Jahr	Männer		Frauen	
	in Tsd	%	in Tsd	%
1960	200	1,5	781	8,6
1965	215	1,5	1415	16,4
1970	220	1,5	2057	24,4
1975	261	1,9	2557	29,5
1980	203	1,4	2666	29,0
1984	286	2,1	2891	31,1

Quelle: BRINKMANN, C., H. KOHLER, L. REYHER (1981), a.a.O., S. 362.

Die Attraktivität einer Teilzeiterwerbstätigkeit ist insbesondere für verheiratete Frauen gegeben, da bei einer Teilbeschäftigung Zeit verbleibt,

[8] Der Begriff der Teilzeiterwerbstätigkeit ist in der amtlichen Statistik nicht einheitlich definiert. Im nachfolgenden soll dann Teilerwerbstätigkeit vorliegen, wenn die regelmäßige Wochenarbeitszeit weniger als 37 Wochenstunden beträgt. Die Definition erfolgt in Anlehnung an: BRINKMANN, C., H. KOHLER, L. REYHER (1986): *Teilzeitarbeit und Arbeitsvolumen.* In: MittAB, Vol. 19, S. 362 - 365, S. 362.

[9] Vgl. SCHNORR-BÄCKER, S. (1986): *Zur Stellung der Frau in der Wirtschaft.* In: Wirtschaft und Statistik, S. 489 -498, S. 490.

um häusliche und familiäre Aufgaben wahrzunehmen. Umfrageergebnisse[10] deuten darauf hin, daß auch künftig eine größere Nachfrage nach Teilzeitarbeitsplätzen besteht. Da in den Erwerbsquoten die Anzahl der Erwerbspersonen und der Erwerbstätigen erfaßt wird und keine Differenzierung danach vorgenommen ist, ob eine Person teilzeit- oder vollerwerbstätig bzw. auf der Suche nach einer Voll- oder Teilzeitbeschäftigung ist, wird auch in Zukunft die Erwerbsquote steigen, sofern die institutionellen, rechtlichen und tariflichen Gegebenheiten mehr Teilzeitarbeit zulassen.

2.3 Das Erwerbsverhalten im internationalen Vergleich

Die Erwerbsquote der verheirateten Frauen hat sich in allen ausgewählten OECD-Ländern erhöht (Vgl. **Tabelle 2.7**). Die höchsten Erwerbsquoten weisen die nordeuropäischen Länder aus. In Schweden stieg die Erwerbsquote von 42,8 % im Jahr 1965 auf 67,3 % im Jahre 1987, während in Dänemark die Erwerbsquote von 21,8 % im Jahr 1965 auf 64,7 % im Jahr 1984 anstieg. Damit nähert sich die Erwerbsquote der verheirateten Frauen der der Männer. Neben den nordeuropäischen Ländern mit hohen Erwerbsquoten lassen sich zwei weitere Gruppen darstellen, die sich hinsichtlich der Höhe der Erwerbsquote der verheirateten Frauen unterscheiden lassen. Da sind zum einen die mitteleuropäischen und die nordamerikanischen Staaten,

Tabelle 2.7 Erwerbsquoten verheirateter Frauen ausgewählter OECD-Staaten 1965 bis 1984

Staat	Jahr					
	1965	1970	1975	1980	1984	1987
USA	34,7	37,9	41,2	45,8	48,6	51,0
BRD	33,6	35,8	39,7	41,4	43,0	.
Italien	.	.	.	31,6	33,3	35,2
Schweden	42,8	50,5	57,6	64,2	66,7	67,3
Dänemark	21,8	49,0	56,4	62,3	63,4	64,7

Quelle: OECD (EDS., 1984, 1989): *Labour Force Statistics*. Paris.

[10]Vgl. HOFBAUER, H. (1981): *Zur Struktur der Teilzeiterwerbstätigkeit bei Frauen.* In: KLAUDER, K., G. KÜHLEWIND, (HRSG.), a.a.O, S. 107 - 120, S. 107.

deren Erwerbsquoten geringer sind als die der nordeuropäischen Staaten (Vgl. **Tabelle 2.7**, Zeile 1 und 2). Und schließlich weisen die südeuropäischen Staaten eine wesentlich geringere Erwerbsneigung der verheirateten Frauen auf. So ist in Italien die Erwerbsneigung der verheirateten Frauen im Jahr 1987 etwa gleich der Erwerbsbeteiligung in der Bundesrepublik Deutschland im Jahre 1970.

Betrachtet man die nordeuropäischen Staaten als Vorreiter bei der Emanzipation der Frauen, so wird sich mit einer Zeitverzögerung auch in anderen industrialisierten Staaten das Niveau der Erwerbsbeteiligung der verheirateten Frauen an die Erwerbsquoten der nordeuropäischen Staaten anpassen.

2.4 Zusammenfassung

Das Erwerbsverhalten verheirateter Frauen ist einem grundlegenden Wandel unterworfen. Eine immer größere Anzahl verheirateter Frauen verbindet Berufstätigkeit, Hausarbeit und – sofern Kinder im Haushalt leben – auch die Kinderbetreuung miteinander. Von den Ursachen, die zu einer Erhöhung der gesamtwirtschaftlichen Erwerbsquote geführt haben, wurden einige angesprochen, die jedoch keine ausreichende Erklärung für das individuelle Verhalten abgeben. Sie geben jedoch Hinweise darauf, welche Faktoren einen Einfluß auf die Erwerbsneigung ausüben.

Ein Ansteigen der Erwerbsneigung der verheirateten Frauen bringt auch für den Arbeitsmarkt Probleme mit sich. So stieg zwar der Anteil der Frauen an der Gesamtzahl der Erwerbstätigen von 36,3 % (1965) auf 38,2 % (1984) an, gleichzeitig nahm der Anteil der arbeitslos gemeldeten Frauen an der Gesamtzahl der Arbeitslosen von 32,9 % auf 46,1 % zu. (Vgl. **Tabelle 2.1**). Als Gründe für diese Entwicklung, daß eine beabsichtigte Erwerbstätigkeit nicht in einer Beschäftigung mündet, können eine immer noch vergleichsweise schlechte Berufs- und Schulausbildung genannt werden, sowie der Wunsch eine Teilzeitbeschäftigung aufzunehmen, dem ein zu geringes Angebot an Teilzeitbeschäftigungsarbeitsplätzen gegenübersteht.

Zum Abschluß seien nochmals die wichtigsten Einflußfaktoren für die verstärkte Erwerbsneigung dargestellt, die auch in der mikroökonometrischen Modellspezifikation – sofern geeignete Indikatoren vorliegen – berücksichtigt werden:[11]

---

[11] Vgl. CORMETZ, W. (1986): *Theorie und Empirie des Arbeitsangebots – Über die Bestimmungsgründe und den Wandel der geschlechtsspezifischen Erwerbsverhaltens.* In: MittAB, Vol. 19, S. 422-438, S. 424 - 428.

- Die bessere Ausbildung führt dazu, daß die Zahl der erwerbstätigen (Ehe)Frauen steigt.
- Der Anteil der Ehefrauen, die keine Unterbrechung ihrer Erwerbstätigkeit vornehmen, steigt, da
  a. die Zahl der kinderlosen Ehen zunimmt und
  b. Kinder später geboren werden und die Geburt eines Kindes nicht mehr ein Ausscheiden aus dem Erwerbsleben nach sich zieht.
- Die Zeitspanne für die Erziehung der Kinder fällt kürzer aus, da
  a. die durchschnittliche Zahl an Kindern geringer ist und
  b. durch bessere Möglichkeiten zur außerhäuslichen Versorgung der Kinder in Kindergärten, Kindergruppen etc. eine zeitweilige Abwesenheit möglich wird.
- Die Rückkehrquote, die den Anteil der Frauen angibt, die nach vorübergehender häuslicher Tätigkeit in das Erwerbsleben zurückkehren, steigt.
- Die Notwendigkeit hinzuzuverdienen – insbesondere in den unteren Einkommensschichten – gegeben ist.
- Das vermehrte Angebot von Teilzeitarbeitsplätzen führt dazu, daß eine größere Zahl von Ehefrauen ihre verschiedenen Arbeitsbereiche miteinander verbinden können.
- Eine zunehmend bessere Ausstattung von Haushalten mit langlebigen Gebrauchsgüten erhöht die freie Zeit, die zur Erwerbstätigkeit verwendet werden kann.
- Ein Wandel im Rollenverständnis der Geschlechter hat dazu geführt, daß (Ehe)Frauen heute sowohl berufliche Tätigkeit als auch eine Familie anstreben.

Kapitel 3

Mikroökonomische Arbeitsangebotsmodelle

Im folgenden Kapitel werden die theoretischen Grundlagen des Arbeitsangebotsmodells[1] vorgestellt, das die Basis der ökonometrischen Modellspezifikation in **Kapitel 4** ist. Um eine geschlossene Darstellung des Sachverhaltes zu erreichen, wird zunächst das einfache Arbeitsangebotsmodell dargestellt, um dann sukzessive Annahmen aufzugeben, die zu dem erweiterten Modell führen, welches als statisches Modell zur Bestimmung des Arbeitsangebotes verheirateter Frauen interpretiert werden kann.[2] Bei allen

[1] Das Modell ist von L. ROBBINS (1930) formuliert worden. In diesem Zeitallokationsmodell wird die gesamte dem Haushalt zur Verfügung stehende Zeit auf Arbeitszeit und Freizeit verteilt. Die traditionelle Analyse der Zeitallokation ist in der von G. S. BECKER (1965) initiierten modernen Theorie der Zeitallokation in zweifacher Weise erweitert worden. Zum einen ist die Allokation der Konsumzeit auf die verschiedenen Konsumaktivitäten mit in die Betrachtung einbezogen worden. Zum anderen wurde zusätzlich die Allokation der Arbeitszeit auf die verschiedenen Arbeitsaktivitäten untersucht. Auf eine Darstellung der Fortentwicklung des traditionellen Ansatzes wird hier nicht eingegangen, da sie nicht zur statistischen Spezifikation herangezogen wird. Vgl. ROBBINS, L. (1930): *On the Elasticity for Income in Terms of Effort.* In: Economica, Vol. 10, S. 123 - 129. BECKER, G. S. (1965): *A Theory of the Allocation of Time.* In: Economic Journal, Vol. 75, S. 495 - 517.

[2] Daneben gibt es konkurierende theoretische Modelle, die als *family-utility family-budget* Modell und *individual-utility family-budget* Modell bezeichnet werden. Im ersten wird der Nutzen der Familie in Abhängigkeit der (Gesamt)-Freizeit und dem (Gesamt)-Konsum unter Berücksichtigung der Budgetrestriktion maximiert, die sich aus dem gesamten Familieneinkommen zusammensetzt. Im zweiten Ansatz steht der individuelle Nutzen der einzelnen Familienmitglieder im Vordergrund. Jeder maximiert seinen Nutzen unter Berücksichtigung des Familienbudgets. In beiden Modellen findet eine simultane Bestimmung der individuellen Arbeitszeiten statt. Vgl. MACRAE, D. C., A. M. J. YEZER (1976): *The Personal Income Tax and Family Labor Supply.* In: Southern Economic Journal, Vol. 43, S. 783 - 792. LEUTHOLD, J. H. (1968): *An Empirical Study of Formula Income Transfers and the Word Decision of the Poor.* In: Journal of Human Resources, Vol. 3, S. 312 - 323.

nachfolgenden Erörterungen geht es um die Frage, wie bei unterschiedlichen Lohnsätzen und Änderungen des Nichterwerbseinkommens ein gegebenes Zeitintervall in Freizeit und Arbeitszeit aufgeteilt wird. Zunächst wird das Maximierungsproblem, mit dem der Haushalt konfrontiert ist, dargestellt. Anschließend werden der Einfluß von Lohnsatz- und Nichterwerbseinkommensvariationen erörtert, um dann zu dem Problem überzugehen, daß es den Haushalten freisteht, Arbeit anzubieten oder nicht (Erwerbsbeteiligungsentscheidung). Aus der sich anschließenden Kritik am einfachen Arbeitsangebotsmodell ergibt sich das Modell mit fixierter Arbeitszeit. Eine Zusammenfassung der modelltheoretischen Erörterungen und ein Ausblick auf mögliche ökonometrische Modellspezifikationen schließt sich an.

3.1 Das Arbeitsangebot des Haushalts

Die Theorie des Arbeitsangebotsverhaltens ist dem Bereich der Theorie des Konsumentenverhaltens zugeordnet. Ein Haushalt tritt in zweifacher Weise als Teilnehmer am Markt auf, einmal als Nachfrager von Gütern und Dienstleistungen und zum anderen als Anbieter von primären Faktorleistungen. Diese werden unterschieden in Kapitalleistungen und den in dieser Arbeit betrachteten Arbeitsleistungen. Im Rahmen der Theorie des Arbeitsangebotes werden ausschließlich Entscheidungen bezüglich der auf dem Markt angebotenen Arbeitskraft analysiert. Auf eine simultane Bestimmung der Gesamtheit aller Haushaltsaktivitäten wird verzichtet.[3]

Die mikrökonomische Arbeitsangebotstheorie ist ein Versuch, unter Anwendung neoklasssischer Nutzenüberlegungen eine Antwort auf die Frage zu geben, wie ein Haushalt die ihm zur Verfügung stehende Zeit verwendet. Ausgangspunkt ist die Annahme, daß das Angebot an Arbeit oder als Äquivalent die Nachfrage nach Freizeit von dem Nutzen abhängt, den der Haushalt aus den Gütern, Dienstleistungen und der Freizeit erhält.[4]

Wird unterstellt, daß der Haushalt rational handelt, dann wird die Alternative aus den Handlungsmöglichkeiten gewählt, bei der der Haushalt den größten Nutzen erzielt. Dazu wird von einer ordinalen Nutzenfunktion ausgegangen. Um die Existenz einer ordinalen Nutzenfunktion im Sinne der neoklassischen Nutzentheorie zu sichern, werden Axiome über die Präferenzen des Haushalts und der Handlungsalternativen postu-

[3] Vgl. BENDER, D. (1976): *Angebot des Haushalts: I Arbeitsangebot.* In: Handwörterbuch der Wirtschaftswissenschaften Bd. 1, Stuttgart u.a.O., S. 223 - 232, S. 224.

[4] Vgl. HOYER, W., R. RETTIG (1984): *Grundlagen der mikroökonomischen Theorie.* 2. Aufl., Düsseldorf, S. 106.

liert.[5] Zum einen werden nur die Güterkombinationen in die Auswahl aufgenommen, für die der Haushalt eine vollständige Präferenzordnung angeben kann (Axiom der Vollständigkeit). Weiterhin wird unterstellt, daß die Präferenzen des Haushalts konsistent sind (Axiom der Transitivität). Schließlich wird als dritte Annahme das Axiom der rationalen Wahl eingeführt. Es besagt, daß ein Haushalt die Güterkombination wählt, die bei gegebenen Einkommen den höchsten Nutzen bringt.

Der Nutzen des Haushalts wird bestimmt durch den Konsum von Freizeit und Gütern, die im einfachen Arbeitsangebotsmodell als strenge Alternativen betrachtet werden.[6] Angenommen, die Konsumwünsche können nur durch die Verwendung des Arbeitseinkommens befriedigt werden und sämtliches Einkommen wird für Konsumzwecke verausgabt, dann ist bei einem exogen gegebenen Lohnsatz w die Konsummenge C durch die Anzahl der Arbeitsstunden H für ein Zeitintervall T multipliziert mit dem Lohnsatz w bestimmt. Das Zeitintervall T repräsentiert das dem Haushalt zur freien Verfügung stehende Zeitbudget; T ist verkürzt um die Zeit über die seitens des Haushalts nicht verfügt werden kann.[7]

Aus den obigen Aussagen wird bei einem gegebenen Lohnsatz w die Budgetrestriktion des Haushalts abgeleitet, die in **Abbildung 3.1** durch die Gerade TC_T gegeben ist. Wird sämtliche zur Verfügung stehende Zeit als Freizeit verwendet, so beträgt das zur Verfügung stehende Einkommen 0 und die Konsummenge beträgt 0.[8] Jede Zeiteinheit wird mit dem Lohnsatz w entlohnt, die Steigung der Budgetrestriktion ist durch den Lohnsatz determiniert, das maximal erzielbare Einkommen beträgt C_T, wenn das Indiviuum keine Freizeit nachfragt.[9]

---

[5] Vgl. v. BÖVENTER, E. (1989): *Einführung in die Mikroökonomie.* 6. Aufl., München, S.54 - 58.

[6] Vgl. BENDER, D. (1980), a.a.O., S. 224.

[7] Darunter ist insbesondere die zur Regeneration notwendige Zeit zu verstehen. Vgl. HOYER, W, R. RETTIG (1984), a.a.O., S. 106f.

[8] In dieser Modellspezifikation wird es folglich stets ein positives Arbeitsangebot geben. Durch das Hinzufügen einer Nichterwerbseinkommenskomponente ist auch ein Arbeitsangebot von 0 realisierbar. Dieser Zusammenhang wird später eingeführt.

[9] Die stetige Budgetrestriktion impliziert, daß der einzelne Haushalt nur eine Art von Arbeitsleistung anbieten kann (homogenes Arbeitsangebot) und jede beliebige Arbeitszeit realisiert werden kann; d.h. daß von der Unternehmensseite keine Restriktionen bezüglich der Nachfrage bestehen und der Haushalt bei gegebenem Lohnsatz Mengenanpasser ist.

Abbildung 3.1 Die nutzenmaximale Arbeitszeit-Freizeitenscheidung

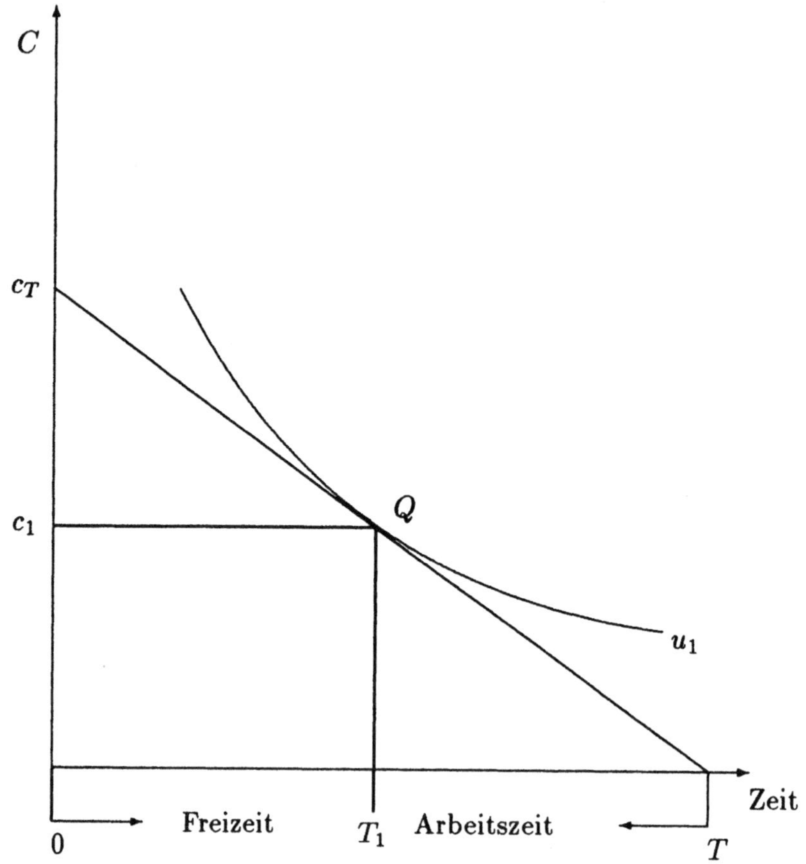

Die optimale Aufteilung des Zeitbudgets auf Arbeits- und Freizeit und damit zugleich die Festlegung der optimalen Konsummenge ist durch die individuellen Präferenzen festgelegt. Die individuellen Wünsche sind in **Abbildung 3.1** durch die Indifferenzkurve u_1 abgebildet. Das Nutzenoptimum ist durch die Indifferenzkurve bestimmt, die die Budgetrestriktion tangiert. Im Optimum ist die Steigung der Indifferenzkurve identisch mit der Steigung der Budgetrestriktion. Damit entspricht im Optimum die Grenzrate der Substitution zwischen Konsum und Freizeit dem Lohnsatz w. In **Abbildung 3.1** ist das Nutzenoptimum im Punkt Q erreicht. Das Zeitbudget wird aufgeteilt in T_1 Freizeiteinheiten und $(T-T_1)$ Arbeitseinheiten. Das dabei entstehende Arbeitseinkommen in Höhe von $w(T - T_1) = wH$ Geldeinheiten führt und zu einer Konsumhöhe von C_1.[10]

[10] Vgl. KILLINGSWORTH, M. R. (1983): *Labor Supply.* Cambridge u.a.O., S. 6.

Betrachten wir die analytische Ableitung des Arbeitsangebotes unter den bereits oben erwähnten Annahmen.[11] Wird sämtliches Einkommen für Komsumzwecke verausgabt, folgt:

$$wH = \sum_i c_i p_i = C \qquad (3.1.1)$$

mit

$$\begin{array}{rcl} c_i & = & \text{Menge des Gutes } i, \\ p_i & = & \text{Preis des Gutes } i, \\ c_i \geq 0 & \text{und} & 0 \leq H \leq T. \end{array}$$

Durch Gleichung (3.1.1) wird festgelegt, daß die Menge der konsumierbaren Güter nicht negativ sein kann und daß die Arbeitszeit H weder größer als die gesamte zur Verfügung stehende Zeit noch kleiner 0 sein kann. Die Präferenzen des Haushalts, die in **Abbildung 3.1** durch die Indifferenzkurve u_1 gekennzeichnet sind, sind algebraisch durch die Nutzenfunktion

$$U = u(\ell, c_1, \ldots\ldots, c_n) \qquad (3.1.2)$$

mit ℓ = Freizeit

gegeben. Durch ℓ wird die Freizeit in Stunden $(T - H)$ als komplementär zur Arbeitszeit gekennzeichnet. Im Modellansatz wird die Freizeit wie jedes andere Gut behandelt, dessen Preis der Lohnsatz ist. In Querschnittsuntersuchungen, die zeitpunktbezogen sind, sind die Preise der Güter zu diesem Zeitpunkt gegeben und stehen in festen Relationen zueinander. Deshalb kann – ohne Informationsverlust – bei der Bestimmung des optimalen Arbeitsangebotes darauf verzichtet werden, den n-Güterfall zu betrachten. Neben dem Gut Freizeit wird nachfolgend nur ein weiteres Gut – und zwar das aus mehreren Komponenten bestehende Gut C – betrachtet.[12] Die Gleichungen (3.1.1) und (3.1.2) reduzieren sich dann zu

[11] Vgl. DEATON, A., J. MUELLBAUER (1980): *Economics and Consumer Behavior.* Cambridge u.a.O., S. 86ff.

[12] Die theoretischen Grundlagen für die Zusammenfassung der n-Güter zu einem Konsumgut sind durch das *Composite Commodity Theorem* gegebeben. Vgl. DEATON, A., J. MUELLBAUER (1980), a.a.O., S. 120-122. Das *Composite Commodity Theorem* besagt, daß wenn alle Güterpreise zu einem Zeitpunkt in festen Relationen zueinander stehen, dieses Bündel an Gütern wie ein einzelnes Gut behandelt werden kann, ohne daß dies einen Einfluß auf die modelltheoretischen Ergebnisse hat. Das zusammengesetzte Gut C "is a price weighted sum of its individual components, so that it should be regarded as proportional to expenditure on the consumer goods comprised within it." KILLINGSWORTH, M. R. (1983), a.a.O., S. 16.

Abbildung 3.2 Lohnsatzvariation und Arbeitsangebot

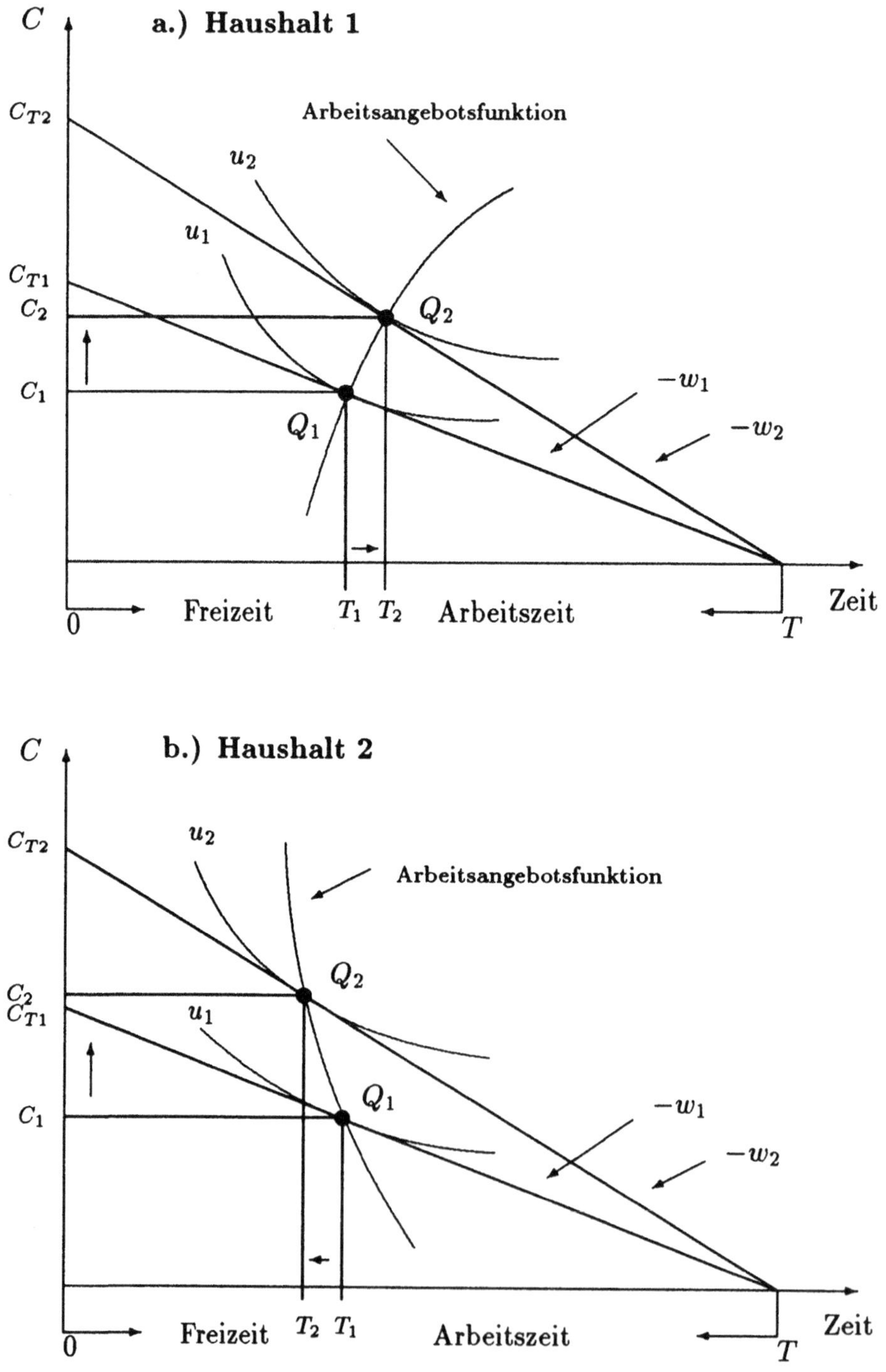

$$wH = pC \tag{3.1.3}$$

und

$$U = u(\ell, C) \quad . \tag{3.1.4}$$

Das Maximierungsproblem, dem sich der Haushalt gegenüber sieht, ist durch die folgende Lagrange-Funktion gegeben

$$L = u(\ell, C) + \tau(w(T - \ell) - pC) \quad . \tag{3.1.5}$$

Die optimale Aufteilung der dem Haushalt zur Verfügung stehenden Zeit erhält man indem die 1. partiellen Ableitungen von Gleichung (3.1.5) gleich 0 gesetzt werden

$$\frac{\partial L}{\partial C} = \frac{\partial u(.)}{\partial C} - \tau p = 0 \quad , \tag{3.1.6}$$

$$\frac{\partial L}{\partial \ell} = \frac{\partial u(.)}{\partial \ell} - \tau w = 0 \tag{3.1.7}$$

und

$$\frac{\partial L}{\partial \tau} = wT - pC - w\ell = 0 \quad . \tag{3.1.8}$$

Die Gleichungen können nicht gelöst werden, wenn die Nutzenfunktion U unbekannt ist. Sie zeigen jedoch an, daß das Optimum der Haushaltsallokation von den Unbekannten w, p und τ abhängig ist.[13] Da es sich bei der empirischen Untersuchung um eine Querschnittsanalyse handelt, wird auf eine Ableitung der Ergebnisse bei Preisvariationen verzichtet. Die Wirkung von Lohnsatzvariationen wird im folgenden erörtert.

3.1.1 Lohnsatzvariationen und Arbeitsangebot

Lohnsatzänderungen führen zu einer Drehung der Budgetrestriktion im Punkt T (Vgl. **Abbildung 3.2**).[14] Mit steigenden Lohnsätzen weist die Budgetgerade somit einen steileren Anstieg auf. Die Auswirkung einer Lohnsatzerhöhung auf das Arbeitsangebot läßt sich analog zur konsumtheoretischen Nachfrageanalyse in einen Substitutions- und Einkommenseffekt zerlegen.[15]

[13] Vgl. CREMER, R. (1982): *Das Arbeitsangebot privater Haushalte.* In: WIST, 11. Jahrgang, S. 505 - 510, S. 507.

[14] Vgl. v.BÖVENTER, E. (1989), a.a.O., S. 133 - 136.

[15] Vgl. DEATON A., J. MUELLBAUER (1980), a.a.O, S. 89 - 93.

Einerseits wird durch die Lohnsatzerhöhung eine relative Verteuerung des Freizeit vorgenommen, so daß Freizeit durch Arbeitszeit substituiert wird (Substitutionseffekt); andererseits bedeutet ein höherer Lohnsatz ceteris paribus ein höheres Einkommen; dadurch wird die Freizeit stärker nachgefragt (Einkommenseffekt). Da die beiden Effekte entgegengesesetzte Vorzeichen besitzen, ist die Lage der individuellen Arbeitsangebotsfunktion entscheidend davon abhängig, welcher der beiden Efffekte den absolut größeren Wert aufweist.[16]

Untersuchen wir in diesem Zusammenhang das Verhalten zweier Haushalte, die unterschiedliche Präferenzen aber identische Budgetrestriktionen haben und konfrontieren wir beide mit identischen Lohnsatzvariationen, so ist in einem Fall eine Ausweitung des Arbeitsangebotes und im anderen Fall eine Einschränkung zu beobachten. (Vgl. **Abbildungen 3.2** (a) und (b)). Haushalt 1 schränkt mit jeder Lohnsatzerhöhung seine Arbeitszeit ein, während Haushalt 2 seine Arbeitszeit ausweitet. Im ersten Fall ist der Einkommenseffekt dominant, während im zweiten Fall der Substitutionseffekt den Einkommenseffekt überwiegt. Für die aus **Abbildung 3.2** (a) und (b) abgeleiteten Arbeitsangebotsfunktionen in Abhängigkeit des Lohnsatzes folgt, daß die Arbeitsangebotsfunktionen sowohl positiv als auch negativ vom Lohnsatz abhängig sein können. A priori kann für die empirische Analyse dem Lohnsatz kein Vorzeichen eindeutig zugeordnet werden.

3.1.2 Nichterwerbseinkommen und Arbeitsangebot

Bei der bisherigen Erörterung des Angebotes an Arbeit ist unterstellt, daß ein positives Arbeitsangebot vorliegt. Diese Aussage ändert sich fundamental, wenn in das bestehende Modell eine Nichterwerbseinkommenskomponente integriert wird, die dazu führt, daß neben der Entscheidung wieviel Arbeitszeit angeboten wird, ebenfalls entschieden werden muß, ob überhaupt Arbeit angeboten wird. Wenn der Haushalt eine positive Partizipationsentscheidung trifft, muß er sich entscheiden, wieviel Arbeitszeit angeboten werden soll.

In **Abbildung 3.3** ist in die in **Abbildung 3.1** wiedergegebene Budgetrestriktion[17] ein Nichterwerbseinkommen in Höhe von N Geldeinheiten eingefügt. Dies gibt dem Haushalt die Möglichkeit, C_N Mengeneinheiten zu konsumieren ohne daß ein positives Arbeitsangebot erfolgen muß.

---

[16] Vgl. V. BÖVENTER, E. (1989), a.a.O., S. 131 - 133.
[17] Vgl. KILLINGSWORTH, M. R. (1983), a.a.O., S. 14.

Abbildung 3.3 Nichterwerbseinkommen und Arbeitsangebot

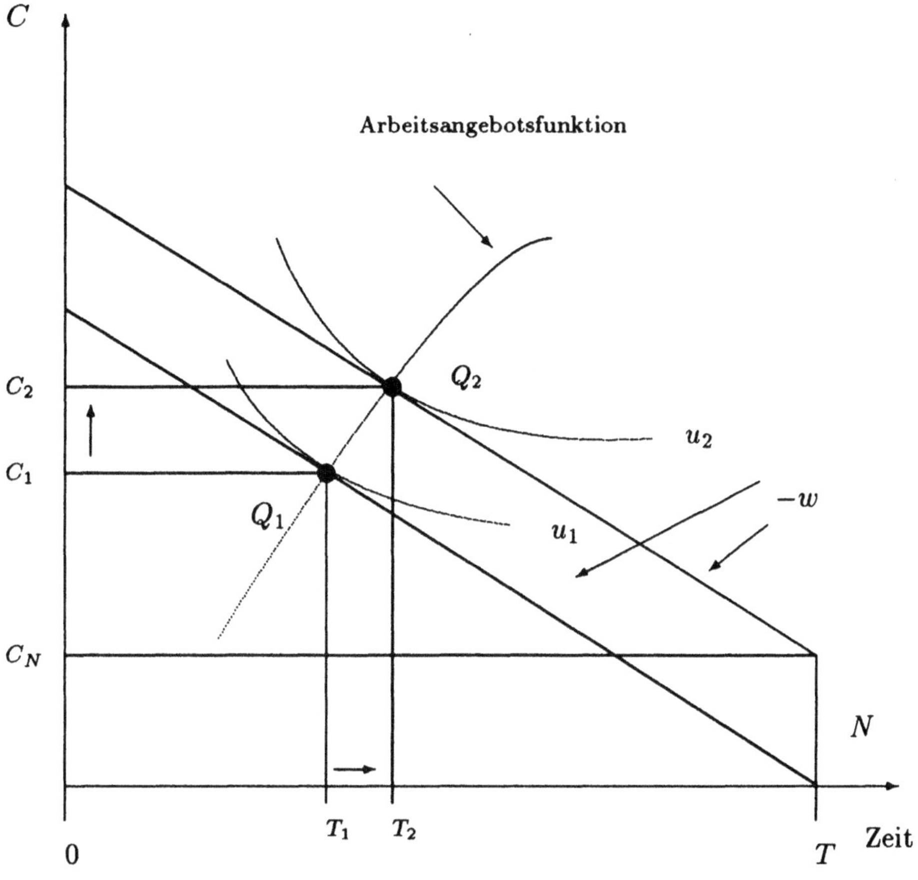

Der Steigung der Budgetrestriktion ändert sich nicht, so daß durch das Nichterwerbseinkommen kein Substituionseffekt zwischen Freizeit und Arbeitszeit vorliegt.[18] Hingegen ist der Einkommenseffekt zu berücksichtigen, der dazu führt, daß mit steigenden Nichterwerbseinkommen die angebotene Arbeitszeit abnimmt (Vgl. **Abbildung 3.3**). In der empirischen Analyse wird das Nichterwerbseinkommen der verheirateten Frauen durch die Komponenten Renteneinkommen, Erwerbseinkommen des Ehemanns und Zinseinnahmen erfasst, für die ein negatives Vorzeichen erwartet wird.

[18] Vgl. KILLINGSWORTH, M. R. (1983), a.a.O., S. 12f.

3.2 Die Erwerbsbeteiligungsentscheidung

Wie bereits im vorstehenden Abschnitt angedeutet, ermöglicht die Berücksichtigung eines Nichterwerbseinkommens die Einführung einer weiteren Dimension des Arbeitsangebotes. Die Partizipation am Arbeitsmarkt ist von der Höhe des Nichterwerbseinkommens und des angebotenen bzw. am Markt erzielbaren Lohnsatzes abhängig. Kein Arbeitsangebot kann immer nur dann erfolgen, wenn das Nichterwerbseinkommen eine Höhe erreicht, die das Existenzminimum überschreitet.[19] Wie sich die Partizipationsentscheidung in Abhängigkeit von dem zu erzielenden Lohnsatzes entwickelt, ist in **Abbildung 3.4** dargestellt.

Abbildung 3.4 Arbeitsangebot und Reservation Wage

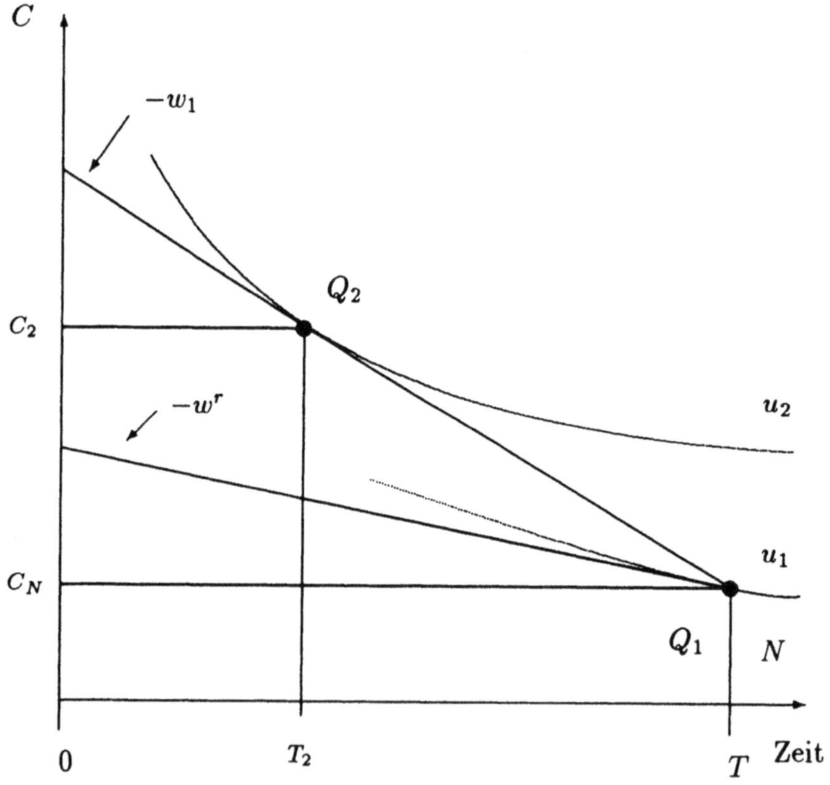

[19] Vgl. Franke, J. (1988): *Grundzüge der Mikroökonomik.* 4. Aufl., München, Wien, S. 229.

In **Abbildung 3.4** ist das Arbeitsangebot gleich 0, wenn der Haushalt einen Lohnsatz von w_r erzielen kann. Im Punkt Q_1 tangiert die Indifferenzkurve u_1 die Budgetrestriktion. Jeder Lohnsatz, der geringer ist als der durch w_r gekennzeichnete, führt ebenfalls dazu, daß keine Arbeit angeboten wird, während für höhere Lohnsätze ein positives Arbeitsangebot folgt, das zum Beispiel durch den Punkt Q_2 bei einem Lohnsatz von w_1 gegeben ist. Der Lohnsatz w_r, bei dem der Haushalt indifferent zwischen Erwerbsbeteiligung und Nichterwerbstätigkeit ist, wird auch als *reservation wage* bezeichnet.[20]

Der *reservation wage* oder Anspruchslohn kennzeichnet also den Lohnsatz, den der Haushalt mindestens erzielen will, damit es bereit ist, am Markt Arbeitskraft anzubieten. Der Haushalt entscheidet somit zunächst, ob der erzielbare Lohnsatz ausreichend hoch ist, um eine Erwerbstätigkeit aufzunehmen und dann wieviel Arbeitszeit angeboten wird.

In der empirischen Modellspezifikation wird diese theoretischen Aussage berücksichtigt, indem neben der Stundenangebotsfunktion auch eine Erwerbsbeteiligungsfunktion überprüft wird, die als abhängige Variable eine Dummy-Variable enthält, die den Wert 1 besitzt, sofern der Haushalt ein positives Arbeitsangebot aufweist und den Wert 0 annimmt, falls der Haushalt nicht erwerbstätig ist.[21]

3.3 Die Aussagefähigkeit des einfachen Arbeitsangebotsmodells

Das vorgestellte Zeitallokationsmodell analysiert die Aufteilung der dem Haushalt zur Verfügung stehenden Zeit in Abhängigkeit des am Markt erzielbaren Lohnsatzes und des Nichterwerbseinkommens. Eine Vielzahl von Funktionsverläufen für die individuelle Arbeitsangebotsfunktion kann mit diesem Instrumentarium abgeleitet werden, die alle ökonomisch plausibel begründet werden können (Vgl. **Abbildung 3.5**).[22] Lohnsatzvariationen können wie bereits in **Abbildung 3.2** gezeigt ist zu unterschiedlichen Reaktionen der Haushalte führen. In **Abbildung 3.5** sind einige Reaktionsverläufe abgebildet. Monotone Arbeitsangebotsfunktionen ergeben sich, wenn für jeden erzielbaren Lohnsatz der Einkommeneffekt (Substitutionseffekt) den Substitutionseffekt (Einkommenseffekt) dominiert oder der Einkommenseffekt gleich dem Substitutionseffekt ist. Neben den monoto-

[20] Vgl. KILLINGSWORTH, M. R. (1983), a.a.O., S. 8.

[21] Auf die ökonometrischen Probleme, die mit einer Dummy-endogenen Variable verbunden sind, wird in **Kapitel 5** eingegangen.

[22] Vgl. BENDER, D. (1980), a.a.O., S. 225f.

nen Arbeitsangebotsfunktionen sind auch umschlagende Angebotsfunktionen möglich, wobei zunächst mit steigenden Lohnsätzen das Arbeitsangebot steigt und ab einem bestimmten Lohnniveau die angebotene Arbeitsmenge abnimmt. Derartige Funktionsverläufe werden auch als ***backward bending labour supply-shades*** bezeichnet.[23]

Dieses wenig befriedigende Ergebnis, daß mit dem hier aufgezeigten Instrumentarium eine Vielzahl von Funktionsverläufen kompatibel ist, macht es unmöglich, a priori einer wichtigen monetären Einflußgröße ein Vorzeichen zuzuordnen.

Abbildung 3.5 Alternative Verläufe von Arbeitsangebotsfunktionen

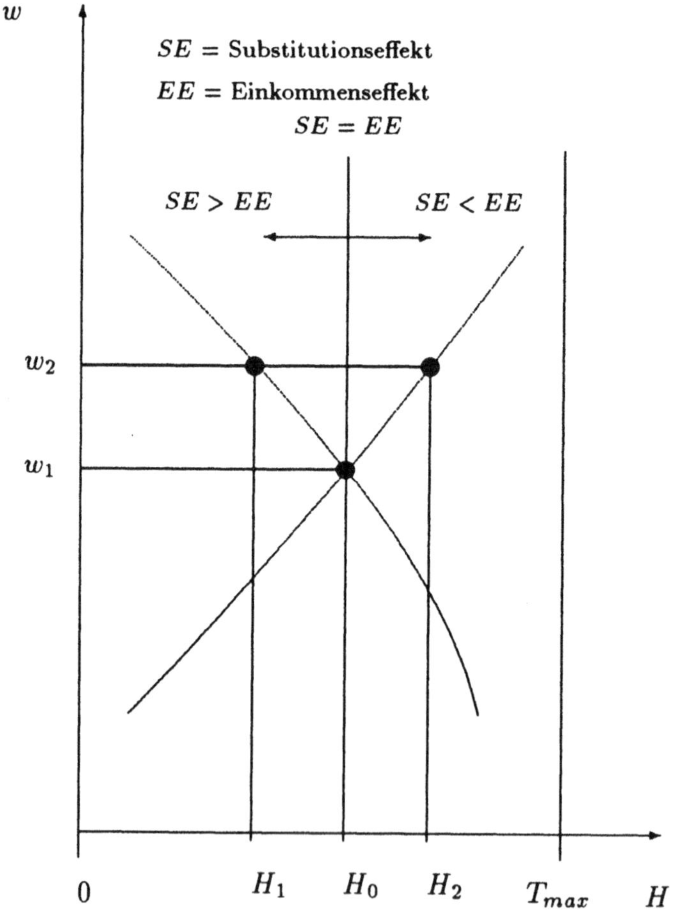

[23]Vgl. EHRENBERG, R., G., R. S. SMITH (1982): *Modern Labor Economics – Theory and Public Policy*. Glenview, Ill., S. 151.

Die Annahme völlig flexibler Arbeitszeiten erscheint ebensfalls nicht problemlos zu sein, da die Mehrzahl der Erwerbstätigen durch kollektiv geschlossene Arbeitsverträge an bestimmte Arbeitszeiten gebunden ist.

Schließlich werden die Arbeitszeit bzw. die Freizeit allein aus monetären Einflußgrößen abgeleitet. Wie empirische Untersuchungen zeigen, sind jedoch nicht nur pekuniäre Faktoren entscheidend für das Arbeitsangebot sondern auch soziale, familiale, kulturelle und demographische Einflußgrößen, die in die empirische Modellspezifikation zu integrieren sind.[24]

3.4 Das Arbeitsangebotsmodell bei fixierter Arbeitszeit

Im Modell mit fixierter Arbeitszeit kann der Haushalt nur eine ganz bestimmte Menge an Arbeitsstunden anbieten. Die feste Arbeitszeit kann zum einen durch eine tariflich vereinbarte Arbeitszeit vorgegeben sein oder durch betriebliche Abläufe bestimmt sein.[25] Trotz der zunehmenden Flexibilisierung der Arbeitszeit und der zunehmenden Nachfrage nach Teilerwerbsarbeitsplätzen ist es in der Regel nicht möglich, jeden Punkt auf der Budgetrestriktion zu realisieren. Vielmehr führen institutionelle Bedingungen dazu, daß nur bestimmte Punkte bei exogen vorgegebenem Lohnsatz realisiert werden können. KILLINGSWORTH[26] spricht in diesem Zusammenhang von einem *take-it or leave-it* Arbeitsangebotsmodell.

In einem Modell, in dem die Alternativen Nichterwerbstätigkeit, Teilerwerbstätigkeit und Vollerwerbstätigkeit vorliegen, ist im Gegensatz zu den vorherigen Ausführungen keine stetige Budgetrestriktion gegeben. Der Haushalt kann entweder nichterwerbstätig, teilzeiterwerbstätig oder vollzeitbeschäftigt sein; aus den vorliegenden Alternativen wählt der Haushalt diejenige aus, die den höchsten individuellen Nutzen aufweist. Es muß jedoch nicht gelten, daß für die gewählte Allokation der zur Verfügung stehenden Zeit die Optimalbedingung (Grenzrate der Substitution=Lohnsatz) erfüllt ist. Vielmehr ist es möglich, daß Lohnsatzvariationen zu keiner Veränderung der beobachteten Arbeitszeit führen, da z. B. durch eine Lohnsatzerhöhung eine Bewegung zum Optimum erfolgen kann oder durch eine Lohnsatzminderung der dann bei Erwerbstätigkeit zu erzielende Nutzen immer noch höher ist als bei einem Ausscheiden aus dem Erwerbsleben.

---

[24] Vgl. KILLINGSWORTH, M. R., J. J. HECKMANN, T. MACURDY (1981): *Empirical Evidence on Static Labour Supply.* In: HORNSTEIN, Z., J. GRICE, A. WEBB (EDS.): *The Economics of Labour Supply.* London, S. 75 - 122.

[25] Vgl. KILLINGSWORTH, M. R. (1983), a.a.O., S. 46.

[26] Vgl. KILLINGSWORTH, M. R. (1983), a.a.O., S. 46

Bevor die modelltheoretischen Implikationen erläutert werden, wird in **Abbildung 3.6** das Modell graphisch für den Fall der Teilerwerbstätigkeit und der Nichterwerbstätigkeit abgeleitet.[27]

Abbildung 3.6 Standardisierte Arbeitszeiten und Lohnsatzvariationen

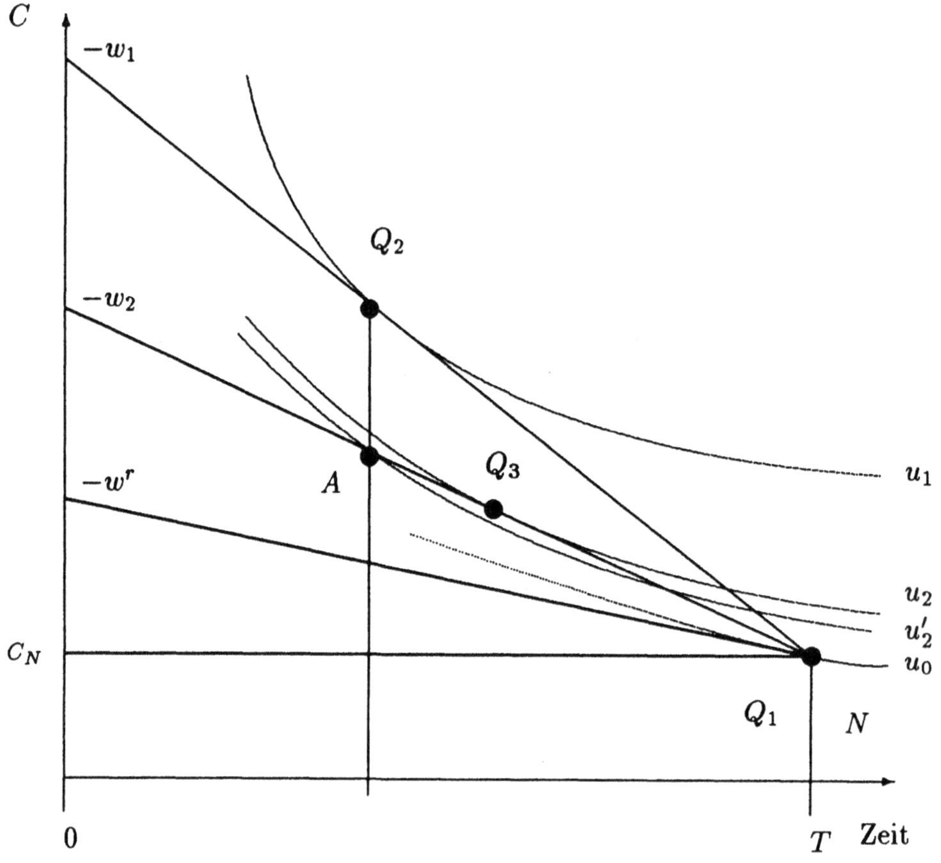

[27]Auf eine graphische Darstellung der Entscheidung Vollerwerbstätigkeit versus Teilerwerbstätigkeit wird hier verzichtet, da sie keine weiteren theoretischen Erkenntnisse erbringt. Vgl. BUCHEGGER, R. (1986): *Korreferat zu Leu & Kugler, Mordasini.* In: SCHELBERT-SYFRIG, H., N. BLATTNER, P. HALBHERR, N. HARABI (HRSG.): *Mikroökonomik des Arbeitsmarktes.* Bern, Stutgart, S. 279 - 287.

Ist die individuelle Präferenzstruktur durch die Indifferenzkurvenschar u_i gegeben, so wird der Haushalt bei einem Lohnsatz w_r keine Arbeit anbieten. Im Punkt Q_1 tangiert die Indifferenzkurve u_0 die Budgetrestriktion. Wird der Lohnsatz auf w_1 erhöht, dann liegt das Optimum bei Q_2. In Q_2 ist die Bedingung für eine optimale Aufteilung des Zeitbudgets erfüllt. Sinkt nun der Lohnsatz auf w_2, tangiert die Indifferenzkurve u_2 die Budgetrestriktion im Punkt Q_3. Der Haushalt wird in diesem Fall den Punkt A realisieren, da der damit verbundene Nutzen höher ist als bei einem Ausscheiden aus dem Erwerbsleben ($u_2' > u_0$). Entsprechend dem Übergang von der Nichterwerbstätigkeit zur Teilerwerbstätigkeit kann der Übergang von der Teilerwerbstätigkeit zur Vollerwerbstätigkeit modelliert werden.

Die modelltheoretischen Implikationen lassen sich wie folgt beschreiben:[28]

- Auf der Budgetgeraden lassen sich nur drei Punkte realisieren. Die Punkte, die ein positives Arbeitsangebot aufweisen, entsprechen einer positiven Erwerbsbeteiligungsentscheidung mit jeweils fixierten Arbeitszeiten. Die dritte Möglichkeit mit $H = 0$ entspricht dann der Nichterwerbstätigkeit.

- Nicht alle realisierten Punkte müssen mit der Optimalbedingung (Grenzrate der Substitution=Lohnsatz) übereinstimmen. Eine Lohnsatzvariation muß nicht notwendigerweise zu einer Veränderung der Arbeitszeit führen, es besteht ein Latenzbereich für Lohnsatzvariationen, der keine Änderung des Arbeitsangebotes mit sich bringt.

Die empirische Modellspezifikation des Arbeitsangebotes bei fixierter Arbeitszeit führt zu einer nomialskalierten endogenen Variable für die Erwerbsbeteiligung, mit den Ausprägungen Nichterwerbstätigkeit, Teilzeitbeschäftigung und Vollerwerbstätigkeit.

3.5 Zusammenfassung

Entscheidungen bezüglich des Arbeitsangebotes können, wie die vorstehenden Ausführungen ergaben, verschiedene Dimensionen annehmen.[29] Unter

---

[28] Vgl. MORDASINI, B. (1985): *Das Erwerbsverhalten in der Schweiz – eine empirische Analyse.* Basel, S. 24 - 25.

[29] Die Dimensionen des Arbeitsangebotes beschränken sich nicht auf die hier dargestellten. Neben der Partizipationsentscheidung und dem Stundenangebot können auch die Arbeitsqualität, die zeitliche Verteilung der Arbeit im Lebenszyklus, die Suche nach Arbeitsstellen und auch die Berufswahl als Teil des Arbeitsangebotes aufgefasst werden. Vgl. HÜBLER, O. (1983): *Spezifikation und Schätzung von mikroökonomischen Arbeitsangebotsfunktionen.* Diskussionspapiere Universität Hannover, Serie B Nr. 12, S. 1-3.

Berücksichtigung der jeweiligen institutionellen und persönlichen Rahmenbedingungen wird hier unterschieden zwischen

- der Partizipationsentscheidung,
- der vollständig flexiblen Arbeitszeit und
- dem Modell mit fixierten Arbeitszeiten.

Die vorgenommene Festlegung der endogenen Variable führt zu einer Reihe unterschiedlicher ökonometrischer Modellspezifikationen. Zum einen sind Modelle zu erstellen, die die diskreten Wahlmöglichkeiten erfassen und zum anderen liegt eine endogene Variable vor, die in ihrem Wertebereich eingeschränkt ist, d.h. die endogene Variable Arbeitszeit kann nicht negativ sein, da die kleinste beobachtbare Arbeitszeit für alle Nichterwerbstätigen gleich 0 ist. Die einzelnen ökonometrischen Modelle, die geeignet sind diese Besonderheiten zu erfassen, werden im **Kapitel 5** vorgestellt.

Das traditionelle Zeitallokationsmodell kann grundsätzlich für die Analyse des Erwerbsverhaltens jeder Person herangezogen werden. Zu einem Instrument zur Analyse des Erwerbsverhaltens verheirateter Frauen wird es dann, wenn Annahmen eingeführt werden, die die Interdependenzen erfassen, die im Familienkontext relevant sind. Betrachtet man das Erwerbseinkommen des Ehemannes — zumindest kurzfristig — als einen Teil des Nichterwerbseinkommens der Ehefrau, so läßt sich dieses Modell als Ansatz zur Beschreibung des Erwerbsverhaltens verheirateter Frauen interpretieren. Aus den vorherigen Ausführungen geht hervor, daß die Bereitschaft mit steigendem Nichterwerbseinkommen ein positives Arbeitsangebot abzugeben, abnimmt. Für die Ehefrauen ist dadurch impliziert, daß mit steigendem Einkommen des Ehegatten sowohl die Bereitschaft, erwerbstätig zu sein, als auch das Stundenangebot abnehmen. Das Erwerbsverhalten der verheirateten Frauen kann dann als das eines *secondary workers* interpretiert werden, die nur dann Arbeit anbietet, wenn dies unter monetären Aspekten notwendig erscheint.

Ein weiterer Aspekt ist die unterstellte einseitige Einflußnahme von Merkmalen des Ehemannes auf die Entscheidung der Ehefrau; der Ehemann entscheidet ohne Berücksichtigung des Erwerbsverhaltens der Ehefrau über sein Angebot. Aus diesem Grund wird das hier vorgestellte Modell auch als *male-chauvinist-model* bezeichnet.[30]

Im Anschluß wird auf die ökonometrische Spezifikation der Arbeitsangebotsmodelle eingegangen.

---

[30] Vgl. KILLINGSWORTH, M. R. (1983), a.a.O., S. 46.

Kapitel 4

Ein ökonometrisches Modell zur Bestimmung des Arbeitsangebotes verheirateter Frauen

Die ökonomische Theorie in **Kapitel 3** bildet die Grundlage für die nachfolgende ökonometrische Spezifikation. Wie bereits angedeutet ist die Spezifikation mit Problemen verbunden, da zum einen die Dimension des Arbeitsangebotes nicht eindeutig festgelegt werden kann und zum anderen Beobachtungswerte für das Arbeitsangebot aller Nichterwerbstätigen systematisch fehlen.[1] Die ökonometrische Modellspezifikation orientiert sich dabei an den empirischen Modellspezifikationen der zweiten Generation, die seit Mitte der 70er Jahre verstärkt zur Schätzung des Arbeitsangebotes herangezogen werden.[2] Im Gegensatz zu den Studien der ersten Generation, in denen die Arbeitsangebotsfunktionen regelmäßig "ad hoc"[3] spezifiziert wurden, und sich die Untersuchungen auf das Verhalten der erwerbstätigen Frauen beschränkten, wird in den Studien der 2. Generation versucht, das latente zur Zeit nicht am Arbeitsmarkt wirksame Angebot mit in die Untersuchung aufzunehmen. Da für alle Nichterwerbstätigen aktuell kein Marktlohnsatz beobachtet werden kann, wird für alle Nichterwerbstätigen ein Lohnsatz geschätzt, den diese erzielen könnten, sofern sie Arbeitskraft anbieten würden.

---

[1] Gegenstand der nachfolgenden Erörterung soll die korrekte ökonometrische Spezifikation eines mathematischen Modells sein, welches den Anforderungen der ökonomischen Theorie genügt. Die mit dem zweiten Problemkreis einhergehenden ökonometrischen Schätzprinzipien und Teststatistiken werden in **Kapitel 5** gesondert behandelt.

[2] Vgl. SMITH, J. P. (1980): *Introduction.* In: SMITH, J. P. (ED.): *Female Labour Supply: Theory and Estimation.* Princeton, S. 4f..

[3] Vgl. KILLINGSWORTH, M. R., (1983), a.a.O., S. 130.

FRANZ und KAWASAKI fassen die mit der Modellierung des Arbeitsangebots verbundenen Probleme wie folgt zusammen:[4]

> There are at least two major problems in estimating labor supply functions. First, labor supply has several dimensions: the participation itself and the number of hours in a given time period. It is obvious that both dimensions are not independent and a treatment of only the participation does not tell the whole story. Second, economic theory emphazises the importance of the wage rate as an explanatory variable of labor supply. By definition, this information is obtainable only for those women who are working. Focusing only on those group, however, may lead to a serious bias as well as inserting a zero wage rate for women not working and using the whole sample.

Das erweiterte ökonomische Grundmodell mit einer Lohnsatzfunktion wird nachfolgend dargestellt. Daraus werden die zu schätzenden ökonometrischen Funktionen abgeleitet. Abschließend werden mögliche ökonometrische Schätzverfahren angesprochen, die dann in **Kapitel 5** näher erläutert werden.

4.1 Ein erweitertes mikroökonomisches Modell und die ökonometrische Spezifikation

Das ökonomische Modell aus **Kapitel 3** bezieht sich auf ein repräsentatives Individuum. In der Realität können verschiedene Individuen, die ein identisches Nichterwerbseinkommen und einen identischen Lohnsatz erzielen, unterschiedliche Mengen an Arbeit anbieten (Vgl. **Abbildung 3.2**). Das unterschiedliche Arbeitsangebot ist auf unterschiedliche Präferenzen zurückzuführen.[5] Um das unterschiedliche Verhalten der Individuen erklären zu können, werden Merkmale, die zum einen der Person zugeordnet sind und zum anderen deren Lebensumstände erfassen, in die Nutzenfunktion aufgenommen.[6] Diese Charakterisierung der Nutzenfunktion ist aber auch dann noch nicht vollständig, da für Personen, bei denen alle beobachtbaren Einflußgrößen identisch sind, ein voneinander verschiedenes Ar-

---

[4] Vgl. FRANZ, W., S. KAWASAKI (1981): *Labour Supply of married women in the Federal Republic of Germany: Theory and empirical results from a new estimation procedure.* In: Empirical Economics, Vol. 6, S. 129 - 143, S. 129.

[5] Vgl. KILLINGSWORTH, M. R. (1983), a.a.O., S. 75.

[6] Vgl. POLLAK, R. A., T. J. WALES (1980): *Comparison of the quadratic expenditure system and translog demand systems with alternative specifications of demographic effects.* In: Econometrica, Vol. 48, S. 595 - 612, S. 596.

beitsangebot beobachtet werden kann. Es wird zusätzlich ein Fehlerterm eingeführt, der den Einfluß der nichtbeobachtbaren Variablen erfaßt, für den ein Mittelwert von Null und Unkorreliertheit mit den beobachtbaren Einflußgrößen in der Grundgesamtheit angenommen wird.[7] Die modifizierte Nutzenfunktion ergibt sich als[8]

$$U_i = u(C_i, \ell_i; x_i, \epsilon_{ui}), \tag{4.1.1}$$

$$\begin{array}{llll} \text{mit} & C & = & \text{Konsum,} \\ & \ell & = & \text{Freizeit,} \\ & x & = & \text{persönliche Merkmale und} \\ & \epsilon_u & = & \text{Störvariable mit } E(\epsilon_u) = 0 \\ & i & = & 1, ..., n \text{ Individuen.} \end{array}$$

Unter der Nebenbedingung:

$$w_i H_i + N_i = C_i \tag{4.1.2}$$

$$\begin{array}{llll} \text{mit} & wH & = & \text{Einkommen aus Arbeit,} \\ & N & = & \text{Nichterwerbseinkommen und} \\ & C & = & \text{Konsum} \end{array}$$

wird die Nutzenfunktion (4.1.1) durch Bildung der partiellen Ableitungen nach den Variablen C und ℓ maximiert.[9] Bedeutend für die statistische Spezifkation ist es, zwischen Lösungen für das Arbeitsangebot zu unterscheiden, die ein positives Angebot induzieren und denen, für die $H_i = 0$ ist. Liegt eine innere Lösung ($H_i > 0$) vor, so teilt das Individuum das Zeitbudget so auf Arbeitszeit und Freizeit auf, daß die Grenzrate der Substitution zwischen Freizeit und Arbeitszeit (Konsum) dem Lohnsatz w_i entspricht. Es gilt[10]

$$w_i = \frac{\partial u(C_i, \ell_i; x_i, \epsilon_{ui})/\partial \ell}{\partial u(C_i, \ell_i; x_i, \epsilon_{ui})/\partial C} \quad . \tag{4.1.3}$$

Der Anspruchslohn, den das Individuum mindestens erzielen möchte, damit es bereit ist Arbeitskraft anzubieten, ist durch die Grenzrate der

[7] Vgl. KILLINGSWORTH, M. R. (1983), a.a.O., S. 75f..

[8] Vgl. PENCAVEL, J. (1986): *Labor Supply of men: A survey.* In: ASHENFELTER, O., R. LAYARD (EDS.): *Handbook of Labor Economics.* Vol. 1, Amsterdam u.a.O., S. 3 - 102, S. 26.

[9] Vgl. LEU, R. E., P. KUGLER (1986): *Einkommenssteuer und Arbeitsangebot in der Schweiz.* In: SCHELBERT-SYFRIG, H., ET.AL (HRSG.) a.a.O., S. 205 - 255, S. 216.

[10] Vgl. HECKMANN, J. J., T. E. MACURDY (1981): *New methods for estimating labour supply functions: A survey.* In: Research in Labor Supply, Vol. 1, S. 65 -102, S. 71.

Substitution gegeben, sofern sämtliche Zeit als Freizeit verwendet wird. Aus Gleichung (4.1.3) ergibt sich der individuelle Anspruchslohn als

$$w_i^r = \frac{\partial u(N_i, \ell = T; x_i, \epsilon_{ui})/\partial \ell}{\partial u(N_i, \ell = T; x_i, \epsilon_{ui})/\partial C} \quad . \tag{4.1.4}$$

Ein positives Arbeitsangebot und eine Partizipation ist gegeben, wenn der am Markt erzielbare Lohnsatz größer ist als der individuelle Anspruchslohn, während bei Marktlohnsätzen, die kleiner oder gleich dem Anspruchslohn sind, das aktuelle Arbeitsangebot gleich 0 ist. Die Arbeitsangebotsfunktion des aktuellen beobachteten Arbeitsangebotes (H_i^a) ist durch[11]

$$H_i^a = \begin{cases} h(w_i, N_i; x_i, \epsilon_{ui}) > 0 & \text{falls} \quad w_i > w_i^r \\ 0 & \text{falls} \quad w_i \leq w_i^r \end{cases} \tag{4.1.5}$$

gegeben.

Das Arbeitsangebot ist eine Funktion des Lohnsatzes, des Nichterwerbseinkommens und persönlicher Merkmale und wird durch die Störkomponente additiv ϵ_u überlagert. Als lineare Spezifikation des individuellen Arbeitsangebotes ergibt sich[12]

$$H_i^a = \begin{cases} \beta_1 + \beta_2 w_i + \beta_3 N_i + \sum_{j=4}^{k} x_{ji}\beta_j + \epsilon_{ui} & \text{falls} \quad w_i > w_i^r \\ 0 & \text{falls} \quad w_i \leq w_i^r . \end{cases} \tag{4.1.6}$$

Durch Gleichung (4.1.6) wird über den individuellen Anspruchslohn w_i^r und den am Markt zu erzielenden Lohnsatz w_i eine Zerlegung der Stichprobe in Personen mit positivem und einem nicht von Null verschiedenen Arbeitsangebot vorgenommen. Für alle erwerbstätigen Personen liegt der Marktlohnsatz w_i über dem Anspruchslohn während für alle Nichterwerbstätigen kein Marktlohnsatz beobachtet wird.[13]

Da der Lohnsatz eine entscheidende Variable des theoretischen Modells ist, auf die bei der Analyse des Arbeitsangebotes nicht verzichtet werden soll, ist es notwendig, eine Einkommens- bzw. Lohnsatzfunktion zu spezifizieren, um auch für die Nichterwerbstätigen einen Lohnsatz zu ermitteln, den diese auf Basis ihrer individuellen Fähigkeiten am Arbeitsmarkt erzielen könnten.

---

[11] Vgl. PENCAVEL, J. (1986), a.a.O, S. 29.

[12] Vgl. LEU, R. E., P. KUGLER (1986), a.a.O., S. 216.

[13] Für alle aktuell Nichterwerbstätigen ist nur bekannt, daß der Anspruchslohn größer ist als der Marktlohnsatz. Druch diese Interpretation wird nochmals deutlich, daß das Angebotsverhalten nicht durch die Nachfrae rationiert wird, d.h. die Arbeitsanbieter sind Mengenanpasser und die Nachfrage absorbiert jedes Angebot.

Der individuelle am Markt zu erzielende Lohnsatz hängt zum einen von den individuellen Fähigkeiten, dem Bildungsniveau, der Berufserfahrung und zum anderen von regionalen und gesamtwirtschaftlichen Faktoren ab. Ihren Ursprung hat die nachfolgende Lohnsatzfunktion in dem individualistischen Ansatz der Humankapitaltheorie.[14] Als lineare Lohnsatzfunktion der Humankapitaltheorie ergibt sich:

$$ln(w_i) = \mathbf{x}_i\boldsymbol{\beta} + \epsilon_{li} \quad . \tag{4.1.7}$$

Dabei ist $\mathbf{x}_i = x_{l_{1i}}, ..., x_{l_{ki}}$ ein k-spaltiger Zeilenvektor, der die Einflußfaktoren für die Höhe des Lohnsatzes erfaßt.[15]. Lohnsätze werden aber nur für diejenigen beobachtet, die aktuell ein von Null verschiedenes Arbeitsangebot aufweisen. Die Lohnfunktion kann wie folgt reformuliert werden:

$$ln(w_i) = \begin{cases} ln(w_i) & \text{falls} \quad H_i^a > 0 \\ 0 & \text{falls} \quad H_i^a = 0 \end{cases} . \tag{4.1.8}$$

Neben den hier bereits dargelegten Funktionen zur Bestimmung des Stundenangebotes und der Marktlohnfunktion ist als weitere Funktion eine Erwerbsbeteiligungsfunktion zu spezifizieren, die über einen Vergleich des am Markt erzielbaren Lohnsatzes mit dem *reservation wage* abgeleitet wird. Eine Person wird dann partizipieren, wenn der am Markt zu erzielende Lohnsatz höher ist als der Anspruchslohn, den das Individuum wenigstens erzielen möchte. Die Partizipationsfunktion ergibt sich als:[16]

$$PA_i = \begin{cases} 1 & \text{falls} \quad ln(w_i) > ln(w_i^r); \quad H_i^a > 0 \\ 0 & \text{falls} \quad ln(w_i) \leq ln(w_i^r); \quad H_i^a = 0 \end{cases} . \tag{4.1.9}$$

4.2 Ein ökonometrisches Modell

Aus dem erweiterten mikroökonomischen Modell ergibt sich zusammenfassend das folgende ökonometrische Modell, daß aus einer Lohnsatzfunktion,

[14] Vgl. HELBERGER, C. (1988): *Eine Überprüfung der Linearitätsannahme der Humankapitaltheorie.* In: BODENHÖFER, H. J. (HRSG.): *Bildung, Beruf und Arbeitsmarkt.*, Schriften des Vereins für Socialpolitik, NF Band 174, Berlin, S. 151 - 170.

[15] Auf die Bestimmung der einzelnen Variablen, die in die Lohnsatzfunktion aufgenommen werden, wird nachdem das verwendete Datenmaterial vorgestellt ist (**Kap. 6.2**), eingegangen. Einen Überblick über die Bestimmungsgründe des Lohneinkommens anhand ausgewählter Studien gibt BRINKMANN. Vgl. BRINKMANN, G. (1981): *Die Einkommensfunktion und ihre Testbarkeit.* In: CLEMENT, W. (Hrsg.): *Konzept und Kritik des Humankapitalansatzes.* Schriften des Vereins für Socialpolitik, NF Band 113, Berlin, S. 87 - 116, S. 111 - 115.

[16] Vgl. LEU, R. E., P. KUGLER (1986), a.a.O., S. 217f..

einer Stundenangebotsfunktion und den aus dem Stundenangebot abgeleiteten Funktionen der Erwerbsbeteiligung besteht.

Der individuell am Markt zu erzielende Lohnsatz ist durch

$$ln(w_i) = \beta_1 + \sum_{j=2}^{k} x_{lji}\beta_j + \epsilon_{li} \tag{4.2.1}$$

gegeben.

Das Arbeitsangebot ist eine Funktion des Lohnsatzes, des Nichterwerbseinkommens und persönlicher Merkmale und wird additiv überlagert durch den Einfluß latenter Variablen, die in der Störkomponente zusammengefaßt sind. Es gilt

$$H_i^a = \begin{cases} \beta_1 + \beta_2 ln(w_i) + \beta_3 N_i + \sum_{j=4}^{k} x_{ji}\beta_j + \epsilon_{ui} & \text{falls} \quad ln(w_i) > ln(w_i^r) \\ 0 & \text{falls} \quad ln(w_i) \leq ln(w_i^r). \end{cases} \tag{4.2.2}$$

Das aktuelle Stundenangebot ist größer Null, wenn der individuelle Stundenlohnsatz größer ist als der Schwellenlohnsatz, sonst ist das Stundenangebot gleich Null. Die Erwerbsbeteiligungsfunktion ergibt sich aus der Gleichung (4.2.2) als

$$PA_i = \begin{cases} 1 & \text{falls} \quad H_i^a > 0 \\ 0 & sonst \end{cases} \tag{4.2.3}$$

und im Modell mit fixierten Arbeitszeiten ergibt sich die zu überprüfende Arbeitsangebotsfunktion als

$$PF_i = \begin{cases} \text{Vollerwerbstätig} & \text{falls} \quad H_i^a > 36 \\ \text{Teilerwerbstätig} & \text{falls} \quad 0 < H_i^a \leq 36 \\ \text{Nichterwerbstätig} & \text{falls} \quad H_i^a = 0 \quad . \end{cases} \tag{4.2.4}$$

Die Gleichungen (4.2.1) bis (4.2.4) sind die Modellgleichungen des ökonometrischen Modells, das in **Kapitel 6** statistisch überprüft wird.

Nachfolgend wird ein Überblick über die dort verwendeten Schätzverfahren gegeben.

4.3 Ökonometrische Modellgleichungen – Ein Überblick

Die empirische Bestimmung des Einflußes verschiedener Determinanten auf das Arbeitsangebot verschiedener demographischer Segmente besitzt insbesondere in den Vereinigten Staaten von Amerika und Großbritannien eine weit zurückreichende Tradition.[17] Die in den einzelnen Studien angewandten Verfahren reichen von einfachen (OLS, LINEARE WAHRSCHEINLICHKEITSMODELLE) bis hin zu komplexen Analysemethoden, die aus mehreren Gleichungen bestehen (HECKMANN-Verfahren oder TOBIT-Verfahren mit geschätzten individuellen Lohnsätzen). Einfache Analysemethoden wurden zumeist in der 1. Generation verwandt, während die komplexen Schätzansätze in den Studien der 2. Generation vorzufinden sind.

Die Schätzmethoden, die im Verlauf der Untersuchung zur Anwendung kommen, umfassen sowohl einfache als auch komplexe Schätzmethoden. Die einzelnen Ansätze lassen sich wie folgt charakterisieren:

1. KQ-Schätzung der Erwerbsbeteiligungsfunktion (4.2.3) als reduzierte Gleichung (ohne die erklärende Variable Bruttostundenlohn) für alle Beobachtungen. (Vgl. **Kapitel 6.3**, Tabelle 6.5 und Tabelle 6.7)

2. PROBIT-Schätzung der Partizipationsfunktion (4.2.3) als reduzierte Gleichung für alle Beobachtungen mit dem Maximum-Likelihoodverfahren. (Vgl. **Kapitel 6.3**, Tabelle 6.5 und Tabelle 6.7)

3. HECKMANN-Schätzung der Bruttostundenlohnfunktion (4.2.1) für alle Erwerbstätigen mit positivem Stundenangebot. Als zusätzliche erklärende Variable wird der MILLS-Quotient zur Korrektur des *sample selection bias* eingeführt.[18] Der MILLS-QUOTIENT ergibt sich aus der PROBIT-Schätzung (Ansatz 2). (Vgl. **Kapitel 6.4**, Tabelle 6.9)

4. KQ-Schätzung der Stundenangebotsfunktion (4.2.2) für alle Erwerbstätigen mit positivem Stundenangebot. Für die fehlenden Lohnsätze der Nichterwerbstätigen werden Schätzwerte aus Modell 3 eingesetzt. (Vgl. **Kapitel 6.5**, Tabelle 6.10, Spalte 1)

---

[17] Einen Überblick über die Ergebnisse und die alternativen Modellspezifikationen geben u.a. PENCAVEL, J. (1986), a.a.O., S. 51 -94; KILLINGSWORTH, M. R., J. J. HECKMANN (1986), a.a.O., S. 179 - 194; KILLINGSWORTH, M. R. (1983), a.a.O., S. 100 - 127 zu Studien der 1. Generation und S. 179 - 205 zu Studien der 2. Generation. Die große Zahl an Studien zum Arbeitsangebot veranlaßt KILLINGSWORTH zu der Aussage: " (that) one sign of the extent of interest in this subject is the steady increase in the volume of surveys of portions of the literature in this area - to the point where a survey of surveys may eventually be necessary. " Vgl. KILLINGSWORTH, M. R. (1981), a.a.O., S. 51.

[18] Vgl. **Kapitel 5.2.**

5. HECKMANN-Schätzung des Stundenangebotes für alle Erwerbstätigen mit positivem Stundenangebot. Für fehlende Lohnsätze werden Schätzwerte aus Modell 3 eingesetzt. (Vgl. **Kapitel 6.5**, Tabelle 6.10, Spalte 2)

6. Simultane Bestimmung der Erwerbsbeteiligungswahrscheinlichkeit und des Stundenangebotes über einen TOBIT-Ansatz (4.2.3 und 4.2.2). Für alle Nichterwerbstätigen werden geschätzte Lohnsätze aus Modell 3 verwendet. (Vgl. **Kapitel 6.5**, Tabelle 6.10, Spalte 3)

7. Das Modell mit fixierten Arbeitszeiten wird als MULTINOMIALES-LOGIT-Modell (4.2.4) statistisch überprüft. Für alle Nichterwerbstätigen werden geschätzte Lohnsätze aus Modell 3 verwendet. (Vgl. **Kapitel 6.6**, Tabelle 6.14)

Die Modellspezifikationen 1. und 4. sind Schätzverfahren, die vornehmlich in Studien der 1. Generation verwendet wurden, während die Modelle 2. und 3. sowie die Modelle 5 bis 7. der 2. Generation zuzurechnen sind. Im folgenden Kapitel werden die Eigenschaften dieser Analysemethoden unter Bezug auf die Arbeitsangebotsmodelle erörtert.

Kapitel 5

Ökonometrische Theorie

Das ökonometrische Modell kann mit einer Reihe ökonometrischer Verfahren statistisch überprüft werden. Besonderheiten treten für alle Gleichungen auf, da

1. in der Erwerbsbeteiligungsfunktion die endogene Variable nominalskaliert ist und zwei Ausprägungen aufweist,

2. die Lohnsätze und auch die Arbeitsstunden in ihrem Wertebereich zensiert sind, d.h. für die Erwerbstätigen können nur positive Werte für diese Variablen auftreten, während für die Nichterwerbstätigen das aktuelle Stundenangebot gleich 0 ist und für die Lohnvariable kein Beobachtungswert vorliegt und

3. für das Modell mit fixierten Arbeitszeiten eine nominalskalierte endogene Variable mit multiplen (hier: 3) Ausprägungen vorliegt.

Diese Eigenschaften der endogenen Variablen gilt es bei der statistischen Schätzung zu berücksichtigen. Da die PROBIT-Schätzwerte der Erwerbsbeteiligungsfunktion zur Lösung des Problems einer zensierten, abhängigen metrisch skalierten Variable (hier: der Stundenangebots- und Lohnsatzfunktion) verwendet werden können, sollen zunächst Verfahren erörtert werden, die zur Bestimmung der Parameter der Erwerbsbeteiligungsfunktion dienen (**Kapitel 5.1**). Ausgangspunkt ist das klassische, lineare Regressionsmodell, dessen Unzulänglichkeit aufgezeigt wird um dann auf das PROBIT-Modell zur Bestimmung der individuellen Partizipationswahrscheinlichkeit überzugehen. Der Modellspezifikation folgt die Bestimmung der Koeffizientenschätzwerte über die Maximum-Likelihoodfunktion (ML-Funktion) und deren Interpretation.

Ökonometrische Ansätze zur Bestimmung von Schätzwerten für die zensierten Beobachtungswerte der Lohnsatz- und der Stundenangebotsfunktion werden in **Kapitel 5.2** dargestellt. Der *Sample Selection Bias*[1], der aus der Vernachlässigung der Beobachtungen der aktuell Nichterwerbstätigen resultiert und sich bei der Anwendung des KQ-Verfahrens ergibt, wird beschrieben und als Lösungsmöglichkeit wird das von HECKMANN entwickelte zweistufige Schätzverfahren vorgestellt. Eine zweite Möglichkeit zur Überwindung des *Sample Selection Bias* wird anschließend diskutiert. Es ist der von TOBIN[2] entwickelte und seit GOLDBERGER[3] als TOBIT-Verfahren bezeichnete Schätzansatz, der eine direkte, simultane Bestimmung der Partizipationsentscheidung und des Stundenangebotes ermöglicht. Der Modellansatz, die Bestimmung der Regressionskoeffizienten und die Interpretationsmöglichkeiten des Ansatzes werden vorgestellt.

In **Kapitel 5.3** wird schließlich das MULTINOMIALE LOGIT-Modell eingeführt, das sich für die Analyse endogener nominalskalierter Variablen mit multiplen Ausprägungen eignet und in der vorliegenden Untersuchung zur Schätzung eines Regressionsmodells mit fixierten Arbeitszeiten eingesetzt wird. Auch hier erfolgt zunächst ausgehend vom Modellansatz eine Erörterung der Möglichkeit zur Koeffizientenbestimmung mit dem ML-Verfahren. Anschließend wird auf die Möglichkeiten zur inhaltlichen Interpretation der Schätzwerte eingegangen.

Zum Abschluß der Ausführungen zur ökonometrischen Theorie werden Teststatistiken vorgestellt, die geeignet sind, die statistisch geschätzten Modelle zu überprüfen. Zum einen werden Koeffiziententests und Goodness-of-fit-Tests erörtert, um den unterstellten Gesamtzusammenhang und den Einfluß einzelner Bestimmungsfaktoren zu überprüfen (**Kapitel 5.4**). Zum anderen werden die Daten auf kollineare Beziehungen untersucht. Die angewandten Verfahren zur Kollinearitätsdiagnose sind einmal die VARIANCE-INFLATION-FACTOR-Analyse und zum anderen das von BELSLEY, KUH und WELSH[4] entwickelte Verfahren zur Kollinearitätsdiagnose. Sie werden in **Kapitel 5.5** vorgestellt werden.

[1] Vgl. HECKMANN, J. J. (1979): *Sample Selection Bias as a Specification Error.* In: Econometrica, Vol. 47, S. 153 - 161.

[2] Vgl. TOBIN, J. (1958): *Estimation of Relationships for Limited Dependent Variables.* In: Econometrica, Vol. 26, S. 24 - 36.

[3] Vgl. GOLDBERGER, A. S. (1964): *Econometric Theory.* New York, S. 253.

[4] Vgl. BELSLEY, D. A., E. KUH, R. E. WELSH (1980): *Regression Diagnostics.* New York.

5.1 Die Analyse binärer endogener Variablen

5.1.1 Die KQ-Schätzung

Die endogene Variable der Erwerbsbeteiligungsfunktion (4.2.3) nimmt den Wert 1 an, wenn das aktuelle Arbeitsangebot größer Null ist und ist gleich 0, wenn eine Person aktuell nicht erwerbstätig ist. Die Erwerbsbeteiligung soll in Abhängigkeit exogener Modellvariablen, die sich aus der Nutzenmaximierungsfunktion ergeben, betrachtet werden. Diese Variablen sind in dem Zeilenvektor $\mathbf{x}_i$ für das Individuum i zusammengefaßt und sind mit der Störvariablen ϵ_{pi} additiv verbunden. Als lineare Spezifikation folgt

$$PA_i = \mathbf{x}_i\boldsymbol{\beta} + \epsilon_{pi} \qquad (5.1.1)$$

mit

$$PA_i = \begin{cases} 1 & \text{falls} \quad H_i^a > 0 \\ 0 & \text{falls} \quad H_i^a = 0 \end{cases}$$

für $i = 1, ..., n$ Beobachtungen.

Unter den Annahmen[5], daß die $\mathbf{x}_i$ feste vorgegebene oder stochastische Werte und unabhängig von der Störvariable ϵ_{pi} sind, für die ein Mittelwert von 0 und Abwesenheit von Autokorrelation unterstellt ist, kann, da die endogene Variable PA nur die Ausprägungen 0 oder 1 annimmt, der Erwartungswert, daß eine Person erwerbstätig ist, als[6]

$$E(PA_i = 1) = 1 * P_i(1) + 0 * P_i(0) = P_i(1) \qquad (5.1.2)$$

geschrieben werden, wobei $P_i(1)$ die Wahrscheinlichkeit angibt, daß eine Person mit gegebenen Werten der exogenen Variablen erwerbstätig ist. Die Interpretation der Gleichung (5.1.1) als LINEARES WAHRSCHEINLICHKEITSMODELL ergibt sich unter Berücksichtigung von (5.1.2) aus:

$$E(PA_i = 1) = \mathbf{x}_i\boldsymbol{\beta} \quad . \qquad (5.1.3)$$

Die Regressionsgleichung (5.1.3) gibt an, mit welcher Wahrscheinlichkeit eine Person mit gegebenen $\mathbf{x}_i$-Werten erwerbstätig ist.[7] Die Bestimmung

[5] Vgl. KMENTA, J. (1986): *Elements of Econometrics.* 2^{nd}Ed., New York, London, S. 548.

[6] Vgl. KMENTA, J. (1986), a.a.O., S. 548.

[7] Vgl. PINDYCK, R. S., D. L. RUBINFIELD (1981): *Econometric Models and Economic Forecasts.* 2^{nd}Ed., Auckland u.a.O., S. 275.

der Regressionskoeffizienten erfolgt für die n Beobachtungen der Gleichung (5.1.1) durch

$$\hat{\boldsymbol{\beta}} = (\mathbf{X}'\mathbf{X})^{-1} * \mathbf{X}'\mathbf{Y} \quad . \tag{5.1.4}$$

Die Schätzwerte $\hat{\boldsymbol{\beta}}$ geben den direkten Einfluß der erklärenden Variablen auf die Wahrscheinlichkeit, erwerbstätig zu sein, wieder.

Im allgemeinen Modell der linearen Regressionsanalyse ist neben den bereits erwähnten Annahmen unterstellt, daß die Varianz der Störvariablen über alle n Beobachtungen konstant ist.[8] Die unter Gültigkeit aller Annahmen des Modells ermittelten Regressionsparameter sind beste, lineare und unverzerrte Schätzwerte für die wahren, unbekannten Regressionskoeffizienten.

Die Annahme einer konstanten Varianz der Störvariable ist für das LINEARE WAHRSCHEINLICHKEITSMODELL nicht erfüllt. Da PA nur die Werte 1 oder 0 annehmen kann, nehmen die Residuen ebenfalls nur zwei Werte an und zwar $(1 - \mathbf{x}\hat{\boldsymbol{\beta}})$ für $PA = 1$ und $(-\mathbf{x}\hat{\boldsymbol{\beta}})$ für $PA = 0$, die die folgende Verteilung aufweisen:[9]

Tabelle 5.1 Verteilung der Störvariablen ϵ_p im LINEAREN WAHRSCHEINLICHKEITSMODELL

PA	$Prob.$	ϵ_p
1	P	$1 - \mathbf{x}\boldsymbol{\beta}$
0	$1 - P$	$-\mathbf{x}\boldsymbol{\beta}$

Die Varianz der Störvariablen ergibt sich daraus nach einigen Umformungen[10] zu

$$\begin{aligned} \sigma^2 &= E(\epsilon_p^2) = E(PA = 1)[1 - E(PA = 1)] \\ &= \mathbf{x}\boldsymbol{\beta}(1 - \mathbf{x}\boldsymbol{\beta}) \quad . \end{aligned} \tag{5.1.5}$$

Die Streuung der Störvariablen weist eine direkte Abhängigkeit von der Wahrscheinlichkeit, erwerbstätig zu sein, auf, d.h. je kleiner $E(PA = 1)$ bzw. je näher $E(PA = 1)$ an 1 ist, umso geringer ist die Varianz σ^2 und je mehr sich $E(PA = 1)$ dem Wert 0,5 nähert umso größer wird die Varianz. Im LINEAREN WAHRSCHEINLICHKEITSMODELL ist folglich die Annahme

[8] Vgl. GÜLICHER, H. (1986): *Ökonometrie für Volkswirte.* Als Manuskript vervielfältigt, Münster, S. 4-11ff.

[9] Vgl. PINDYCK, R. L., D. L. RUBINFIELD (1981), a.a.O., S. 276.

[10] Vgl. PINDYCK, R. L., D. L. RUBINFIELD (1981), a.a.O., S. 276.

konstanter Varianz verletzt und die in Gleichung (5.1.4) ermittelten Regressionsparameter sind zwar noch unverzerrt, aber nicht mehr effizient.[11] Von GOLDBERGER (1964) wurde ein GLS-Ansatz zur Behebung der Heteroskedastizität entwickelt, der hier nicht wiedergegeben werden soll, da die grundsätzlichen Schwierigkeiten, die mit dem LINEAREN WAHRSCHEINLICHKEITSMODELL bei Individualdaten verbunden sind, nicht zu beheben sind.[12] Die Kritik am LINEAREN WAHRSCHEINLICHKEITSMODELL ist im folgenden zusammengefaßt.

Einerseits können die geschätzten Wahrscheinlickeiten $\hat{P}_i = E(PA_i = 1)$ außerhalb des geschlossenen Intervalls $[0, 1]$ liegen, die nicht zulässige Werte für Wahrscheinlichkeiten darstellen und zum anderen sind die üblichen Teststatistiken nicht anwendbar, da die Standardfehler nicht konsistent geschätzt sind. Schließlich ist durch die Konstanz der Regressionsparameter über alle Beobachtungen impliziert, daß die erklärenden Variablen einen identischen Einfluß auf die Wahrscheinlichkeit, erwerbstätig zu sein, ausüben, unabhängig davon, ob die individuelle Wahrscheinlichkeit nahe 0 respektive 1 oder in der Nähe von 0,5 ist.[13] Es ist in ökonomischen Untersuchungen mit Wahlentscheidungen vielmehr zu erwarten, daß der Einfluß von Änderungen der exogenen Variablen um so geringer ist, je näher die Wahrscheinlichkeit bei 0 oder 1 ist und um so größer wird, je mehr sich die Wahrscheinlichkeit dem Wert 0,5 nähert, wie HANUSHEK und JACKSON an einem Beispiel zur Nachfrage nach einem dauerhaften Gebrauchsgut illustrieren.[14]

Da das LINEARE WAHRSCHEINLICHKEITSMODELL allerdings geeignet ist einen ersten Überblick über das Datenmaterial zu geben, soll in der vorliegenden Untersuchung nicht auf die Spezifikation verzichtet werden.

Aus der Kritik am LINEAREN WAHRSCHEINLICHKEITSMODELL folgt der Übergang zum nichtlinearen Wahrscheinlichkeitsmodell, in dem die geschätzten individuellen Erwerbsbeteiligungswahrscheinlichkeiten im Intervall $[0, 1]$ liegen und der Einfluß der exogenen Variablen für verschiedene Individuen nicht konstant sein muß.

---

[11] Vgl. PINDYCK, R. L., D. L. RUBINFIELD (1981), a.a.O., S. 276.

[12] Vgl. MADDALA, G. S. (1983): *Limited dependent and qualitative Variables in Econometrics.* Cambridge, S. 25.

[13] Vgl. JUDGE, G. G., W. E. GRIFFITHS, R. C. HILL, H. LÜTKEPOHL, T. C. LEE (1985): *The Theory and Practice of Econometrics.* 2nd Ed., New York, S. 757.

[14] Vgl. HANUSHEK, E. A., J. E. JACKSON (1977): *Statistical Methods for Social Scientists.* New York, S. 183f.

5.1.2 Die PROBIT-Analyse

Die mit dem LINEAREN WAHRSCHEINLICHKEITSMODELL verbundenen Spezifikations- und Interpretationsprobleme werden durch die Anwendung der PROBIT-Analyse überwunden. Insbesondere wird die lineare Fehlspezifikation durch einen nichtlinearen Verlauf der Wahrscheinlichkeitsfunktion ersetzt.

Ihren Ursprung hat die PROBIT-Analyse in der biometrischen Forschung. Dort wurde sie eingesetzt, um die Auswirkungen verschiedener Dosierungen von Pharmaka auf Tierpopulationen zu überprüfen und Überlebenswahrscheinlichkeiten zu messen.[15] In der empirischen Wirtschaftsforschung wird dieses Verfahren eingesetzt, um das Verhalten der Wirtschaftssubjekte in Situationen zu überprüfen, die sich als Wahlentscheidung zwischen zwei einander ausschließenden Zuständen beschreiben lassen. Übertragen auf die Bestimmung des Arbeitsangebotsverhaltens bedeutet dies, daß sich Personen entscheiden, ob sie erwerbstätig sein wollen oder nicht. Die Entscheidung erwerbstätig zu sein, wird aus Nutzenüberlegungen abgeleitet, wobei der Nutzen eine lineare Funktion der exogenen Variablen ist. Das aktuelle Arbeitsangebot ist größer 0, wenn die gewünschte Arbeitszeit aufgrund des Maximierungsmodells aus **Kapitel 4.1** positiv ist und gleich 0, sofern die gewünschte Arbeitszeit kleiner gleich 0 ist.[16] Formal gilt

$$PA_i = \begin{cases} 1 & \text{falls} \quad H_i^a > 0 \\ 0 & \text{falls} \quad H_i^a = 0 \end{cases} \tag{5.1.6}$$

oder unter Berücksichtigung der exogenen Variablen

$$PA_i = \begin{cases} 1 & \text{falls} \quad \mathbf{x}_i\boldsymbol{\beta} + \epsilon_{ui} > 0 \\ 0 & \text{falls} \quad \mathbf{x}_i\boldsymbol{\beta} + \epsilon_{ui} \leq 0 \end{cases} . \tag{5.1.7}$$

Unter der Annahme, daß die Störvariabe ϵ_{ui} in der Grundgesamtheit normalverteilt ist mit einem Mittelwert von 0 und Standardabweichung σ, gelangt man zum PROBIT-Modell.

[15] Vgl. RONNING, G. (1984): *Ökonometrische Modelle mit qualitativen abhängigen Variablen.* In: FROHN, J. (HRSG.): *Zur Spezifikation und Analyse ökonometrischer Modelle.* Sonderhefte zum Allgemeinen Statistischen Archiv, Heft 23, Göttingen, S. 28 - 50, S. 29f.

[16] Vgl. LAYARD, R. M. BARTON, A. ZABALA (1980): *Married Womens Participation and Hours.* In: Economica, Vol. 47, S. 51 - 72, S. 53.

5.1.2.1 Das Modell

Ausgehend von Gleichung (5.1.7) läßt sich die Wahrscheinlichkeit, daß die Person i erwerbstätig ist als

$$\begin{aligned} P_i(PA=1) &= P(\mathbf{x}_i\boldsymbol{\beta}+\epsilon_{ui}>0) \\ &= P(\epsilon_{ui}>-\mathbf{x}_i\boldsymbol{\beta}) \\ &= 1-\Phi(-\mathbf{x}_i\boldsymbol{\beta}) \end{aligned} \quad (5.1.8)$$

mit $\Phi(-\mathbf{x}_i\boldsymbol{\beta})$ = Wert der Verteilungsfunktion der Normalverteilung an der Stelle $(-\mathbf{x}_i\boldsymbol{\beta})$

darstellen.[17] Entsprechend kann die Wahrscheinlichkeit, nicht erwerbstätig zu sein, formuliert werden. Es gilt, da $P_i(PA=1)+P_i(PA=0)=1$ ist

$$\begin{aligned} P_i(PA=0) &= 1-P_i(PA=1) \\ &= 1-(1-\Phi(-\mathbf{x}_i\boldsymbol{\beta})) \\ &= \Phi(-\mathbf{x}_i\boldsymbol{\beta}) \quad . \end{aligned} \quad (5.1.9)$$

Da die Dichtefunktion der Normalverteilung symmetrisch um den Wert 0 ist, lassen sich die Gleichungen (5.1.8) und (5.1.9) alternativ auch als

$$P_i(PA=1)=\Phi(\mathbf{x}_i\boldsymbol{\beta}) \quad (5.1.8')$$

$$P_i(PA=0)=1-\Phi(\mathbf{x}_i\boldsymbol{\beta}) \quad (5.1.9')$$

darstellen.

Für eine gegebene Stichprobe vom Umfang n, in der n_1 Personen erwerbstätig und $(n-n_1)=n_2$ Personen nicht erwerbstätig sind und in der Unabhängigkeit zwischen den einzelnen Beobachtungen unterstellt ist, werden die unbekannten Parameter $\boldsymbol{\beta}$ über die Maximierung der Likelihoodfunktion[18]

$$\mathrm{l}(\boldsymbol{\beta})=\prod_{i=1}^{n_1}\Phi(\mathbf{x}_i\boldsymbol{\beta})\prod_{i=n_1+1}^{n}(1-\Phi(\mathbf{x}_i\boldsymbol{\beta})) \quad (5.1.10)$$

bestimmt. Da die Maximierung der Likelihoodfunktion in der vorgestellten Form numerisch aufwendig ist, wird sie durch Logarithmierung monoton

[17] Vgl. LAYARD, L., R. BARTON, A. ZABALA (1980), a.a.O., S.53.

[18] Vgl. PINDYCK, R. S., D. L. RUBINFIELD (1981), a.a.O., S. 311.

transformiert. Als Log-Likelihoodfunktion folgt

$$ln\mathbf{l}(\boldsymbol{\beta}) = \sum_{i=1}^{n_1} \Phi(\mathbf{x}_i\boldsymbol{\beta}) + \sum_{i=n_1+1}^{n} (1 - \Phi(\mathbf{x}_i\boldsymbol{\beta})) \quad . \tag{5.1.11}$$

Die Bestimmung von Schätzwerten für den unbekannten Parametervektor $\boldsymbol{\beta}$ erfolgt über numerische Methoden. Voraussetzung für die Anwendung der iterativen Maximierungsmethoden ist, daß die 1. partiellen Ableitungen der Log-Likelihoodfunktion (5.1.11) global konkav sind und somit ein Maximum besitzen.[19]

Aus Gleichung (5.1.11) ergeben sich die partiellen Ableitungen[20]

$$\frac{\delta ln\mathbf{l}}{\delta\boldsymbol{\beta}} = \sum_{i=1}^{n_1} \frac{\phi(\mathbf{x}_i\boldsymbol{\beta})}{\Phi(\mathbf{x}_i\boldsymbol{\beta})}\mathbf{x}_i - \sum_{i=n_1+1}^{n} \frac{\phi(\mathbf{x}_i\boldsymbol{\beta})}{1 - \Phi(\mathbf{x}_i\boldsymbol{\beta})}\mathbf{x}_i \quad , \tag{5.1.12}$$

die eine nichtlineare Funktion der unbekannten Parameter $\boldsymbol{\beta}$ sind.

mit	$\phi(\mathbf{x}_i\boldsymbol{\beta})$	=	Dichtefunktion der Normalverteilung und
	$\Phi(\mathbf{x}_i\boldsymbol{\beta})$	=	Verteilungsfunktion der Normalverteilung.

Die Bestimmung der Koeffizienten kann über den Raphson-Newton-Algorithmus[21] erfolgen, der von jedem beliebigen Startwertparametervektor zum Maximum der Log-Likelihoodfunktion führt, der dann erreicht ist, wenn der Vektor der 1. partiellen Ableitungen gleich 0 ist.[22] Der Parametervektor jeder Iteration t wird über die Gleichung

$$\hat{\boldsymbol{\beta}}_{t+1} = \hat{\boldsymbol{\beta}}_t - \left[\left. \frac{\delta^2 ln\mathbf{l}}{\delta\boldsymbol{\beta}\delta\boldsymbol{\beta}'} \right|_{\hat{\boldsymbol{\beta}}_t} \right]^{-1} \left[\left. \frac{\delta ln\mathbf{l}}{\delta\boldsymbol{\beta}} \right|_{\hat{\boldsymbol{\beta}}_t} \right]^{-1} \tag{5.1.13}$$

mit t als Iterationsindex

ermittelt.[23] Dabei ist

[19]Für die PROBIT-Funktion ist diese Bedingung erfüllt. Vgl. DHRYMES, P. J. (1978): *Introductory Econometrics*. New York, Heidelberg, S. 344 - 347.

[20]Vgl. JUGDE, G. G., R. C. HILL, W. E. GRIFFITHS, H. LÜTKEPOHL, T. C. LEE (1988): *Introduction to the Theory and Practice of Econometrics*. 2nd Ed., New York, S. 792.

[21]Vgl. KÜSTERS, U., G. ARMINGER (1989): *Programmieren in GAUSS*. Stuttgart, New York, S. 214.

[22]Vgl. JUDGE, G. G., ET.AL. (1988), a.a.O., S. 792.

[23]Vgl. JUGDE, G. G., ET.AL. (1988), a.a.O., S. 792.

$$\left[\frac{\delta^2 lnl}{\delta\beta\delta\beta'}\right]^{-1} \tag{5.1.14}$$

die Inverse der Matrix der 2. partiellen Ableitungen der Funktion (5.1.11). Sie besitzt für k Regressionskoeffizienten die Dimension $k \times k$. Die durch die Maximierung der Log-Likelihoodfunktion ermittelten Koeffizientenschätzwerte $\hat{\beta}_{ML}$ sind konsistent, asymptotisch effizient und asymptotisch normalverteilt.[24] Zur Überprüfung der Regressionskoeffizienten auf Signifikanz kann die negative Inverse Matrix der 2. partiellen Ableitungen mit den Koeffizienten der letzten Iterationsrunde als Varianz-Kovarianz-Matrix der Regressionskoeffizienten verwendet werden, die durch

$$\hat{\mathbf{V}}(\hat{\beta}_{ML}) = \left[\left.\frac{\delta^2 lnl}{\delta\beta\delta\beta'}\right|_{\hat{\beta}_{ML}}\right]^{-1}_{k\times k} \tag{5.1.15}$$

definiert ist.

5.1.2.2 Die Interpretation der Koeffizienten

Die Koeffizienten $\hat{\beta}_{ML}$ geben nicht, wie im einfachen KQ-Modell, direkt den Einfluß der einzelnen exogenen Variablen auf die Wahrscheinlichkeit, erwerbstätig zu sein, wieder. Der Einfluß einzelner exogener Variablen variiert in Abhängigkeit von der Wahrscheinlichkeit, erwerbstätig zu sein. Die Wirkung einer marginalen Änderung einer exogenen Variablen auf die Wahrscheinlichkeit, erwerbstätig zu sein, wird über die partielle Ableitung der Wahrscheinlichkeitsfunktion für die exogene Variable ermittelt. Für die erklärende Variable j folgt[25]

$$\frac{\delta P_i(PA=1)}{\delta x_{ji}} = \phi(\mathbf{x}_i\hat{\beta}_{ML}) * \beta_j \quad . \tag{5.1.16}$$

Sind die Koeffizienten durch das ML-Verfahren mit $\hat{\beta}_{ML}$ bestimmt, so wird der Einfluß der Variablen x_j durch den Wert der Dichtefunktion der Normalverteilung an der Stelle $\mathbf{x}_i\hat{\beta}_{ML}$ bestimmt. Je größer der Absolutbetrag von $\mathbf{x}_i\hat{\beta}_{ML}$, umso geringer ist der Einfluß einer Änderung der exogenen Variablen auf die Wahrscheinlickeit, erwerbstätig zu sein, und je mehr sich $|\mathbf{x_i}\hat{\beta}_{\mathbf{ML}}|$ dem Wert 0 nähert umso stärker wirken sich Änderungen der exogenen Variablen auf die Wahrscheinlichkeit, erwerbstätig zu sein, aus.

---

[24] Vgl. JUDGE, G. G., ET.AL. (1988), a.a.O., S. 792.
[25] Vgl. JUDGE, G. G., ET AL. (1988), a.a.O., S. 791.

5.2 Die Analyse zensierter endogener Variablen

In diesem Abschnitt werden Regressionsmodelle vorgestellt, die geeignet sind, die bei dem Wert 0 zensierten endogenen metrischen Variablen der Stundenangebotsfunktion und der Lohnsatzfunktion in Abhängigkeit exogener Variablen **X** zu analysieren. Ihren Ursprung hat die *Censored Regression Analysis* in einer Veröffentlichung von J. TOBIN[26] (1958), der die Ausgaben für dauerhafte Konsumgüter als Funktion des Einkommens und weiterer exogener Variablen analysierte.[27]

Entsprechend zur Analyse der Nachfrage nach dauerhaften Gebrauchsgütern – bei der eine größere Zahl an Beobachtungen mit Nullausgaben über den Erhebungszeitraum vorliegen – läßt sich das Arbeitsangebotsverhalten analysieren. Auch hier werden für eine Vielzahl von Datensätzen Nullwerte für das Stundenangebot und den Lohnsatz der Nichterwerbstätigen beobachtet und für die Erwerbstätigen nimmt die endogene Variable Y positive Werte an.

Die Ursache dafür liegt im Nutzenmaximierungsprozeß, der der Analyse zugrunde liegt. Da in dem theoretischen Modell eine Aussage über die gewünschte Arbeitszeit getroffen wird und bei der Stichprobenerhebung die aktuelle Arbeitszeit[28] beobachtet wird und negative Werte für die aktuelle Arbeitszeit nicht auftreten können, ist die Verteilung der aktuellen Beobachtungswerte der endogenen Variable durch[29]

$$y_i = \begin{cases} y_i^* & \text{falls} \quad \mathbf{x}_i\boldsymbol{\beta} + \epsilon_i > 0 \\ 0 & \text{falls} \quad \mathbf{x}_i\boldsymbol{\beta} + \epsilon_i \leq 0 \end{cases} \tag{5.2.1}$$

gegeben.

Bei der Zuweisung des Wertes $y_i = 0$ wird nun nicht unterschieden, ob die individuell gewünschte Arbeitszeit y_i^* nahe Null oder weit von diesem Grenzwert entfernt ist.

---

[26] Vgl. TOBIN, J. (1958), a.a.O., S. 24 - 36.

[27] Vgl. TOBIN, J. (1958), a.a.O., S. 31 - 33.

[28] Es ist unterstellt, daß im Falle eines positven Stundenangebotes die gewünschte Arbeitszeit realisiert ist.

[29] In der nachfolgenden Erörterung wird die endogene Variable mit Y bezeichnet und kann sowohl als endogene der Lohnsatz- oder Stundenangebotsfunktion betrachtet werden.

5.2.1 Die KQ-Schätzung

Bei der Kleinsten-Quadrate-Schätzung ist man zunächst mit dem Problem konfrontiert, ob die endogene Variable Y mit all ihren Ausprägungen, d.h. ob sowohl die positiven Beobachtungswerte für die Arbeitszeit als auch die Nullwerte, in die Analyse einbezogen werden sollen. Regelmäßig werden die Nullbeobachtungen vernachlässigt und die Analyse wird auf der Basis der positiven Beobachtungswerte durchgeführt. Dieser Ansatz wird im folgenden diskutiert.

Im erweiterten mikroökonomischen Nutzenmaximierungsmodell aus **Kapitel 4.1** ist angenommen, daß die Störvariable ϵ in der Grundgesamtheit normalverteilt ist mit einem Mittelwert 0 und Standardabweichung σ. In der Teilstichprobe der Partizipierenden, die ein positives Arbeitsangebot aufweisen, ist diese Annahme nicht mehr erfüllt, da[30]

- Personen, die einen großen positiven Wert der Störvariable aufweisen bei gegebenen $\mathbf{x}$-Werten mit größerer Wahrscheinlichkeit einen positiven Wert der endogenen Variable aufweisen und

- Personen mit negativen Werten der Störvariablen bei gegebenen $\mathbf{x}$-Werten eher nicht zur Teilpopulation der Erwerbstätigen zugehörig sind.

In der Stichprobe der Erwerbstätigen ist der Erwartungswert der Störvariablen ϵ größer 0. Weiterhin ist die Störkomponente ϵ – auch wenn in der Grundgesamtheit Unabhängigkeit zwischen der Störvariable und den exogenen Variablen unterstellt ist – negativ mit den exogenen Variablen korreliert.[31] Die durch das KQ-Verfahren ermittelten Regressionskoeffizienten für die Teilpopulation der Erwerbstätigen sind verzerrt und inkonsistent. Der Fehler, der sich aus der Vernachlässigung der Nullbeobachtungen ergibt, wird als SAMPLE SELECTION BIAS bezeichnet.

In **Abbildung 5.1** gibt die lineare Einfachregression $Y^* = \beta_1 + \beta_2 X$ den in der Grundgesamtheit gültigen Zusammenhang zwischen der erklärenden Variablen X und der endogenen Variable Y^* wieder, der durch eine normalverteilte Zufallsvariable ϵ additiv überlagert wird. Beschränkt man sich bei der Analyse auf die Datensätze mit positiven Werten der endogenen Variable, so ergibt sich die mit dem KQ-Verfahren ermittelte Regressionsgerade $Y_{(Y>0)} = \hat{\beta}_1 + \hat{\beta}_2 X$, die den Steigungsparameter unterschätzt und das Absolutglied überschätzt.

[30] Vgl. KILLINGSWORTH M. R. (1983), a.a.O., S. 80.
[31] Vgl. KILLINGSWORTH M. R. (1983), a.a.O., S. 80f.

Abbildung 5.1 Die KQ-Schätzung einer zensierten metrischen endogenen Variablen bei Beschränkung auf die positiven Werte der endogenen Variable

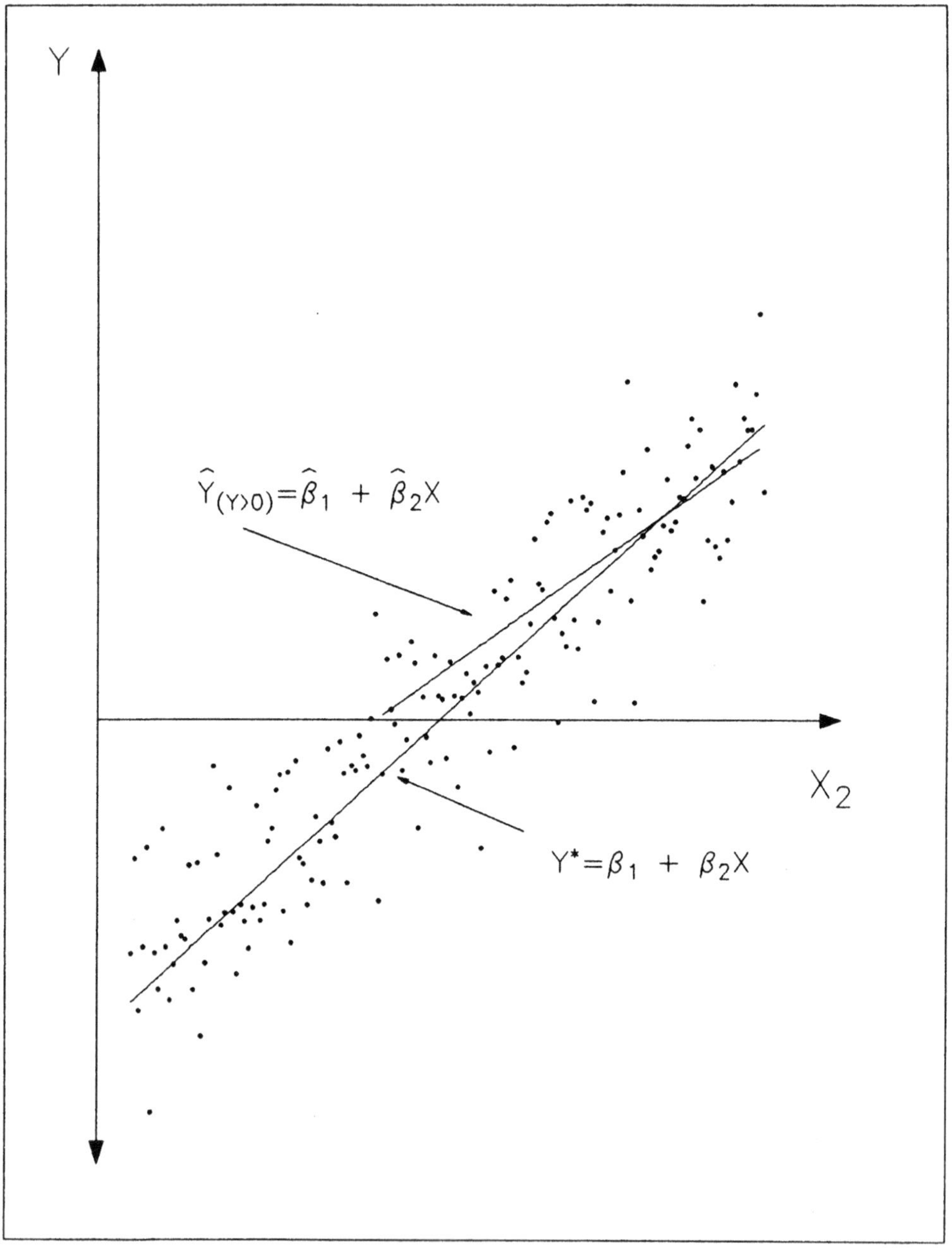

Eine zweite Möglickeit zur Anwendung des KQ-Verfahrens ist die Berücksichtigung der Nichterwerbstätigen, der Wert der endogenen Varaible Y wird gleich 0 gesetzt. Auch hier ist die Annahme, daß die Störvariable ϵ einen Mittelwert von 0 besitzt, verletzt und die resultierenden Regressionsparameter sind ebenfalls verzerrt und inkonsistent.[32]

Das KQ-Verfahren eignet sich kaum zur Analyse zensierter abhängiger Variablen. Nachfolgend wird auf Schätzverfahren eingegangen, die wenigstens konsistente Schätzwerte für die unbekannten Regressionskoeffizienten ermitteln.

5.2.2 Das zweistufige HECKMANN-Verfahren

Das Problem verzerrter Parameterwerte bei der Beschränkung auf die Teilpopulation der Erwerbstätigen entsteht, da ein solcher Datensatz keine Zufallsstichprobe aus der Grundgesamtheit darstellt sondern einen systematische Auswahl der Beobachtungen stattfindet.[33] Eine bestimmte Personengruppe wird von Beginn an aus der Analyse ausgeschlossen. Die ermittelten KQ-Ergebnisse sind aber auch nicht für die Teilpopulation gültig, was durch die verzerrten Parameterwerte dokumentiert ist.

Eine einfache Lösung dieses Problems hat J. J. HECKMANN vorgeschlagen.[34] Die KQ-Schätzung unter Verwendung der Beobachtungen mit positiven Werten der endogenen Variable wird als Fehlspezifikation interpretiert, bei der eine erklärende Variable nicht mitberücksichtigt worden ist, die systematischen Einfluß auf die endogene Variable und damit auf die Zugehörigkeit der Beobachtung zur Teilpopulation der Erwerbstätigen hat.

Das Ausmaß der Verzerrung kann für die Erwerbstätigen über den Er-

[32] Vgl. MADDALA G. S. (1983), a.a.O., S. 159.
[33] Vgl. KILLINGSWORTH M. R. (1983), a.a.O., S. 82ff.
[34] Vgl. HECKMANN J. J. (1979), a.a.O, S. 153 - 161.

wartungswert der endogenen Variable quantifiziert werden. Es gilt[35]

$$\begin{aligned} E(Y|Y>0) &= E(Y^* + \epsilon|\epsilon_{ui} > -Y^*) \\ &= Y^* + E(\epsilon|\epsilon > -Y^*) \\ &= Y^* + \sigma\tfrac{\phi(-Y^*)}{1-\Phi(-Y^*)} \\ &= Y^* + \sigma\tfrac{\phi(Y^*)}{\Phi(Y^*)} \\ &= \beta_1 + \textstyle\sum_{j=2}^k x_j\beta_j + \sigma\tfrac{\phi(Y^*)}{\Phi(Y^*)} \quad . \end{aligned} \tag{5.2.2}$$

Dabei sind $\phi(Y^*)$ und $\Phi(Y^*)$ die Werte der Normalverteilung an der Stelle $(\mathbf{x}\boldsymbol{\beta})$. Der Quotient $\phi(Y^*)/\Phi(Y^*) = \lambda$ ist die Inverse des MILLS-Quotienten und wird auch als Übergangsrate bezeichnet.[36] λ ist eine monoton fallende Funktion der Wahrscheinlichkeit, daß eine Beobachtung zur Teilstichprobe der Erwerbstätigen gehört.[37] Je größer die Wahrscheinlichkeit, daß eine Person erwerbstätig, ist um so geringer wird der λ-Wert und umgekehrt.[38]

Das von HECKMANN vorgestellte Verfahren berücksichtigt die Übergangsrate λ als zusätzliche exogene Variable zur Analyse der Teilpopulation der Erwerbstätigen. Das erweiterte lineare Regressionsmodell ist durch

$$y_i = \mathbf{x}_i\boldsymbol{\beta} + \sigma\lambda_i + u_i \tag{5.2.3}$$

$$\text{mit } u_i \sim n(0, \sigma^2)$$

gegeben. Wäre die Variable λ_i beobachtbar, so könnte das KQ-Verfahren zur Bestimmung der Koeffizienten $(\boldsymbol{\beta}, \sigma)$ angewendet werden und es würden sich beste, lineare und unverzerrte Schätzwerte ergeben, sofern die Modellannahmen des klassischen Regressionsmodells erfüllt sind. HECKMANN reduziert somit das Problem der Analyse zensierter metrischer Variablen auf den Fall einer ausgelassenen exogenen Variable.[39]

Da die Übergangsrate λ_i unbekannt ist, muß diese für die Erwerbstätigen geschätzt werden. In **Kapitel 5.1** ist das PROBIT-Verfahren darge-

[35] Vgl. MADDALA G. S. (1983), a.a.O., S. 158.

[36] Vgl. BLOSSFELD, H. P., A. HAMERLE, K. U. MAYER (1986): *Ereignisanalyse – Statistische Theorie und Anwendung in den Wirtschafts- und Sozialwissenschaften*. Frankfurt, New York, S. 31.

[37] Vgl. HECKMANN J. J., (1979), a.a.O., S. 156

[38] Vgl. TOBIN, J. (1958), a.a.O., S. 29, Abbildung 2.

[39] Vgl. KMENTA, J. (1986), a.a.O., S. 564.

stellt, das zur Bestimmung der individuellen Partizipationswahrscheinlichkeit verwendet wird. Über die ML-Parameterschätzwerte der Gleichung (5.1.10) können die individuellen Übergangsraten konsistent für die Erwerbstätigen durch[40]

$$\hat{\lambda}_i = \frac{\phi(\mathbf{x}_i\hat{\boldsymbol{\beta}}_{ML})}{\Phi(\mathbf{x}_i\hat{\boldsymbol{\beta}}_{ML})} \quad . \tag{5.2.4}$$

bestimmt werden.

In der Regressionsgleichung (5.2.3) wird die unbekannte Größe λ_i durch den Schätzwert $\hat{\lambda}_i$ ersetzt. Es folgt

$$y_i = \mathbf{x}_i\boldsymbol{\beta} + \sigma\hat{\lambda}_i + \epsilon_i^* \quad . \tag{5.2.5}$$

Die KQ-Schätzwerte ergeben sich in Matrixnotation als

$$\hat{\gamma} = (\mathbf{Z}'\mathbf{Z})^{-1} * \mathbf{Z}'\mathbf{Y} \tag{5.2.6}$$

$$\text{mit } \hat{\gamma}' = [\hat{\boldsymbol{\beta}}'|\hat{\sigma}] \text{ und}$$
$$\mathbf{Z} = [\mathbf{X}|\hat{\lambda}] \quad .$$

Die Regressionskoeffizienten $\hat{\gamma}$ sind konsistent und asymptotisch normalverteilt. Durch die Verwendung geschätzter $\hat{\lambda}$-Werte anstelle der nichtbeobachtbaren wahren Werte λ ist das Regressionsmodell (5.2.5) heteroskedastisch.[41] Die sich aus diesem Ansatz ergebenden Standardfehler der Regressionskoeffizienten sind verzerrt und inkonsistent.[42]

Eine konsistente Varianz-Kovarianz-Matrix für die Regressionskoeffizienten des zweistufigen HECKMANN-Verfahrens kann nach WHITE[43] durch

$$\mathbf{V}(\hat{\gamma}) = (\mathbf{Z}'\mathbf{Z})^{-1}\mathbf{Z}'\mathbf{A}\mathbf{Z}(\mathbf{Z}'\mathbf{Z})^{-1} \tag{5.2.7}$$

mit $\mathbf{A}$ als $n_1 \times n_1$ Diagonalmatrix mit $(y_i - \mathbf{z}_i\hat{\gamma})^2$ als i'tes Diagonalelement bestimmt werden. Signifikanztests für die Parameterschätzwerte können unter Verwendung der Schätzung der Varianz-Kovarianz-Matrix durchgeführt werden.

Zusammenfassend wird beim zweistufigen HECKMANN-Verfahren wie folgt vorgegangen:

---

[40] Vgl. AMEMIYA, T. (1981): *Tobit Models: A Survey.* In: Journal of Econometrics, Vol. 24, S. 3 - 61, S. 13.

[41] Vgl. KMENTA, J. (1986), a.a.O., S. 564.

[42] Vgl. KMENTA, J. (1986), a.a.O., S. 564.

[43] Vgl. WHITE, H. (1980): *A heteroskedasticity - consistent Covariance matrix Estimator and a direct test of Heteroscedaticity.* In: Econometrica, Vol. 48, S. 817 - 838, S. 820f.

1. Auf der Basis aller n Beobachtungen wird eine PROBIT-Schätzung zur Bestimmung der Wahrscheinlichkeit, zur Teilpopulation der Erwerbstätigen zugehörig zu sein, vorgenommen.

2. Die Ergebnisse der 1. Stufe werden dazu verwendet, individuelle Übergangsraten $\hat{\lambda}_i$ für die n_1 erwerbstätigen Personen zu bestimmen.

3. Eine um die künstliche Variable $\hat{\lambda}_i$ erweiterte lineare Regressionsfunktion wird durch das KQ-Prinzip geschätzt. Die Regressionskoeffizienten sind konsistent und asymptotisch normalverteilt.

4. Über eine Korrektur der Varianz-Kovarianz-Matrix werden asymptotisch unverzerrte Standardfehler der Regressionskoeffizienten bestimmt, die eine statistische Überprüfung der Regressionsparameter erlauben.

Der Vorteil des HECKMANN-Verfahren liegt darin begründet, daß zum einen eine direkte Interpretation der Regressionskoeffizienten möglich ist und zum anderen über einen Signifikanztest des zur Variablen $\hat{\lambda}$ zugehörigen Regressionskoeffizienten $\hat{\sigma}$ überprüft werden kann, ob der *Sample Selection Bias* statistisch signifikant ist. Der Nachteil[44] des Verfahrens besteht darin, daß zwar konsistente aber im Vergleich zur nachfolgenden TOBIT-Analyse nicht effiziente Parameterschätzwerte bestimmt werden.

5.2.3 Die TOBIT-Analyse

Eine Alternative zu dem HECKMANN-Verfahren ist die direkte Maximum-Likelihood-Schätzung des Stundenangebotes und der Erwerbsbeteiligungswahrscheinlichkeit. Dieser Ansatz ermöglicht es, sowohl den Eintritt eines Ereignisses als auch den numerischen Wert der endogenen Variable direkt zu bestimmen. Die Information, daß einige Personen keine Arbeit anbieten ($Y = 0$) und andere ein positives Arbeitsangebot ($Y > 0$) haben, wird bei der Schätzung des Stundenangebotes verwertet. Durch den von TOBIN entwickelten Regressionsansatz wird berücksichtigt, daß die metrische Variable für ($Y \leq 0$) zensiert ist. Dadurch ist es möglich simultan die Wahrscheinlichkeit zu bestimmen, daß eine Person erwerbstätig ist und

[44] In verschiedenen Simulationsstudien hat sich der in **Kap. 5.2.3** vorgestelle ML-Ansatz dem Heckmann-Verfahren als überlegen gezeigt. Vgl. GREENE, W. H. (1983): *Estimation of Limited Dependent Variable Models by Ordinary Least Squares and the Method of Moments.* in: Journal of Econometrics, Vol. 21, S. 195 - 212, S. 205. PAARSCH, H. J. (1984): *A Monte Carlo Comparison of Estimators for Censored Regression Models.* In: Journal of Econometrics, Vol. 24, S. 197 - 213, S. 212.

sofern eine positive Partizipationsentscheidung getroffen ist, wie hoch das Stundenangebot ist.

Ausgangspunkt ist auch hier das in Gleichung (5.2.1) angegebene Regressionsmodell mit einer zensierten metrischen endogenen Variable

$$y_i = \begin{cases} y_i^* & \text{falls} \quad \mathbf{x}_i\boldsymbol{\beta} + \epsilon_i > 0 \\ 0 & \text{falls} \quad \mathbf{x}_i\boldsymbol{\beta} + \epsilon_i \leq 0 \end{cases} \quad . \tag{5.2.1}$$

5.2.3.1 Der Maximum-Likelihood-Schätzansatz

Eine Stichprobe vom Umfang n bestehe aus n_1 Beobachtungen, die keine Arbeitsstunden aufweisen ($y = 0$) und n_2 Beobachtungen, die ein positives Arbeitsangebot besitzen ($y > 0$). Ein positiver Wert für y_i ist immer dann gegeben, wenn ($\epsilon_i > -\mathbf{x}_i\boldsymbol{\beta}$) ist und y_i ist gleich 0 falls ($\epsilon_i \leq -\mathbf{x}_i\boldsymbol{\beta}$). Angenommen, ϵ_i ist in der Grundgesamtheit normalverteilt mit Mittelwert 0 und Varianz σ^2, dann ist die Likelihoodfunktion durch

$$\mathbf{l}(\boldsymbol{\beta}, \sigma^2) = \prod_{i=1}^{n_1}(1 - \Phi(\mathbf{x}_i\boldsymbol{\beta}; \sigma^2)) \prod_{i=n_1+1}^{n} \phi(y_i - \mathbf{x}_i\boldsymbol{\beta}; \sigma^2) \tag{5.2.8}$$

definiert.[45] $\mathbf{x}_i$ ist ein Zeilenvektor der Dimension $(1 \times k)$) mit bekannten Werten der exogenen Variablen und $\boldsymbol{\beta}$ ist ein $(k \times 1)$ Spaltenvektor der unbekannten Regressionskoeffizienten.

Die Log-Likelihoodfunktion, die bezüglich der unbekannten Parameter $\boldsymbol{\beta}$ und σ^2 zu maximieren ist, folgt aus (5.2.8) – unter Vernachlässigung der Konstanten – als[46]

$$ln\mathbf{l}(\boldsymbol{\beta}; \sigma^2) = \sum_{i=1}^{n_1} ln(1 - \Phi(\frac{\mathbf{x}_i\boldsymbol{\beta}}{\sigma})) - \frac{n_2}{2} ln(\sigma^2) - \sum_{i=n_1+1}^{n} \frac{(y_i - \mathbf{x}_i\boldsymbol{\beta})^2}{2\sigma^2} \quad . \tag{5.2.9}$$

Die 1. partiellen Ableitungen, die die notwendige Bedingung für ein Maximum der Log-Likelihoodfunktion darstellen, ergeben sich aus (5.2.9) als[47]

[45] Vgl. CHOW, G. C. (1983): *Econometrics.*, Auckland u.a.O., S.265.

[46] Vgl. CHOW, G. C. (1983), a.a.O., S.265.

[47] Vgl. AMEMIYA, T. (1980): *Regression Analysis when the dependent Variable is truncated normal.* In: Econometrica, Vol. 41, 1973, S. 997 - 1016, S. 1000.

$$\frac{\delta ln\mathbf{l}}{\delta\boldsymbol{\beta}} = \sum_{i=1}^{n_1} \frac{\phi_i(.)}{1-\Phi_i(.)}\mathbf{x}'_i + \frac{1}{\sigma^2}\sum_{i=n_1+1}^{n} (y_i - \mathbf{x}_i\boldsymbol{\beta})\mathbf{x}'_i \tag{5.2.10}$$

$$\begin{array}{lcl} \text{mit} \quad \phi(.) & = & \phi(\mathbf{x}_i\boldsymbol{\beta};\sigma^2) \\ \text{und} \quad \Phi(.) & = & \Phi(\mathbf{x}_i\boldsymbol{\beta};\sigma^2) \end{array}$$

und

$$\frac{\delta ln\mathbf{l}}{\delta\sigma^2} = \sum_{i=1}^{n_1} \frac{\mathbf{x}_i\boldsymbol{\beta}[\phi_i(.)]}{1-\Phi_i(.)} - \frac{n_2}{2\sigma^2} + \frac{1}{4\sigma^2}\sum_{i=n_1+1}^{n} (y_i - \mathbf{x}_i\boldsymbol{\beta})^2 \quad . \tag{5.2.11}$$

Die Matrizen der 2. partiellen Ableitungen folgen als

$$\begin{aligned} \frac{\delta^2 ln\mathbf{l}}{\delta\boldsymbol{\beta}\delta\boldsymbol{\beta}'} &= -\sum_{i=1}^{n_1} \frac{\phi_i(.)}{[1-\Phi_i(.)]^2}\left[\phi_i(.) - \frac{1}{\sigma^2}(1-\Phi_i(.)\mathbf{x}_i\boldsymbol{\beta})\right]\mathbf{x}'_i\mathbf{x}_i \\ &\quad -\frac{1}{\sigma^2}\sum_{i=n_1+1}^{n} \mathbf{x}'_i\mathbf{x}_i \quad , \end{aligned} \tag{5.2.12}$$

$$\begin{aligned} \frac{\delta^2 ln\mathbf{l}}{\delta\sigma^2\delta\boldsymbol{\beta}} &= -\frac{1}{2\sigma^2}\sum_{i=1}^{n_1} \frac{\phi_i(.)}{[1-\Phi_i(.)]^2}\left[\frac{1}{\sigma^2}(1-\Phi_i(.))(\mathbf{x}_i\boldsymbol{\beta})^2\right. \\ &\quad \left. -(1-\Phi_i(.)) - \mathbf{x}_i\boldsymbol{\beta}\phi_i(.)\right]\mathbf{x}'_i \\ &\quad -\frac{1}{\sigma^4}\sum_{i=n_1+1}^{n} (y_i - \mathbf{x}_i\boldsymbol{\beta})\mathbf{x}'_i \end{aligned} \tag{5.2.13}$$

und

$$\begin{aligned} \frac{\delta^2 ln\mathbf{l}}{\delta(\sigma^2)^2} &= \frac{1}{4\sigma^4}\sum_{i=1}^{n_1} \frac{\phi_i(.)}{(1-\Phi_i(.))^2}\left[\frac{1}{\sigma^2}(1-\Phi_i(.)(\mathbf{x}_i\boldsymbol{\beta})^3)\right. \\ &\quad \left. -3(1-\Phi_i(.))\mathbf{x}_i\boldsymbol{\beta} - (\mathbf{x}_i\boldsymbol{\beta})^2\phi_i(.)\right] + \frac{n_2}{2\sigma^4} \\ &\quad -\frac{1}{\sigma^6}\sum_{i=n_1+1}^{n} (y_i - \mathbf{x}_i\boldsymbol{\beta})^2 \quad , \end{aligned} \tag{5.2.14}$$

Zur Bestimmung der unbekannten Parameter $\boldsymbol{\beta}, \sigma^2$ sind, da die Normalgleichungen (5.2.10) und (5.2.11) nichtlinear sind, eine Reihe von Iterationsverfahren entwickelt worden.[48]

Eine Möglichkeit besteht in der Anwendung des Raphson-Newton-Algorithmus unter Verwendung der 2. partiellen Ableitungen.[49] Schätzwerte für $\boldsymbol{\beta}$ und σ^2 ergeben sich durch einen iterativen Prozeß, der solange durchlaufen wird, bis eine vorgegebene Konvergenzgrenze unterschritten wird. Für ausgewählte Startwerte[50] $\hat{\boldsymbol{\theta}}' = [\hat{\boldsymbol{\beta}}' | \hat{\sigma}^2]$ ist jeder Iterationsschritt durch

$$\hat{\boldsymbol{\theta}}_{t+1} = \hat{\boldsymbol{\theta}}_t - \left[\left. \frac{\delta^2 ln\mathbf{l}}{\delta\boldsymbol{\theta}\delta\boldsymbol{\theta}'} \right|_{\hat{\boldsymbol{\theta}}_t} \right]^{-1} \left[\left. \frac{\delta ln\mathbf{l}}{\delta\boldsymbol{\theta}} \right|_{\hat{\boldsymbol{\theta}}_t} \right]^{-1} \tag{5.2.15}$$

mit t als Iterationsindex und

$$\frac{\delta^2 ln\mathbf{l}}{\delta\boldsymbol{\theta}\delta\boldsymbol{\theta}'} = \begin{bmatrix} \frac{\delta^2 ln\mathbf{l}}{\delta\boldsymbol{\beta}\delta\boldsymbol{\beta}'}_{(k\times k)}, & \frac{\delta^2 ln\mathbf{l}}{\delta\boldsymbol{\beta}\delta\sigma^2}_{(k\times 1)} \\ \left(\frac{\delta^2 ln\mathbf{l}}{\delta\boldsymbol{\beta}\delta\sigma^2}_{(1\times k)}\right)' & \frac{\delta^2 ln\mathbf{l}}{\delta\sigma^2\delta\sigma^{2\prime}}_{(1\times 1)} \end{bmatrix} \tag{5.2.16}$$

sowie

$$\frac{\delta ln\mathbf{l}}{\delta\boldsymbol{\theta}} = \begin{bmatrix} \frac{\delta ln\mathbf{l}}{\delta\boldsymbol{\beta}}_{(k\times 1)} \\ \frac{\delta ln\mathbf{l}}{\delta\sigma^2}_{(1\times 1)} \end{bmatrix} \tag{5.2.17}$$

definiert.

AMEMIYA[51] zeigt, daß die Schätzwerte konsistent und asymptotisch normalverteilt sind. Die asymptotische Varianz-Kovarianz-Matrix der Regressionskoeffizienten ist durch

$$\hat{\mathbf{V}}(\hat{\boldsymbol{\theta}}_{ML}) = \left[\left. \frac{\delta^2 ln\mathbf{l}}{\delta\boldsymbol{\theta}\delta\boldsymbol{\theta}'} \right|_{\hat{\boldsymbol{\theta}}_{ML}} \right]^{-1} \tag{5.2.18}$$

gegeben und wird zur Überprüfung der statistischen Signifikanz der Schätzwerte verwendet.

[48] Vgl. MADDALA G. S. (1983), a.a.O., S. 154 - 156.
[49] Vgl. AMEMIYA, T. (1973), a.a.O., S. 1010.
[50] Vgl. AMEMIYA, T. (1973), a.a.O., S. 1011ff.
[51] Vgl. AMEMIYA, T. (1973), a.a.O., S. 1008 und 1010.

5.2.3.2 Die Interpretation der Koeffizienten

Die geschätzten Parameter $\hat{\boldsymbol{\beta}}_{ML}$ geben nicht direkt den Einfluß der erklärenden Variablen auf das Stundenangebot an. Die Likelihoodfunktion (5.2.8) besteht aus den Termen $\prod(1 - \Phi(\mathbf{x}_i\boldsymbol{\beta}; \sigma^2))$ für alle Nichterwerbstätigen und $\prod \phi(y_i - \mathbf{x}_i\boldsymbol{\beta}; \sigma^2)$ für Personen mit positivem Arbeitsangebot. Um den Einfluß einer exogenen Variable x_j auf die Partizipationsentscheidung zu ermitteln, ist es notwendig, die partielle Ableitung der Funktion $\Phi(\mathbf{x}\boldsymbol{\beta}; \sigma^2)$ zu bestimmen. Es folgt[52]

$$\frac{\delta\Phi(\mathbf{x}_i\boldsymbol{\beta}; \sigma^2)}{\delta x_{ji}} = \phi(\mathbf{x}_i\boldsymbol{\beta}; \sigma^2) * \beta_j \quad . \tag{5.2.19}$$

Es gilt die bereits für die PROBIT-Analyse dargelegte Interpretation der Koeffizienten.[53]

Wie gezeigt werden kann (Vgl. (5.2.2)) ist der Erwartungswert des Stundenangebotes der Erwerbstätigen durch

$$E(y|y > 0) = \mathbf{x}\boldsymbol{\beta} + \sigma\frac{\phi(\mathbf{x}\boldsymbol{\beta}/\sigma)}{\Phi(\mathbf{x}\boldsymbol{\beta}/\sigma)} \tag{5.2.20}$$

gegeben.

Den Einfluß einer erklärenden Variable x_j auf das Stundenangebot der Erwerbstätigen erhält man über die partielle Ableitung[54]

$$\frac{\delta E(y|y > 0)}{\delta x_j} = \beta_j \left[1 - \left(\frac{\mathbf{x}\boldsymbol{\beta}}{\sigma}\right)\frac{\phi(\mathbf{x}\boldsymbol{\beta}; \sigma^2)}{\Phi(\mathbf{x}\boldsymbol{\beta}; \sigma^2)} - \frac{\left(\phi(\mathbf{x}\boldsymbol{\beta}; \sigma^2)\right)^2}{\left(\Phi(\mathbf{x}\boldsymbol{\beta}; \sigma^2)\right)^2}\right] \quad . \tag{5.2.21}$$

Den zweiten Term auf der rechten Seite der Gleichung (5.2.21) gilt es mit zu berücksichtigen, wenn der Einfluß von Änderungen der exogenen Variablen auf das Stundenangebot der Partizipierenden ermittelt werden soll. McDonald und Moffitt präferieren den Stichprobenanteil der Erwerbstätigen als Schätzwert für $\Phi(\mathbf{x}\boldsymbol{\beta}/\sigma)$, so daß der Term direkt aus den Standardnormalverteilungstabellen abgelesen werden kann.[55]

---

[52] Vgl. McDonald J. F., R. A. Moffitt (1980): *The Uses of Tobit Analysis.* In: Review of Economics and Statistics, Vol. 62, S. 318 - 321, S. 319.

[53] Vgl. **Abschnitt 5.2.1.2**

[54] Vgl. McDonald J. F., R. A. Moffitt (1980), a.a.O., S. 319.

[55] Vgl. McDonald J. F., R. A. Moffitt (1980), a.a.O., S. 319.

Unter Anwendung der von McDONALD und MOFFITT vorgeschlagenen Zerlegung des von TOBIN entwickelten Modellansatzes können die Einflüße von Veränderungen der exogenen Variablen auf

- die Wahrscheinlichkeit, erwerbstätig zu sein, und
- das Stundenangebot der Erwerbstätigen

getrennt analysiert werden.

5.3 Das MULTINOMIALE LOGIT-Modell bei fixierten Arbeitszeiten

In folgenden wird ein Regressionsmodell zur Bestimmung des Arbeitsangebotes vorgestellt, das geeignet ist, Parameterschätzwerte zu ermitteln, wenn die Annahme, die Höhe des Stundenangebotes ist individuell bestimmbar, aufgehoben wird. Es wird davon ausgegangen, daß Individuen die Wahl haben zwischen den Optionen Nichterwerbstätigkeit, Teilerwerbstätigkeit und Vollerwerbstätigkeit und es wird die Wahrscheinlichkeit bestimmt, mit der eine Person eine der vorgenannten Optionen wählt.

Angenommen, die Individuen handeln als Nutzenmaximierer, dann wird die Option gewählt, die den höchsten Nutzen erbringt. Im erweiterten mikroökonomischen Modell (**Kapitel 4.1**) ist unterstellt, daß die Zufallskomponente ϵ_u normalverteilt ist. Gilt diese Annahme auch für die diskreten Wahlmöglichkeiten, so würde sich das MULTINOMIALE-PROBIT-Modell als Modellansatz ergeben.[56] Da die Modellspezifikation aufwendig und die Parameterschätzung nur mit hohem Rechenaufwand zu bewerkstelligen ist, wird das MULTINOMIALE PROBIT-Modell selten verwendet.[57] Eine Alternative dazu ist das MULTINOMIALE LOGIT-Modell. Methodisch handelt es sich dabei um eine Erweiterung des Modells zur Analyse binärer Wahlmöglichkeiten.

Sind mehrere Optionen gegeben und kann jede Person nur eine wählen, so können die Wahlmöglichkeiten jeweils binär codiert werden. Es gilt

[56] Vgl. CHOW, G. C (1983), a.a.O., S. 258.
[57] Vgl. KMENTA, J. (1986), a.a.O., S. 559.

$$PF_{ji} = \begin{cases} 1 & \text{falls die Person } i \\ & \text{die Alternative } j \text{ wählt} \\ 0 & \text{sonst} \quad . \end{cases} \tag{5.3.1}$$

mit $i = 1, \ldots, n$ Beobachtungen
$j = 1$ falls Vollzeitbeschäftigt
$= 2$ falls Teilzeitbeschäftigt
$= 3$ falls Nichterwerbstätig.

Die Individuen werden, da Nutzenmaximierung unterstellt ist, die Option PF_j wählen, die den höchsten individuellen Nutzen hervorbringt. Bezeichnet man den individuellen Nutzen der Option PF_j mit u_{ji} und unterstellt, daß der Nutzen eine lineare Funktion der exogenen Variablen $\mathbf{x}_i$ ist, der durch die Störkomponente ϵ_{ji} überlagert wird, so folgt für den Nutzen der verschiedenen Optionen

$$u_{ji} = \mathbf{x}_i \boldsymbol{\beta}_j + \epsilon_{ji} \quad . \tag{5.3.2}$$

Votiert die Person i für die Alternative j, d.h. ist der beobachtete Wert $PF_{ji} = 1$, so gilt

$$u_{ji} > u_{ci} \tag{5.3.3}$$

$$\begin{aligned} \text{für } c &\neq j \\ c, j &= 1, 2, 3 \\ i &= 1,\ldots,n \quad . \end{aligned}$$

Die Wahrscheinlichkeit, daß eine Person i die Option j den Alternativen c vorzieht, wenn es seinen Nutzen maximiert, ist dann[58]

$$P(PF_{ji} = 1) = P(u_{ji} > u_{ci}) \quad . \tag{5.3.4}$$

Das Wahrscheinlichkeitsmodell wird operationalisiert, indem für die j Störterme der Wahlmöglichkeiten eine Annahme über deren Verteilung getroffen wird. Das MULTINOMIALE LOGIT-Modell ist gegeben, wenn die

[58] Vgl. GREENE, W. H. (1990): *Econometric Analysis.* New York, London, S. 695.

Störterme als unabhängig und identisch Weibull verteilt unterstellt werden, deren Verteilungsfunktion durch

$$F(\epsilon_{ji}) = e^{-e^{-\epsilon_{ji}}} \tag{5.3.5}$$

gegeben ist.[59] [60] Das MULTINOMIALE LOGIT-Modell ergibt sich als[61]

$$P(PF_{ji} = 1) = \frac{e^{\mathbf{x}_i \boldsymbol{\beta}_j}}{\sum_{j=1}^{3} e^{\mathbf{x}_i \boldsymbol{\beta}_j}} \quad . \tag{5.3.6}$$

Die Wahrscheinlichkeit, daß ein Individuum i die Alternative j wählt, ist durch die verallgemeinerte Logistische Verteilungsfunktion (5.3.6) gegeben.

Da die Summe der Wahrscheinlichkeiten gleich 1 ist, kann auf die Parameterschätzung einer Alternative verzichtet werden, da aus den Wahrscheinlichkeiten von $(j-1)$ Optionen die Wahrscheinlichkeit der j-ten Option abgeleitet werden kann. Unterstellt, der Parametervektor der Alternative Nichterwerbstätig wird gleich $\mathbf{0}$ gesetzt ($\boldsymbol{\beta}_3 = \mathbf{0}$), dann ist das MULTINOMIALE LOGIT-Modell durch

$$P(PF_{ji} = 1) = \frac{e^{\mathbf{x}_i \boldsymbol{\beta}_j}}{1 + \sum_{j=1}^{2} e^{\mathbf{x}_i \boldsymbol{\beta}_j}} \tag{5.3.7}$$

$$\text{mit } j = 1, 2$$

und

$$P(PF_{3i} = 1) = \frac{1}{1 + \sum_{j=1}^{2} e^{\mathbf{x}_i \boldsymbol{\beta}_j}} \tag{5.3.8}$$

gegeben.[62]

---

[59] Vgl. GREENE, W. H. (1990), a.a.O., S. 696.

[60] Zur Beziehung zwischen den Weibull-Verteilungen und der Normalverteilung vgl. CHOW, G. C. (1983), a.a.O., S. 258.

[61] Im hier vorgestellten MULTINOMIALEN LOGIT-Modell ist unterstellt, daß der Einfluß der exogenen Variablen auf die Optionen unterschiedlich sein kann. Für jede Alternative j ist ein Koeffizientenvektor β_j zu bestimmen. Die Notwendigkeit variierender Koeffizientenvektoren ergibt sich, da die exogenen Variablen über alle Optionen identsich sind. Zur Ableitung alternativer Modelle, die auch alternativenspezifische Variablen beinhalten, vgl. JUDGE, G. G. ET. AL. (1985), a.a.O., S. 770f.

[62] Vgl. FOMBY, T. B., R. C. HILL, S. R. JOHNSON (1984): *Advanced Econometric Methods.* New York u.a.O., S. 355f.

5.3.1 Die ML-Schätzung

Für eine Stichprobe vom Umfang n, in der n_1 Personen vollerwerbstätig, n_2 teilerwerbstätig und n_3 Personen nichterwerbstätig sind, ist die Likelihoodfunktion durch[63]

$$\mathrm{l}(\boldsymbol{\beta}_j) = \prod_{i=1}^{n_1} P(PF_{1i} = 1) \prod_{i=n_1+1}^{n_1+n_2} P(PF_{2i} = 1) \prod_{i=n_1+n_2+1}^{n_1+n_2+n_3} P(PF_{3i} = 1) \tag{5.3.9}$$

definiert.

Aus der Normierung, daß der Parametervektor $\boldsymbol{\beta}_3 = \mathbf{0}$ ist, folgt die Likelihoodfunktion

$$\begin{aligned} \mathrm{l}(\boldsymbol{\beta}_j) &= \prod_{i=1}^{n_1} \frac{e^{\mathbf{x}_i\boldsymbol{\beta}_1}}{1+\sum_{j=1}^{2} e^{\mathbf{x}_i\boldsymbol{\beta}_j}} \\ &* \prod_{i=n_1+1}^{n_1+n_2} \frac{e^{\mathbf{x}_i\boldsymbol{\beta}_2}}{1+\sum_{j=1}^{2} e^{\mathbf{x}_i\boldsymbol{\beta}_j}} \\ &* \prod_{i=n_1+n_2+1}^{n} \frac{1}{1+\sum_{j=1}^{2} e^{\mathbf{x}_i\boldsymbol{\beta}_j}} \quad . \end{aligned} \tag{5.3.10}$$

Die Log-Likelihoodfunktion ergibt sich aus (5.3.10) als

$$\begin{aligned} ln\mathrm{l}(\boldsymbol{\beta}_j) &= \sum_{i=1}^{n_1} lnP(PF_{1i} = 1) + \sum_{i=n_1+1}^{n_1+n_2} lnP(PF_{2i} = 1) \\ &+ \sum_{i=n_1+n_2+1}^{n_1+n_2+n_3} lnP(PF_{3i} = 1) \end{aligned} \tag{5.3.11}$$

oder, da die Wahlmöglichkeiten einander ausschließen, zu[64]

$$ln\mathrm{l}(\boldsymbol{\beta}_j) = \sum_{i=1}^{n}\sum_{j=1}^{3} PF_{ji} lnP(PF_{ji} = 1) \quad . \tag{5.3.12}$$

Zur Maximierung der Log-Likelihoodfunktion (5.3.12) kann der Raphson-Newton-Algorithmus verwendet werden, der die 1. und 2. partiellen Ablei-

[63] Vgl. SCHMIDT, P., R. P. STRAUSS (1975): *The Prediction of Occupation using MULTIPLE LOGIT Models.* In: International Economic Review, Vol. 16, S. 471 - 486, S. 485.

[64] Vgl. GREENE, W. H. (1990), a.a.O., S 698.

tungen benötigt, die durch[65]

$$\frac{\delta ln\mathbf{l}}{\delta\boldsymbol{\beta}_j} = \sum_{i=1}^{n}(PF_{ji} - lnP(P_{ji} = 1)\mathbf{x}_i \tag{5.3.13}$$

und

$$\frac{\delta^2 ln\mathbf{l}}{\delta\boldsymbol{\beta}\delta\boldsymbol{\beta}'} = \begin{bmatrix} \Gamma_{11_{(k\times k)}} & \Gamma_{12_{(k\times k)}} \\ \Gamma_{21_{(k\times k)}} & \Gamma_{22_{(k\times k)}} \end{bmatrix} \tag{5.3.14}$$

$$\text{mit} \quad \Gamma_{jj} = \frac{\delta^2 ln\mathbf{l}}{\delta\boldsymbol{\beta}_j\delta\boldsymbol{\beta}_j'} = \sum_{i=1}^{n} -lnP(PF_{ji} = 1)(1 - lnP(PF_{ji} = 1))\mathbf{x}_i'\mathbf{x}_i$$

$$\text{für } j = 1, 2$$

$$\text{und} \quad \Gamma_{jr} = \frac{\delta^2 ln\mathbf{l}}{\delta\boldsymbol{\beta}_j\delta\boldsymbol{\beta}_r'} = \sum_{i=1}^{n} lnP(PF_{ji} = 1) * lnP(PF_{ri} = 1)\mathbf{x}_i'\mathbf{x}_i$$

$$\text{für } j, r = 1, 2;\ j \neq r$$

gegeben sind.

Maximum-Likelihood- Parameterschätzwerte ergeben sich, wenn die 1. partiellen Ableitungen gleich 0 sind, da die Log-Likelihoodfunktion global konkav ist.[66] Zur Maximierung der Log-Likelihoodfunktion kann ein beliebiges Iterationsverfahren verwendet werden und die ML-Parameterschätzwerte sind asymptotisch effizient und normalverteilt.[67]

Die asymptotisch konsistente Varianz-Kovarianz-Matrix der Regressionskoeffizienten ergibt sich aus der negativen Inversen aus (5.3.14) mit den ML-Parameterschätzwerten als

$$\hat{\mathbf{V}}\begin{bmatrix} \hat{\boldsymbol{\beta}}_1 \\ \hat{\boldsymbol{\beta}}_2 \end{bmatrix}_{(2k\times 1)} = -\begin{bmatrix} \left.\frac{\delta^2 ln\mathbf{l}}{\delta\boldsymbol{\beta}\delta\boldsymbol{\beta}'}\right|_{\hat{\boldsymbol{\beta}}} \end{bmatrix}^{-1}_{2k\times 2k} \quad . \tag{5.3.15}$$

---

[65] Vgl. GREENE, W. H. (1990), a.a.O., S. 698. SCHMIDT, P., R. P. STRAUSS (1975), a.a.O., S. 485.

[66] Vgl. JUDGE, G. G., W. E. GRIFFITHS, R. C. HILL, T.-C. LEE (1980): *The Theory and Practice of Econometrics.* New York, S. 599.

[67] Vgl. JUDGE, G. G. et. al. (1980), a.a.O., S. 599.

5.3.2 Die Interpretation der Koeffizienten

Um den Einfluß der exogenen Variablen auf die Wahrscheinlichkeit der Wahl der Option j zu bestimmen, werden logarithmierte Wahrscheinlichkeitsverhältnisse aller einander auschließenden Optionen gebildet. Die logarithmierten Wahrscheinlichkeitsverhältnisse (MULTINOMIALE LOGITS) sind durch[68]

$$ln\frac{P(PF_{ji}=1)}{P(PF_{ci}=1)} = \mathbf{x}_i(\boldsymbol{\beta}_j - \boldsymbol{\beta}_c) \tag{5.3.16}$$

$$\text{mit } j, c = 1, 2, 3 \text{ und } j \neq c$$

gegeben. Da der Parametervektor der Wahlmöglichkeit, nichterwerbstätig zu sein, $\boldsymbol{\beta}_3$ annahmegemäß gleich $\mathbf{0}$ ist, reduziert sich (5.3.16) auf

$$ln\frac{P(PF_{ji}=1)}{P(PF_{3i}=1)} = \mathbf{x}_i\boldsymbol{\beta}_j \tag{5.3.17}$$

$$\text{mit } j = 1, 2$$

und das dritte logarithmierte Wahrscheinlichkeitsverhältnis zwischen den Optionen vollerwerbstätig ($PF_1 = 1$) und teilerwerbstätig ($PF_2 = 1$) ergibt sich als

$$ln\frac{P(PF_{1i}=1)}{P(PF_{2i}=1)} = \mathbf{x}_i(\boldsymbol{\beta}_1 - \boldsymbol{\beta}_2) \quad . \tag{5.3.18}$$

Der Einfluß der exogenen Variablen auf das logarithmierte Wahrscheinlichkeitsverhältnis kann wie folgt interpretiert werden:

- Ist die Differenz des Parameterschätzwertes positiv, so hat die zugehörige exogene Variable einen positiven Einfluß auf die Wahrscheinlichkeit der Wahl der im Zähler stehenden Möglichkeit bezogen auf die im Nenner stehende.
- Ist die Differenz des Parameterschätzwertes gleich 0 oder nicht signifikant von 0 verschieden, so ist die exogene Variable bedeutungslos für das Wahrscheinlichkeitsverhältnis $ln(P(PF_j = 1))/ln(P(PF_c = 1))$.
- Für eine negative Differenz der Parameterschätzwerte hat die zugehörige Variable einen positiven Einfluß auf die im Nenner stehende Option im Verhältnis zur im Zähler stehenden Möglichkeit.

[68] Zum folgenden Vgl. FOMBY, T. R. ET.AL. (1984), a.a.O., S. 356f.

Bisher wurden ökonometrische Verfahren zur Analyse des Arbeitsangebotes erörtert. Im nachfolgenden werden Gütemaße und Teststatistiken vorgestellt, die geeignet sind, die ökonometrischen Modelle zu überprüfen.

5.4 Gütemaße und Teststatistiken

Zur Überprüfung der statistischen Signifikanz werden im folgenden Teststatistiken für die verschiedenen Regressionsmodelle vorgestellt. Einerseits ist das gesamte Regressionsmodell zu überprüfen und zum anderen wird ein Koeffiziententest vorgestellt.

Im linearen Regressionsmodell wird die Güte der Anpassung der Regressionsfunktion an die Beobachtungspunktwolke über das multiple Bestimmtheitsmaß ermittelt. Das multiple Bestimmtheitsmaß (R^2) gibt an, wieviel der Gesamtabweichungsquadratsumme durch die lineare Regressionsfunktion erklärt wird. R^2 ist definiert als[69]

$$R^2 = 1 - \frac{SQR}{SQT} \tag{5.4.1}$$

mit

$$\begin{aligned} SQR &= \sum_{i=1}^{n}(y_i - \hat{y})^2 = \sum \hat{\epsilon}_i^2 \quad , \\ SQT &= \sum_{i=1}^{n}(y_i - \overline{y})^2 \text{und} \\ \overline{y} &= \frac{1}{n}\sum_{i=1}^{n} y_i \quad . \end{aligned}$$

Der Wertebereich des multiplen Bestimmtheitsmaßes ist auf das Intervall $[0, 1]$ begrenzt und die erklärte Abweichungsquadratsumme ist um so größer, je näher R^2 am Wert 1 ist.

Zur Überprüfung der statistischen Signifikanz des linearen Regressionsmodells wird der F-Test verwendet, dessen Prüfgröße durch[70]

$$\tilde{f} = \frac{R^2/(k-1)}{(1-R^2)/(n-k)} \tag{5.4.2}$$

gegeben ist.

---

[69] Vgl. GÜLICHER, H. (1986), a.a.O., S. 8-4ff.

[70] Vgl. GÜLICHER, H. (1986), a.a.O., S. 10-30.

Die Prüfgröße $\tilde{f}$ ist unter Gültigkeit der H_0-Hypothese ($\beta_2 = \beta_3 = \ldots\ldots = \beta_k = 0$) F-verteilt mit $\nu_1 = (k-1)$ und $\nu_2 = (n-k)$ Freiheitsgraden. Die H_0-Hypothese, daß kein linearer Gesamtzusammenhang zwischen Y und den erklärenden Variablen $\mathbf{X}$ besteht, kann nicht beibehalten werden, wenn für ein gegebenes Signifikanzniveau α der Wert der Prüfgröße größer ist als der theoretische F-Wert.

Um die Güte der Anpassung für die Modelle mit nominalskalierten endogenen Variablen zu messen, wird ähnlich zum Bestimmtheitsmaß im linearen Regressionsmodell ein $Pseudo - R^2$ bestimmt. Diese Größe ist definiert durch[71] [72]

$$Pseudo - R^2 = 1 - \frac{ln\mathbf{l}(\hat{\Omega})}{ln\mathbf{l}(\hat{\omega})} \qquad (5.4.3)$$

mit $ln\mathbf{l}(\hat{\Omega})$ = Wert der Log-Likelihoodfunktion für das vollständige Modell mit den Koeffizienten $\hat{\beta}_1, \ldots, \hat{\beta}_k$ und

$ln\mathbf{l}(\hat{\omega})$ = Wert der Log-Likelihoodfunktion für das reduzierte Modell, in dem alle Steigungsparameter gleich 0 sind.

$Pseudo - R^2$ ist definiert für das Intervall $[0, 1]$ und je näher $Pseudo - R^2$ am Wert 1 ist um so besser ist die Anpassung des Regressionsmodells an die Beobachtungswerte.

Die Größen $ln\mathbf{l}(\hat{\Omega})$ und $ln\mathbf{l}(\hat{\omega})$ werden entsprechend zum F-Test im linearen Regressionsmodell zur Überprüfung der statistischen Signifikanz des Gesamtmodells verwandt. Der Likelihood-Ratio-Test ist definiert als[73]

$$LRT = -2[ln\mathbf{l}(\hat{\omega}) - ln\mathbf{l}(\hat{\Omega})] \qquad (5.4.4)$$

Die Prüfgröße LRT ist χ^2-verteilt mit $(k-1)$ Freiheitsgraden. Die H_0-Hypothese, die exogenen Variablen haben keinen Einfluß auf die endogene Variable Y, wird dann abgelehnt, wenn für ein vorgegebenes Signifikanzniveau α die Bedingung $LRT > \chi^2_{krit,(k-1)}$ erfüllt ist.

[71] Vgl. KMENTA, J. (1986), a.a.O., S. 556.
[72] Vgl. JUDGE, G. G. ET.AL. (1980), a.a.O., S. 601.
[73] Vgl. KMENTA, J. (1986), a.a.O., S. 491 und 556.

Maßgrößen zur Bestimmung der Güte der Anpassung für zensierte Regressionsmodelle sind selten.[74] Da für derartige Modelle eine Varianzzerlegung analog zum KQ-Verfahren nicht durchzuführen ist, ist die Verwendung des Bestimmtheitsmaßes R^2 nicht möglich. Einem Vorschlag von DHRYMES[75] (1986) folgend, wird die Erklärungsgüte des TOBIT-Modells über den quadrierten Wert des Einfachkorrelationskoeffizienten zwischen dem geschätzten und dem beobachteten Stundenangebot gemessen. Die Größe bezieht sich auf die Beobachtungen mit positiven Werten der endogenen Variable. Als Gütemaß folgt

$$r^2 = \frac{Cov(\hat{y}, y)^2}{Var(\hat{y})Var(y)} \quad . \tag{5.4.5}$$

Um die einzelnen Parameterschätzwerte der verschiedenen Modelle auf ihre statistische Signifikanz zu überprüfen, werden die entsprechenden Standardfehler der Regressionskoeffizienten verwandt. Sie werden als Quadratwurzel der Hauptdiagonalelemente der jeweiligen Varianz-Kovarianz-Matrix entnommen. Die H_0-Hypothese $\beta_j = 0$ wird mit der Alternativhypothese $H_A: \quad \beta_j \neq 0$ konfrontiert.

Unter Verwendung der Prüfgröße[76]

$$\tilde{t} = \frac{\hat{\beta}_j}{\sqrt{\mathbf{V}(\hat{\boldsymbol{\beta}})_{jj}}}, \tag{5.4.6}$$

die Student-t-verteilt mit $(n-k)$ Freiheitsgraden ist, wird die H_0-Hypothese dann abgelehnt, wenn für ein vorgegebenes Signifikanzniveau α der Wert der Prüfgröße $\tilde{t}$ größer ist als der kritische Wert t_{krit}. Die Variable β_j hat bei Ablehnung der H_0-Hypothese einen statistisch signifikanten Einfluß auf die endogene Modellvariable.

5.5 Die Multikollinearitätsdiagnose

Die Interpretation der Regressionskoeffizienten und die Diskriminierung zwischen den Einflüssen der erklärenden Variablen auf die endogene Variable ist in ökonometrischen Erklärungsmodellen abhängig von der Qualität der verwendeten Daten.

[74] Neuere Lehrbücher wie z.B. GREENE (1990) oder JUDGE ET. AL. (1988) beschränken sich auf die Bestimmmung der Parameter. Zu Möglichkeiten zur Überprüfung der Modelle wird nicht Stellung bezogen.

[75] Vgl. DRYHMES, P. J. (1986): *Limited Dependent Variables.* In: GRILICHES, Z. M. D. INTRILIGATOR (EDS.): *Handbook of Econometrics.* Vol. 3, Amsterdam u.a.O., S. 1603.

[76] Vgl. GÜLICHER, H. (1986), a.a.O., S. 10-25

Die Verwendung multipler erklärender Variablen führt oftmals zu einem Zurechnungsproblem, wenn eine oder mehrere exogene Variablen untereinander korreliert sind (Multikollinearität). In diesen Fällen ist es nicht möglich den Einzeleinfluß, der in die Regressionsfunktion aufgenommenen Variablen, zu bestimmen. Das Vorhandensein von Multikollinearität hat, sofern die Modellannahmen Gültigkeit besitzen, keine Auswirkung auf die Eigenschaften der verwendeten Verfahren, sie führt jedoch dazu, daß

- die Regressionskoeffizienten sensibel auf die Erhöhung der Zahl von Beobachtungen reagieren können,
- die Standardfehler der Regressionskoeffizienten inflationiert werden und daraus folgend
- nichtsignifikante Ergebnisse für die Regressionskoeffizienten bestimmt werden und
- bei perfekter Kollinearität zwischen exogenen Variablen die Inverse der Matrix $\mathbf{X}'\mathbf{X}$ nicht bestimmbar ist.

Ohne näher auf die Ursachen[77] der Kollinearität einzugehen werden zwei Verfahren[78] zur Diagnose von kollinearen Beziehungen vorgestellt, die es ermöglichen, Kollinearitäten zu identifizieren und die Spalten der Datenmatrix $\mathbf{X}$ herauszufiltern, die kollinear sind. Zum einen wird die VARIANCE-INFLATION-FACTOR-Analyse vorgestellt, die auf der Korrelationsmatrix der exogenen Variablen basiert und zum anderen wird die von BELSLEY, KUH und WELSH entwickelte Methode erläutert, die auf der Singulärwertanalyse der Datenmatrix $\mathbf{X}$ basiert.

5.5.1 Die VARIANCE-INFLATION-FACTORS

Die Korrelationsmatrix $\mathbf{R}$ der exogenen Variablen bildet die Grundlage für die VARIANCE-INFLATION-FACTORS (VIF). Die VIF werden bestimmt durch Invertierung der Korrelationsmatrix $\mathbf{R}$. Aus der Korrelationsmatrix[79]

---

[77] Vgl. MONTGOMERY, D.C., E. A. PECK (1982): *Introduction to Linear Regression Analysis.* New York, S. 288 - 290.

[78] Keines der in der Literatur erörterten Multikollinearitätsmaße kann vollständig überzeugen. Insbesondere ist umstritten, ab welchem kritischen Wert für die einzelnen Maße auf Kollinearität geschlossen werden kann. Aufgrund dessen werden zwei verschiedene Verfahren zur Analyse herangezogen.

[79] Vgl. MONTGOMERY, D.C., E. A. PECK (1982), a.a.O., S. 299.

$$\mathbf{R} = \begin{bmatrix} 1 & r_{x_1x_2} & r_{x_1x_3} & \cdots\cdots & r_{x_1x_k} \\ & 1 & r_{x_2x_3} & \cdots\cdots & \\ & & 1 & \cdots\cdots & \\ & & & \cdots\cdots & \\ & & & \cdots\cdots & \\ & symmetrisch & & \cdots\cdots & \\ & & & 1 & r_{x_{k-1}x_k} \\ & & & & 1 \end{bmatrix} \qquad (5.5.1)$$

ergeben sich die VIF als Diagonalelemente aus der Inversen von **R** als[80]

$$VIF = \mathbf{R}_{jj}^{-1} = \frac{1}{1 - r_{x_j}^2} \qquad (5.5.2)$$

mit

$\mathbf{R}_{jj}^{-1}$ = j'tes Diagonalelement aus $\mathbf{R}^{-1}$ und

$r_{x_j}^2$ = Bstimmtheitsmaß für die Regressionsfunktion aller $k-1$ exogenen Variablen bezogen auf die auf die Variable x_j.

Bestehen zwischen den exogenen Variablen keine oder geringe Abhängigkeiten wird $r_{x_j}^2$ gegen 0 tendieren und die VIF werden nahe 1 sein. Je größer die Abhängigkeit zwischen den erklärenden Variablen in der Datenmatrix **X** ist, um so höher wird das Bestimmtheitsmaß $r_{x_j}^2$ und um so größer wird der VIF. Von Kollinearität kann dann ausgegangen werden, wenn der VIF-Wert größer als 10 ist.[81]

Die Anzahl der VIF-Werte, die größer 10 sind, geben an, wieviele kollineare Beziehungen in der Datenmatrix X vorliegen und sie geben gleichzeitig an, wie stark die Standardfehler der Regressionskoeffizienten durch die Multikollinearität beeinflußt werden.

[80] Vgl. MONTGOMERY, D.C, E. A. PECK (1982), a.a.O., S. 299.

[81] Vgl. HOCKING, R.R., O. J. PENDLETON (1983): *The Regression Dilemma.* In: Communications in Statistics, A12, S. 497 - 527, S. 502.

5.5.2 Das Belsley-, Kuh- und Welsch Verfahren

Die von Belsley, Kuh und Welsch entwickelte Prozedur zur Analyse von kollinearen Beziehungen basiert auf der Singulärwertzerlegung der Datenmatrix **X**. Sie überwindet das Problem, daß multiple Korrelationen mit den herkömmlichen Diagnoseverfahren nur mit großem Aufwand identifiziert werden können. Insbesondere liefert das Verfahren

- einen numerischen Index[82], dessen Größe die Präsenz einer oder mehrerer kollinearer Beziehungen zwischen den Spalten der Datenmatrix **X** anzeigt und
- es ergibt sich eine Maßgröße, mit dem der potentielle Einfluß von jeder dieser Abhängigkeiten auf die Standardfehler der Regressionskoeffizienten gemessen werden kann.[83]

Ohne näher auf die mathematischen Grundlagen des Verfahrens einzugehen[84], werden nachfolgend die Entscheidungsregeln dargestellt. Der Condition-Index (CI)

$$CI = \frac{sw_{max}}{sw_k} \tag{5.5.3}$$

mit	sw_{max}	=	größter Singulärwert der Matrix **X**
und	sw_k	=	Singulärwert der k'ten Spalte der Datenmatrix **X**

gibt an, wieviele kollineare Beziehungen in **X** vorliegen. Jeder Condition-Index größer 30 deutet auf eine kollineare Beziehung hin.

Zur Lokalisierung der Spalten der Datenmatrix **X**, die kollinear sind, wird eine Varianzzerlegungstabelle aufgestellt. Für jede Kombination aus Condition-Index und der Varianz der Regressionskoeffizienten kann eine Varianzzerlegungsproportion gebildet werden. Ist der Condition-Index größer 30 und sind die damit assozierten Varianzzerlegungsproportionen in wenigstens zwei Zellen der entsprechenden Zeile größer als 0,5, so sind die zugehörigen Spalten der Datenmatrix **X** kollinear.

---

[82] Vgl. Belsley, D.A., E. Kuh, R. E. Welsch (1980), a.a.O., S. 91.
[83] Vgl. Belsley, D.A., E. Kuh, R. E. Welsch (1980), a.a.O., S. 91.
[84] Vgl. Gülicher, H. (1986), a.a.O., S. 12-13ff.

Kapitel 6

Die statistische Analyse des Arbeitsangebotes verheirateter Frauen

Das ökonometrische Modell zur Bestimmung des Arbeitsangebotes verheirateter Frauen aus **Kapitel 4.2**, das aus den Gleichungen

$$\begin{aligned} PA_i &= f(\mathbf{x}_{pa}, \epsilon_{pa}) && \text{Erwerbsbeteiligungsfunktion} \\ ln(w_i) &= \mathbf{x}_i\beta + \epsilon_i && \text{Bruttostundenlohnfunktion} \\ H_i &= f(\mathbf{x}_{hi}, ln(w_i), \epsilon_{hi}) && \text{Stundenangebotsfunktion} \end{aligned}$$

mit den endogenen Variablen

$$PA = \begin{cases} 1 & \text{falls erwerbstätig} \\ 0 & \text{sonst} \end{cases}$$

$$ln(w_i) = \quad \text{Bruttostundenlohn}$$

$$H_i = \begin{cases} H_i^a & \text{falls erwerbstätig} \\ 0 & \text{sonst} \end{cases}$$

besteht, wird in den nachfolgenden Abschnitten statistisch überprüft. Da eine vollständige Flexibilität der Arbeitszeit für viele Erwerbstätige nicht gegeben ist, sondern in der Höhe fixierte Arbeitszeiten vorgegeben sind, die durch tarifvertragliche Vereinbarungen oder durch betriebliche Notwendigkeiten bedingt sind, wird die Stundenangebotsfunktion so modifiziert, daß nur fixierte Arbeitszeiten realisiert werden können. Die Alternativen am Arbeitsmarkt sind durch die Möglichkeiten

- Vollerwerbstätigkeit,
- Teilerwerbstätigkeit und
- Nichterwerbstätigkeit

vollständig beschrieben.

Die Basis der statistischen Überprüfung sind die Daten des Sozio-ökonomischen Panels für die Jahre 1984 bis 1986. Daneben wird als zusätzliche exogene Variable eine regionale Arbeitslosenquote[1] eingeführt, die dem Statistischen Jahrbuch 1985 entnommen ist.[2]

Die Vorgehensweise ist dabei wie folgt: Ausgehend von einer Erläuterung des Sozio-ökonomischen Panels werden anschließend die endogenen Variablen der Modelle vorgestellt. Die modellexogenen Variablen, die sich nach persönlichen, haushaltsspezifischen, partnerspezifischen und regionalen Variablen unterscheiden lassen, werden im Anschluß erörtert.

Im Gegensatz zu bisher vorgelegten Untersuchungen zum individuellen Arbeitsangebot in der Bundesrepublik Deutschland[3] wird zusätzlich zu der Erwerbsbeteiligungsfunktion und dem Stundenangebot ein Modell mit fixierten Arbeitszeiten bestimmt und eine statistische Überprüfung getrennt nach der Staatszugehörigkeit der verheirateten Frauen durchgeführt.[4] Eine getrennte Analyse erscheint in mehrfacher Hinsicht notwendig, da:

- Die Verwendung des Gesamtdatenbestandes zur ökonometrischen Schätzung der Funktionen induziert, daß die exogenen Variablen einen identischen Einfluß auf das Arbeitsangebot über alle Beobachtungen aufweisen. Es ist nicht zu erwarten, daß dieses in den verschiedenen Subpopulationen gilt, da insbesondere viele ausländische Frauen, um einer Erwerbstätigkeit nachzugehen, in der Bundesrepublik leben.

---

[1] Die regionale Arbeitslosenquote ist definiert als die durchschnittliche Arbeitslosenquote im Jahr 1984 in den verschiedenen Bundesländern.

[2] Vgl. STATISTISCHES BUNDESAMT (1985, HRSG.): *Statistisches Jahrbuch 1985*. Stuttgart, Mainz, S. 112.

[3] Vgl. **Anhang C.**

[4] In der statistischen Analyse wird differenziert zwischen Frauen mit deutscher Staatsangehörigkeit und Frauen mit ausländischer Staatsangehörigkeit. Eine weitergehende Differenzierung, die sich aus der Zugehörigkeit zu verschiedenen Kulturkreisen ergeben könnte, wird nicht vorgenommen.

- Für eine Reihe von Variablen, wie z. B. der Schul- und Berufsausbildung und der sozialen Herkunft für die ausländischen Frauen keine Beobachtungswerte vorliegen.
- Die Struktur der Daten deutliche Unterschiede zwischen den beiden Teilpopulationen aufweist.[5]

Die statistische Schätzung der verschiedenen Modelle orientiert sich an den mit der korrekten Bestimmung der Parameter der Regressionsfunktionen verbundenen Probleme, die in **Kapitel 5** dargestellt sind. Es wird zunächst ein Wahrscheinlichkeitsmodell geschätzt, welches eine Aussage über die Wahrscheinlichkeit, erwerbstätig zu sein, erlaubt. Anschließend wird die Lohnsatzfunktion bestimmt und daran schließt sich die Bestimmung verschiedener Modelle des Stundenangebotes an. Die nachfolgende Übersicht gibt einen Überblick über die gewählte Vorgehensweise und die dabei verwendeten ökonometrischen Methoden. Dort ist auch der Zusammenhang zwischen den verschiedenen Regressionsgleichungen abgebildet.

---

[5] Vgl. **Anhang A.**

Übersicht über die statistische Modellspezifikation und die verwendeten ökonometrischen Methoden

Erwerbsbeteiligungsfunktion [a]

$PA = f(\mathbf{x}_{pai}, \epsilon_{pa})$

Schätzverfahren :

LINEARES WAHRSCHEINLICHKEITSMODELL

PROBIT-Modell

$\hat{\lambda}_i$

Lohnsatzfunktion [a]

$ln(w_i) = \mathbf{x}_{li}\boldsymbol{\beta} + \epsilon_{li}$

Schätzverfahren :

HECKMANN-Verfahren

$\hat{\lambda}_i$

$ln(\hat{w}_i)$

Stundenangebotsfunktion [b]

$H_i = f(\mathbf{x}_{hi}, ln(\hat{w}_i), \epsilon_{hi})$

Schätzverfahren :

OLS

HECKMANN-Verfahren

TOBIT-Verfahren

MULTINOMIALES-LOGIT-Modell [c]

[a] Getrennt nach der Staatszugehörigkeit

[b] Nur für verheiratete Frauen mit deutscher Staatsangehörigkeit

[c] Im MULTINOMIALEN LOGIT-Modell wird abweichend von den anderen Verfahren zur Bestimmung des Stundenangebotes keine Schätzung der individuellen Höhe des Stundenangebotes vorgenommen. Es wird die Wahrscheinlichkeit bestimmt, nichterwerbstätig, teilerwerbs- oder vollerwerbstätig zu sein.

6.1 Die Datenbasis

Die statistische Analyse des Erwerbsverhalten verheirateter Frauen basiert auf den Daten des Sozio-ökonomischen Panels. Das Sozio-ökonomische Panel ist eine repräsentative Längsschnittstudie für die Bundesrepublik Deutschland, die seit 1984 mit jährlichen Wiederholungen erhoben wird.[6] Im Auftrag des Sonderforschungsbereiches 3 der Universitäten Mannheim und Frankfurt in Zusammenarbeit mit dem Deutschen Institut für Wirtschaftsforschung (DIW) Berlin hat Infratest München die Feldarbeit durchgeführt.[7]

Die Befragungseinheit ist ein Haushalt und umfaßt alle in dieser Einheit zusammenlebenden Personen. Jede Person, die 16 Jahre und älter ist, hat einen Personenfragebogen und für den Haushalt insgesamt ist ein Haushaltsfragebogen zu beantworten. Es werden unter anderem Informationen zu den Bereichen Haushaltszusammensetzung, Erwerbsbeteiligung und berufliche Mobilität, Einkommen, Transferzahlungen, Wohnsituation und zur subjektiven Einschätzung der eigenen Lebenssituation erhoben.[8] Ein Haushalt wird dann in die Stichprobe aufgenommen, wenn sich alle Haushaltsmitglieder an der Umfrage beteiligen.[9]

Die realisierte Stichprobe für das Jahr 1984 umfasst ca. 6.000 Haushaltungen in denen etwa 15.000 Personen leben. In ca. 4.500 Haushaltungen hat der Haushaltsvorstand die deutsche Staatsbürgerschaft und bei etwa 1.500 Haushaltungen eine ausländische. Die Anzahl der Haushaltungen, in denen Ehepaare leben, beträgt in der 1. Welle annähernd 4.000.[10] Da für die statistische Analyse Angaben aus den Panel-Erhebungen 2 (1985) und 3 (1986) verwendet werden, reduziert sich die Zahl der Beobachtungen einmal durch die Ausfallrate, die ca. 10 % beim Übergang von der einen

---

[6] Vgl. HANEFELD, U. (1986): *Das Sozio-ökonomische Panel – Konzeption und ausgewählte erhebungsmethodiche Ergebnisse.* In: Allgemeines Statistisches Archiv, Vol. 69, S. 399 - 410, S.399.

[7] Zur Realisierung der Stichprobe des Sozio-ökonomischen Panels vgl. HANEFELD, U. (1987): *Das Sozio-ökonomische Panel.* Frankfurt, New York, S. 168ff.. INFRATEST SOZIALFORSCHUNG (1985, HRSG.): *Das Sozio-ökonomische Panel – Welle 1 Methodenbericht zur Haupterhebung.* München.

[8] Die Variablenliste des Sozio-ökonomischen Panels für die Jahre 1984 - 1986 ist in HANEFELD, U. (1987), a.a.O., S. 272 - 280 wiedergegeben.

[9] Vgl. INFRATEST SOZIALFORSCHUNG (1985), a.a.O., S. 4.

[10] Vgl. SFB3, DIW (1989, HRSG.), *Das Sozio-ökonomische Panel, Benutzerhandbuch – Version 2.* Berlin, S. N.2.2 - 47, S. N.2.2 - 50.

auf die andere Erhebungswelle beträgt.[11] [12] Zum anderen reduziert sich die Datenbasis durch fehlende Beobachtungswerte der in die Querschnittsanalyse einbezogenen Variablen. Schließlich verringert sich die Datenbasis dadurch, das alle verheirateten Frauen aus der Untersuchung ausgeschlossen werden, die vor 1921 geboren sind und damit die Altersgrenze zum Eintritt in den Ruhestand erreicht haben, sodaß der Stichprobenumfang für die statistische Untersuchung 2543 Haushaltungen umfasst. In 1838 Fällen besitzt die Frau die deutsche und in 705 Fällen eine ausländische Staatsbürgerschaft.

6.2 Die Modellvariablen

6.2.1 Die endogenen Variablen

Die endogenen Variablen der Partizipationsfunktion, des Wahrscheinlichkeitsmodells mit fixierten Arbeitszeiten und des Stundenangebotsmodells werden aus der durchschnittlich pro Woche gearbeiteten Stundenzahl abgeleitet.[13] In **Abbildung 6.1** ist für die Beobachtungswerte die Verteilung der durchschnittlich pro Woche geleisteten Arbeitsstunden differenziert nach der Staatsangehörigkeit wiedergegeben.

Die endogene Variable der Erwerbsbeteiligungsfunktion ergibt sich aus den durchschnittlich pro Woche geleisteten Stunden; sie ist gleich 1, wenn das Arbeitsangebot größer 0 ist und hat den Wert 0, wenn aktuell nicht gearbeitet wird. In **Tabelle 6.1** ist die relative Häufigkeit für die Erwerbsbeteiligung in der Gesamtstichprobe und für die nach dem Kriterium der Staatsangehörigekeit ermittelten Teilstichproben wiedergegeben. Von den 2543 verheirateten Frauen sind insgesamt 1017 Frauen erwerbstätig. Dies entspricht einem Anteil von 39,99 % . Unterschiede im Erwerbsverhalten zeigen sich, wenn die Gesamtstichprobe nach der Staatsangehörigkeit zerlegt sind. So sind von den Frauen mit deutscher Staatsangehörigkeit 38,08 % erwerbstätig während der Anteil bei den ausländischen Frauen 44,96 % beträgt.

[11] Vgl. INFRATEST SOZIALFORSCHUNG (1986, HRSG.): *Das Sozio-ökonomische Panel Welle 2 – Methodenbericht zur Haupterhebung.* München, S. 6.

[12] Vgl. INFRATEST SOZIALFORSCHUNG (1987, HRSG.): *Das Sozio-ökonomische Panel Welle 3 – Methodenbericht zur Haupterhebung.* München, S. 5.

[13] Alternativ hätte die zum Zeitpunkt der Erhebung aktuell gearbeitete Wochenstundenzahl verwendet werden können. Diese Option wurde jedoch nicht gewählt, da die in der Erhebungswoche gearbeitete Stundenzahl durch Urlaub, Krankheit oder auch Überstunden verzerrt sein kann.

Abbildung 6.1 Häufigkeitsverteilung der durchschnittlich geleisteten Wochenstunden differenziert nach der Staatszugehörigkeit

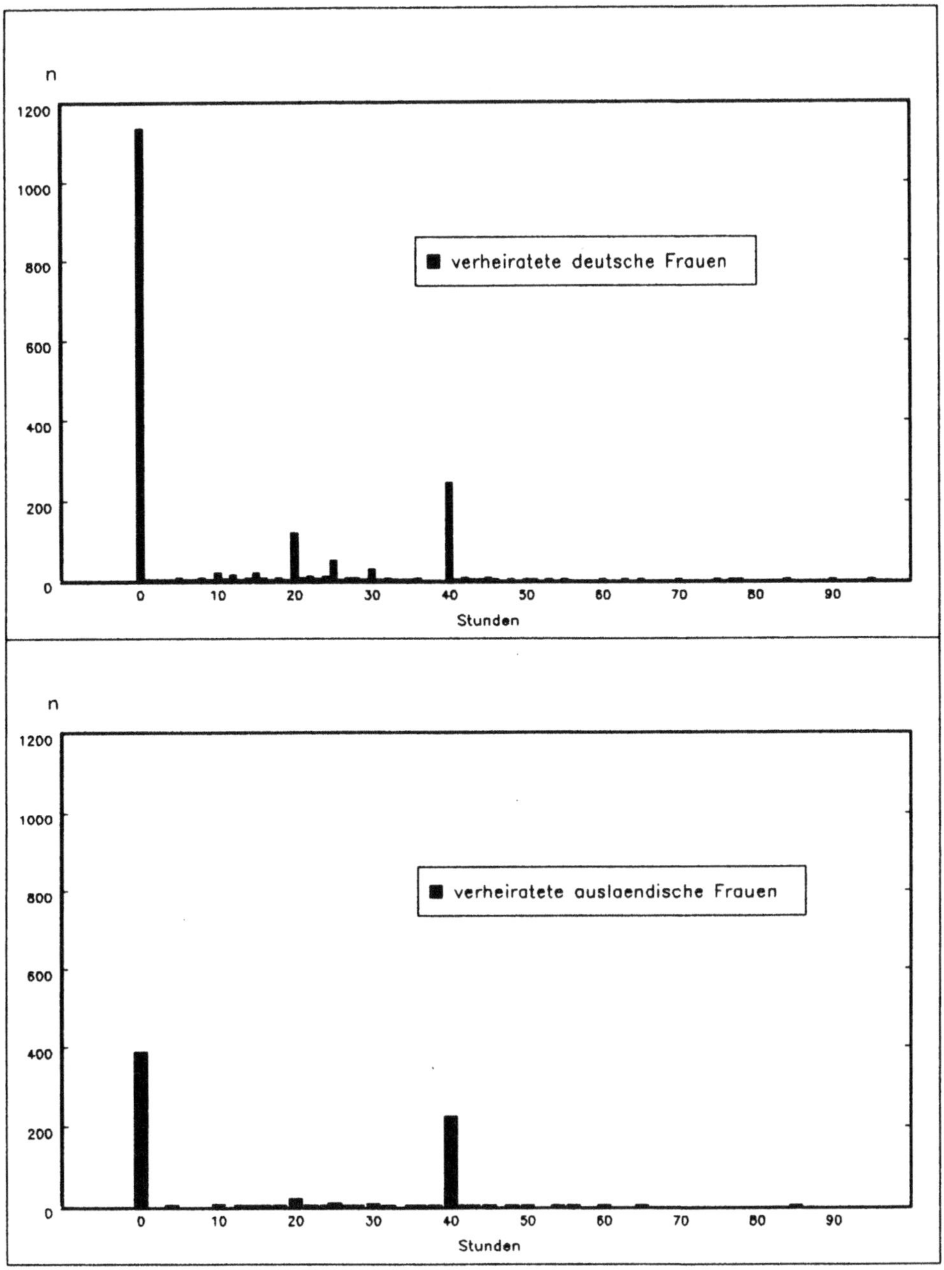

Quelle: SOZIO-ÖKONOMISCHES PANEL, eigene Berechnungen

Tabelle 6.1 Relative Häufigkeit der Erwerbsbeteiligung verheirateter Frauen insgesamt und differenziert nach der Staatszugehörigkeit

Verheiratete Frauen	Erwerbsbeteiligung Ja $PA = 1$	Erwerbsbeteiligung Nein $PA = 0$
Insgesamt n=2543	0,3999	0,6001
Deutsche n=1838	0,3808	0,6192
Ausländische Frauen n=705	0,4496	0,5504

Quelle: SOEP, eigene Berechnungen

Die Ausprägungen der endogenen Variable Status der Erwerbsbeteiligung im Modell mit fixierten Arbeitszeiten nach den Möglichkeiten Nichterwerbstätig, Teilzeitbeschäftigt und Vollerwerbstätig sind in **Tabelle 6.2** wiedergegeben. Von einer Vollerwerbstätigkeit wird dann ausgegangen, wenn eine Person 37 oder mehr Wochenstunden arbeitet, sie wird als teilzeitbeschäfigt klassifiziert, sofern sie weniger als 37 Wochenstunden arbeitet. Nichterwerbstätigkeit liegt dann vor, wenn aktuell nicht gearbeitet wird. Auch hier sind die relativen Häufigkeiten für die Gesamtstichprobe und die Teilstichproben getrennt aufgeführt.

In der Gesamtstichprobe ist der Anteil vollerwerbstätiger Frauen 21,39 %, während der Anteil teilzeitbeschäftigter Frauen 18,60 % beträgt. Deutliche Unterschiede im Erwerbsverhalten ergeben sich für die Teilpopulationen. Der Anteil vollerwerbstätiger Frauen mit deutscher Staatsangehörigkeit beträgt 16,21 %, während der Anteil vollerwerbstätiger ausländischer Frauen 35,18 % beträgt. Bei der Teilzeiterwerbstätigkeit sind die Relationen umgekehrt. Von den ausländischen Frauen sind 9,79 % teilzeitbeschäftigt während 21,87 % der deutschen verheirateten Frauen teilerwerbstätig sind.

Tabelle 6.2 Relative Häufigkeit des Arbeitsangebotes für die fixierten Arbeitszeiten Vollerwerbstätig, Teilerwerbstätig und Nichterwerbstätig insgesamt und differenziert nach der Staatszugehörigkeit

	Status der Erwerbsbeteiligung		
Verheiratete Frauen	Vollerwerbstätig $PF_1 = 1$	Teilerwerbstätig $PF_2 = 1$	Nichterwerbstätig $PF_3 = 1$
Insgesamt n=2543	0,2139	0,1860	0,6001
Deutsche n=1838	0,1621	0,2187	0,6192
Ausländische Frauen n=705	0,3518	0,0979	0,5504

Quelle: SOEP, eigene Berechnungen

Neben den endogenen Variablen des Arbeitsangebotes wird eine Lohnsatzfunktion bestimmt, die den logarithmierten Bruttostundenlohn als endogene Variable besitzt. Da der Bruttostundenlohn nicht Gegenstand einer Frage im Sozio-ökonomischen Panel ist, wird dieser approximiert durch:[14]

$$BST = \frac{\text{Bruttoverdienst im Monat}}{(\text{durchschnittliche Stundenzahl pro Woche}) * 4,29} .$$

Nach der Staatszugehörigkeit differenziert ist in **Abbildung 6.2** die Verteilung der Bruttostundenlöhne wiedergegeben.[15] Während die Mittelwerte für die beiden Teilpopulationen annähernd identisch sind, weisen die Varianzen deutliche Unterschiede auf. So streuen die beobachteten Werte für Frauen mit deutscher Staatsangehörigkeit sehr viel stärker als bei den ausländischen Frauen.

[14] Der Korrekturfaktor 4,29 ergibt sich aus dem Quotienten: durchschnittliche Anzahl an Tagen je Monat dividiert durch Tage je Woche.

[15] Die **Abbildung 6.2** basiert auf insgesamt 934 Beobachtungen. 289 Frauen besitzen eine ausländische Staatsbürgerschaft und 645 Frauen sind deutsche Staatsbürgerinnen. Für 83 erwerbstätige Frauen ist kein Lohnsatz dokumentiert.

Abbildung 6.2 Häufigkeitsverteilung des logarithmierten Bruttostundenverdienstes $ln(w_i) = ln(BST)$ differenziert nach der Staatszugehörigkeit

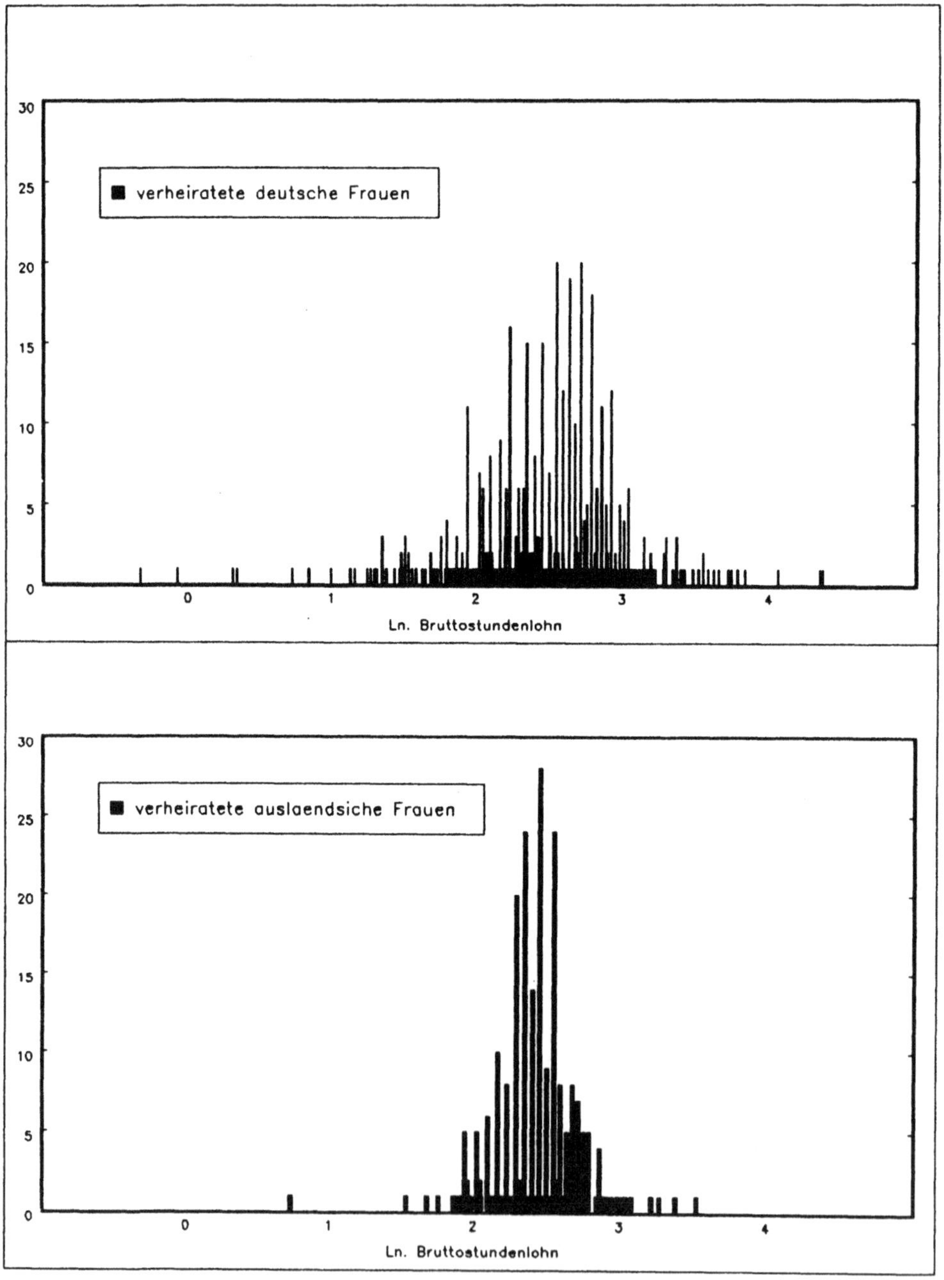

Quelle: SOZIO-ÖKONOMISCHES PANEL, eigene Berechnungen

Die Verteilung der durchschnittlich pro Woche geleisteten Arbeitsstunden, die Erwerbsbeteiligung und auch die Verteilung der Bruttostundenlöhne deuten darauf hin, daß beide Teilstichproben aus verschiedenen Grundgesamtheiten stammen, die getrennt zu analysieren sind.

In **Tabelle 6.3** sind die endogenen Variablen zusammenfassend aufgeführt. Neben den in der Analyse verwendeten Symbolen ist das Skalenniveau und der Wertebereich der einzelnen Variablen angegeben.

Tabelle 6.3 Deskription der endogenen Variablen der verschiedenen Modelle

VARIABLE	SYMBOL	SKALENNIVEAU	AUSPRÄGUNG
Arbeitsstunden	H	metrisch	$H \geq 0$
Status der Erwerbsbeteiligung	PA	nominal	erwerbstätig nichterwerbstätig
Status der Erwerbsbeteiligung bei fixierter Arbeitszeit	PF	nominal	vollerwerbstätig teilerwerbstätig nichterwerbstätig
Bruttostundenlohn	$ln(w_i)$	metrisch	$ln(BST)$; $BST > 0$

6.2.2 Die exogenen Variablen

Eine Vielzahl von Einflußgrößen bestimmen wie in **Kapitel 2** angesprochen das Arbeitsangebotsverhalten verheirateter Frauen. Die ökonomische Diskussion der Einflußgrößen auf das Arbeitsangebot bezieht sich im wesentlichen auf die monetären Determinanten.[16] Präferenzvariablen werden in der Regel "ad hoc" in die Arbeitsangebotsfunktion aufgenommen, je nachdem welche Variablen im Datensatz vorhanden sind. Regelmäßig wird eine ausführliche Diskussion der in die Analyse mit einbezogenen Variablen nicht vorgenommen.

Entgegengesetzt verhält es sich bei der Bestimmung der Determinanten der Lohnsatzfunktion, die ausgeht vom humankapitaltheoretischen Ansatz MINCERS[17], der den Lohnsatz allein in Abhängigkeit der Schul- und Berufsausbildung und der Berufserfahrung determiniert sieht. Die Aufnahme zusätzlicher Variablen wie z.B. der Arbeitsmarktlage, regionaler Variablen und Indikatoren, die die soziale Herkunft wiedergeben, ist Gegenstand der wissenschaftlichen Diskussion zwischen den Verfechtern des humankapitaltheoretischen Ansatzes und ihren Widersachern.[18] Da der Bestimmung von Lohnsätzen hier eine untergeordnete Rolle zukommt, ist die oben genannte Diskussion nicht Gegenstand der nachfolgenden Erörterung. Es wird vielmehr versucht, eine möglichst gute Anpassung der geschätzten Lohnsätze an die beobachteten Lohnsätze zu erreichen, um damit Schätzwerte für den Lohnsatz der nichterwerbstätigen Frauen zu bestimmen, die dann für die Bestimmung des Arbeitsangebotes als exogene Variable verwendet werden.

Die aus dem Sozio-ökonomischen Panel ausgewählten exogenen Variablen zur Analyse des Erwerbsverhaltens lassen sich nach den folgenden Bereichen zusammengefassen:

- Persönliche Merkmale mit den Ausprägungen:
  - Bruttolohn
  - Alter
  - Nationalität
  - Schulbildung

[16] Vgl. **Kapitel 3** und die dort angegebene Literatur.

[17] Vgl. BLINDER A. S. (1976): *On Dogmatism in Human Capital Theory.* In: Journal of Human Resources, Vol. 11, S. 8 - 22, S. 9ff..

[18] Vgl. PSACHAROPOULOS, G. (1981): *Conceptions and Missconceptions in Human Capital Theory.* In: CLEMENT, W. (HRSG.): *Konzept und Kritik des Humankapitalansatzes* Schriften des Vereins für Socialpolitik NF Bd. 113, S. 9 - 16.

  - Berufsausbildung
  - ausgeübte Tätigkeit
  - Gesundheit
  - Erwerbsbiographische Daten
  - soziale Herkunft
  - subjektive Einschätzung der eigenen Lebensumstände

- Merkmale des Ehemanns:
  - ausgeübte Tätigkeit
  - Erwerbsstatus
  - Nettoeinkommen im Monat

- Merkmale des Haushalts:
  - Zahl der Kinder nach Altersklassen
  - Pflegebedürftige Person im Haushalt

- Nichterwerbseinkommenskomponenten:
  - Witwenrente
  - Einnahmen aus Zinsen und Dividenden

- Regionale Merkmale:
  - Größe des Wohnortes
  - Regionale Arbeitslosenquote

Im folgenden wird für die Lohnsatzfunktion und für die verschiedenen Modelle des Erwerbsverhaltens der erwartete Einfluß der vorgenannten exogenen Determinanten auf die endogenen Variablen erörtert.

6.2.2.1 Die exogenen Variablen der Lohnsatzfunktion

Eine erweiterte humankapitalorientierte Lohnsatzfunktion, die neben den Komponenten Schulbildung und Berufserfahrung auch die Variablen Berufsausbildung, soziale Herkunft, ausgeübte Tätigkeit und regionale Merkmale enthält, wird zur Bestimmung der Einflußgrößen auf den individuellen Lohnsatz spezifiziert.

Die Schul- und Berufsausbildung wird durch Dummy-Variablen abgebildet.[19] [20] Die erwarteten Vorzeichen sind positiv. Längere Ausbildungszeiten bedeuten höhere Humankapitalinvestitionen, die dann entgolten werden, wenn eine Person am Arbeitsmarkt ihre Arbeitskraft anbietet. Da die Variablen als Dummy-Variablen codiert sind und mit den verschiedenen Schul- und Berufsabschlüssen verschieden lange Ausbildungszeiten verbunden sind, sollten die Koeffizienten für die Variablen mit höheren Ausbildungsabschlüssen größere positive Parameterschätzwerte aufweisen.

Die Berufserfahrung wird durch die Zahl der Jahre mit Vollerwerbstätigkeit approximiert. Auch hier sollte das Vorzeichen positiv sein, da zunehmende Berufserfahrung ebenso wie die Schul- und Berufsausbildung den Wert des Humankapital erhöht. Der Einfluß der Berufserfahrung auf den Lohnsatz ist jedoch nichtlinear mit abnehmenden Zuwächsen, da in den ersten Berufsjahren die Zuwächse bei der Berufserfahrung größer sind als in den späteren Jahren der Erwerbstätigkeit. Andererseits nimmt auch die Bereitschaft, in späteren Jahren des Erwerbslebens Humankapitalinvestitionen vorzunehmen ab, da sich diese nicht mehr amortisieren lassen. Zu diesem Zweck wird als zusätzliche Variable zur Messung der Berufserfahrung die Zahl der Jahre mit Vollerwerbstätigkeit quadriert. Das Vorzeichen dieser Variable sollte negativ sein.[21]

Daneben wird die ausgeübte Tätigkeit als erklärende Variable "des Lohnsatzes in die Untersuchung aufgenommen, der keine explizite theoretische Erklärungskraft beigemessen wird, die (aber, d.V.) von statistischer Seite als wesentlicher Einflußfaktor zu betrachten ist."[22]

Die soziale Herkunft der verheirateten Frau wird durch die berufliche Tätigkeit des Vaters gemessen. Die Variablen werden als Dummy-Variablen

[19] Abweichend von der üblichen Operationalisierung des Schul- und Ausbildungsabschlußes wird hier die Dummy-Codierung gewählt, da in der Bundesrepublik Deutschland in erster Linie Wert auf den Schul- bzw. Berufsabschluß gelegt wird. Vgl. HELBERGER, C. (1988): *Eine Überprüfung der Linearitätsannahme der Humankapitaltheorie.* In: BODENHÖFER, H.-J. (HRSG.): *Bildung, Beruf, Arbeitsmarkt.* Schriften des Vereins für Socialpolitik, NF 174, Berlin, S. 151 - 170, S. 154.

[20] Die alternative Operationalisierungsmöglichkeit besteht in einer Umrechnung der qualitativen Bildungsabschlüsse in Ausbildungsdauern. Eine Übersicht über die Quantifizierung der verschiedenen Bildungs- und Berufsabschlüssen in Ausbildungsjahre gibt HELBERGER, C. (1988), a.a.O., S. 155.

[21] Vgl. HÜBLER, O. (1984): *Zur empirischen Überprüfung alternativer Theorien der Einkommensverteilung – Ökonometrische Ein- und Mehrgleichungsmodelle.* In: BELLMANN L., K. GERLACH, O. HÜBLER (HRSG.): *Lohnstruktur in der Bundesrepublik Deutschland – Zur Theorie und Empirie der Arbeitseinkommen.* Frankfurt, New York, 1984, S. 17 - 189, S. 98. HÜBLER argumentiert ähnlich für die Auswirkung der Schulausbildung auf den Lohnsatz, erzielt jedoch nichtsignifikante Ergebnisse.

[22] Zitat: HÜBLER, O. (1984), a.a.O., S. 99.

erfaßt. Die Aussagen[23] über die erwarteten bzw. in empirischen Untersuchungen erzielten Ergebnisse sind widersprüchlich, so daß a priori für die Indikatorvariablen der sozialen Herkunft kein bestimmtes Vorzeichen erwartet wird.

Regionale Gesichtspunkte, die auch für die Lohnhöhe mitentscheidend sein können wie etwa die Größe des Wohnortes oder die regionale Arbeitsmarktsituation, werden als weitere exogene Variablen einbezogen. Die Arbeitsmarktsituation in einer Region wird approximiert durch die regionale Arbeitslosenquote. Es ist zu erwarten, daß bei freier Preisbildung am Arbeitsmarkt mit steigender Arbeitslosenquote der am Markt zu erzielende Lohnsatz sinkt, da ein größeres Angebot an Arbeitskräften den Preis der Arbeit senkt. In der Bundesrepublik Deutschland sind die Lohnsätze in der Regel durch kollektiv geschlossene Tarifverträge determiniert. Regionale Unterschiede sollten danach in Abhängigkeit der regionalen Arbeitslosenquote nicht vorliegen.

6.2.2.2 Die exogenen Variablen der Arbeitsangebotsmodelle

Die Diskussion der Bestimmungsgründe des Erwerbsverhaltens verheirateter Frauen umfaßt ökonomische und auch sozio-ökonomische Faktoren. Eine Vielzahl von Determinanten sind in der Literatur aufgeführt, die Einfluß auf die Entscheidung der Partizipation als auch auf das Stundenangebot ausüben. Der Entscheidungsprozeß wird in Abhängigkeit von ökonomischen Faktoren und sozio-ökonomischen Faktoren dargstellt, die nachfolgend erläutert werden.

Eine wichtige Einflußgröße ist der am Markt zu erzielende Lohnsatz. Aufgrund der Diskussion des theoretischen Arbeitsangebotsmodells in **Kapitel 3** kann dieser Variable nicht eindeutig ein erwartetes Vorzeichen zugeordnet werden. Je nachdem, ob der Substitutionseffekt den Einkommenseffekt dominiert oder nicht, ist der mit dem Lohnsatz verbundene Parameter positiv, negativ oder gleich Null.

Die Nichterwerbseinkommenskomponenten, die eine weitere zentrale ökonomische Einflußgröße darstellen und in der statistischen Analyse durch die Variablen Witwenrente, Einnahmen aus Zinsen und Dividenden und dem Nettoeinkommen des Ehemanns erfaßt sind, sollten negative Vorzeichen aufweisen, wie die Diskussion in **Kapitel 3.2** gezeigt hat. Sowohl die Wahrscheinlichkeit, am Markt Arbeitskraft anzubieten als auch die angebotene

---

[23] Vgl. BELLMANN L., K. GERLACH (1984): *Einkommensfunktionen für Frauen und Männer mit individuellen und strukturellen Bestimmungsfaktoren.* In: BELLMANN L., ET. AL. (HRSG.) (1984), S. 190 - 295, S. 211.

Zahl an Arbeitsstunden sollte in Abhängigkeit steigender Nichterwerbseinkommenskomponenten sinken. Auf eine Einbeziehung von Nichterwerbseinkommenskomponenten, die direkt mit dem Erwerbsstatus verbunden sind, wie z. B. dem Arbeitslosengeld oder der Arbeitslosenhilfe wurde hier verzichtet, da in einer Querschnittsanalyse deren Einfluß auf das Arbeitsangebot nicht erfaßt werden kann. Die Einbeziehung von Transferzahlungen und ihr Einfluß auf das Arbeitsangebot erscheint dann sinnvoll, wenn in einer Längsschnittuntersuchung untersucht werden soll, wie sich die Übergänge von der Nichterwerbstätigkeit in die Erwerbstätigkeit vollziehen.[24]

Neben den ökonomischen Einflußgrößen auf die Partizipationswahrscheinlichkeit und die Höhe des Stundenangebotes gilt es, persönliche Merkmale zu berücksichtigen, die einen Einfluß auf das Erwerbsverhalten besitzen. In Abhängigkeit des Lebensalters variiert die Erwerbsbeteiligungswahrscheinlichkeit der verheirateten Frauen (Vgl. **Tabelle 2.4**). Zunächst ist die Erwerbsbeteiligung relativ hoch, sinkt dann ab und erreicht in der Altersgruppe der 40 - 45jährigen erneut ein Maximum. Um diesen Partizipationsverlauf abzubilden wird das Alter der verheirateten Frauen in verschiedenen Potenzen in die Untersuchung mit einbezogen.[25]

Weitere wichtige persönliche Merkmale, die einen Einfluß auf das Erwerbsleben der verheirateten Frauen ausüben, sind die Schul- und Berufsausbildung und die ausgeübte Tätigkeit. Aus humankapitaltheoretischer Sicht sind Ausgaben für die Schul- und Berufsausbildung und die ausgeübte Tätigkeit und die damit verbundene Fortbildung Investitionen in das Humankapital. Es ist deshalb zu erwarten, daß mit steigendem Schul- und Berufsausbildungsabschluß und höher qualifizierter Tätigkeit – die als Dummy-Variablen in die statistische Untersuchung einbezogen sind – die Wahrscheinlichkeit, erwerbstätig zu sein, zunimmt, da sich die Kosten der Humankapitalinvestitionen amortisieren sollen.

Erwerbsbiographische Daten, die Auskunft über die Teilnahme am Er-

[24] Die hier vertretene Auffassung steht im Widerspruch zu einer Analyse von J. MERZ. MERZ verwendet das Arbeitslosengeld bzw. die Arbeitslosenhilfe als exogene Variable zur Bestimmung der Partizipationswahrscheinlichkeit und auch für das Stundenangebot, ohne die Aufnahme im Verlauf der Untersuchung zu rechtfertigen. Vgl. MERZ, J. (1987): *Das Arbeitsangebot verheirateter Frauen in der Bundesrepublik Deutschland – Eine mikroökonometrische Analyse unter Berücksichtigung des 'selectivity bias'*. In: KRUPP, H.-J., U. HANEFELD (HRSG.): *Lebenslagen im Wandel: Analysen 1987.* Frankfurt, New York, S. 126 - 157, S. 141.

[25] Dieser 3-Phasenverlauf der weiblichen Erwerbstätigkeit wurde lange Zeit "als ein die weibliche Normalbiographie abbildendes Schema angesehen" (Vgl. CORMETZ, W. (1986), a.a.O., S. 424). Für die heutige Zeit hat das 3-Phasenmodell mit den Teilzeiträumen (1) Eintritt in die Erwerbstätigkeit (2) Ausscheiden aus dem Erwerbsleben und (3) Wiedereintritt in das Berufsleben an Bedeutung verloren. (Vgl. CORMETZ, W. (1986), a.a.O., S. 426.)

werbsleben bis zum Zeitpunkt der Stichprobenerhebung geben, werden als Anzahl der Jahre mit Vollerwerbstätigkeit bzw. Teilerwerbstätigkeit und Anzahl der Monate, die eine Person im Zeitraum 1974 - 1984 arbeitslos war, in die Analyse aufgenommen. Es ist zu erwarten, daß eine verheiratete Frau, die eine größere Zahl von Jahren erwerbstätig war, auch zum Zeitpunkt der Stichprobenerhebung erwerbstätig ist. Andererseits sinkt die Wahrscheinlichkeit, erwerbstätig zu sein, mit steigender Zahl der Monate, in denen eine Person arbeitslos war.

Die soziale Herkunft der Frau wird über die berufliche Tätigkeit des Vaters durch Dummy-Codierung einbezogen. Die Zugehörigkeit zu einer höheren sozialen Schicht erhöht die Wahrscheinlichkeit eine bessere Schul- und Berufsausbildung zu erhalten. Es ist zu erwarten, daß mit steigenden Werten der sozialen Herkunft auch die Wahrscheinlichkeit, erwerbstätig zu sein, steigt.

Die übrigen persönlichen Merkmale, die einen Einfluß auf das Arbeitsangebotsverhalten ausüben, sind die Gesundheit[26] und die subjektive Einstellung zur Zufriedenheit mit ausgewählten Lebensbereichen. So ist zu erwarten, daß das Arbeitsangebot abnimmt, wenn sich der Gesundheitszustand verschlechtert. Die Gesundheitszustand wird über die Variabeln "amtlich schwerbehindert" und "chronische Beschwerden" erfaßt, die jeweils als Dummy-Variable in die Untersuchung eingehen. Die subjektive Einschätzung der Zufriedenheit mit dem Haushaltseinkommen und der häuslichen Tätigkeit werden über eine ordinalskalierte Rangskala aufgenommen. Es ist zu erwarten, daß das Arbeitsangebot sinkt, je zufriedener eine Person mit dem Haushaltseinkommen ist und daß das Arbeitsangebot steigt, je unzufriedener die Frau mit der häuslichen Tätigkeit ist.

Um den familiären Hintergrund zu erfassen, werden die Zahl der Kinder in verschiedenen Altersgruppen als metrische Variablen einbezogen und es wird eine Dummy-Variable aufgenommen, die den Wert 1 annimmt, wenn eine pflegebedürftige Person im Haushalt lebt. Die Anwesenheit von Kindern und pflegebedürftigen Personen im Haushalt dürfte das Arbeitsangebot negativ beeinflussen. Es wird erwartet, daß das Arbeitsangebot um so geringer ist, je jünger die Kinder sind und um so größer ihre Zahl ist. Ein negativer Einfluß auf das Arbeitsangebot ist auch dann zu erwarten, wenn die Kinder älter werden. Pflegebedürftige Personen bedürfen der Betreuung innerhalb des Familienverbandes. Auch hier ist ein negativer Einfluß

---

[26] In verschiedenen amerikanischen und britischen Studien zum Arbeitsangebot hat sich der Gesundheitszustand als signifikant herausgestellt. Vgl. LAYARD, R., ET. AL. (1980), a.a.O., S. 58. SCHULZ P. T. (1980): *Estimating Labour Supply Functions for Married Women.* In: SMITH J. P. (ED.): *Female Labor Supply: Theory and Estimation.* Princeton, S. 25 - 89, S. 50.

auf das Erwerbsverhalten zu erwarten, da diese Aufgabe oftmals von den Ehefrauen wahrzunehmen ist.

Merkmale des Ehegatten haben, wie empirische Untersuchungen[27] ergaben, einen Einfluß auf das Erwerbsverhalten der Ehefrauen. So sinkt das Arbeitsangebot mit steigendem Einkommen des Partners und je höher dessen berufliche Position ist. Die berufliche Position wird als Dummy-Variable codiert und das monatliche Nettoeinkommen geht als metrische Variable in die Untersuchung ein. Besondere Bedeutung kommt dem Erwerbsstatus des Ehemanns zu. Der Erwerbsstatus wird erfasst über eine Dummy-Variable, die den Wert 1 annimmt, wenn der Ehemann zum Zeitpunkt der Befragung arbeitslos war und ist anderenfalls gleich 0. Welchen Einfluß die Arbeitslosigkeit des Ehepartners auf das Erwerbsverhalten der Frau hat, wird hier in Zusammenhang mit der regionalen Arbeitslosenquote – die eine weitere exogene Variable ist – diskutiert.

Gegenstand einer theoretischen Kontroverse ist die Diskussion, wie sich die Arbeitsmarktlage und die Arbeitslosigkeit des Ehepartners auf die Erwerbstätigkeit auswirkt.[28] Die *additional-workers*-Hypothese postuliert, daß sich andere Haushaltsmitglieder veranlaßt sehen, zusätzlich Arbeitskraft anzubieten, wenn der Haushaltsvorstand arbeitslos ist um dadurch die Einkommenssituation zu verbessen. Eine Erweiterung der ursprünglichen Hypothese ist so formuliert, daß in Zeiten steigender Arbeitslosigkeit (Rezessionsphasen) die Zahl der zusätzlich tätigen Haushaltsmitglieder steigt. Für höhere regionale Arbeitslosenquoten und individuelle Arbeitslosigkeit ist somit ein positiver Effekt auf das Erwerbsverhalten der verheirateten Frauen zu erwarten. Entgegengesetzt zur *additional-workers*-Hypothese wird bei der *discouraged-workers*-Hypothese argumentiert. Hohe Arbeitslosenquoten und die Arbeitslosigkeit des Haushaltsvorstandes dokumentieren einen Mangel an Arbeitsgelegenheiten, der dazu führt, daß sich *secondary workers* entmutigt von der Stellensuche aus dem Erwerbsleben zurückziehen. Bei Gültigkeit der *discouraged-workers*-Hypothese besteht danach ein negativer Zusammenhang zwischen dem individuellen Arbeitsangebot und der Erwerbslosigkeit des Haushaltsvorstandes und der regionalen Arbeitslosenquote. Auf die unterschiedlichen wirtschaftspolitischen Konsequenzen, die aus der Gültigkeit der einen bzw. der anderen Hypothese abgeleitet werden, soll hier nicht eingegangen werden.[29]

Regionale Unterschiede werden über Dummy-Variablen gemessen, die

---

[27] Vgl. SCHULZ T. P. (1980), a.a.O., S. 50. MORDASINI, B. (1986): *Das Erwerbsverhalten der Frauen in der Schweiz.* In: SCHELBERT-SYFRIG, H., ET. AL. (HRSG.), a.a.O., S. 257 - 278, S. 269.

[28] Vgl. CORNETZ, W. (1986), a.a.O., S. 428f..

[29] vgl CORNETZ, W. (1986), a.a.O., S. 429.

sich aus klassifizierten Daten, die die Größe des Wohnortes erfassen, ergeben. Es ist zu erwarten, daß die Erwerbsbeteiligung mit zunehmender Einwohnerzahl des Wohnortes steigt, da mit der Größe des Wohnortes ein zunehmendes Angebot an Vollzeit- und Teilzeitarbeitsplätzen[30] gegeben ist und bessere Versorgungsmöglichkeiten für im Haushalt lebende Kinder vorliegen.

Eine Zusammenfassung der in die Analyse einbezogenen exogenen Variablen gibt **Tabelle 6.4**. Neben den Variablennamen sind das Skalenniveau und der Wertebereich angegeben.

[30] Vgl. MORDASINI, B. (1984), a.a.O., S. 45.

Tabelle 6.4 Deskription der exogenen Variablen

VARIABLE	SYMBOL	SKALENNIVEAU	AUSPRÄGUNG
PERSÖNLICHE CHARAKTERISTIKA			
Bruttostundenlohn	$ln(w)$	metrisch	$ln(BST)$, $BST > 0$
Alter	AL	metrisch	$18 \leq AL \leq 63$
$Alter^2$	AL2	metrisch	$AL^2 * 10^{-2}$
Schulabschluß		nominal	
kein Abschluß, Hauptschule	–		Basis
Realschule	R		1=ja, 0=nein
Fachhochschule	FH		1=ja, 0=nein
Gymnasium	A		1=ja, 0=nein
Berufsausbildung		nominal	
kein Abschluß	–		Basis
Lehre	L		1=ja, 0=nein
Schule des Gesundheitswesens	SG		1=ja, 0=nein
Meisterschule	MS		1=ja, 0=nein
Beamtenausbildung	B		1=ja, 0=nein
Fachhochschulabschluß	FA		1=ja, 0=nein
Universitätsabschluß	UA		1=ja, 0=nein
ausgeübte Tätigkeit		nominal	
Auszubildende	AZUBI		Basis
Arbeiterin	ARB		1=ja, 0=nein
Selbständige	SEL		1=ja, 0=nein
Angestellte	ANG		1=ja, 0=nein
Beamtin	BEA		1=ja, 0=nein
Gesundheit		nominal	
amtlich schwerbehindert	AS		1=ja, 0=nein
chronische Beschwerden	CB		1=ja, 0=nein
Erwerbsbiographische Daten		metrisch	
Anzahl der Jahre mit Vollerwerbstätigkeit	VE	metrisch	$0 \leq VE \leq 44$
(Anzahl der Jahre mit Vollerwerbstätigkeit)^2	VE2	metrisch	$VE^2 * 10^{-2}$
Anzahl der Jahre mit Teilerwerbstätigkeit	TE	metrisch	$0 \leq TE \leq 39$
Anzahl der Monate in in denen eine Person arbeitslos gemeldet war (1974 - 1984)	MA	metrisch	$0 \leq MA \leq 96$
Arbeitsstunden	H	metrisch	$0 \leq H \leq 95$
$Arbeitsstunden^2$	H2		H^2

Soziale Herkunft		nominal	
Tätigkeit des Vaters			
unbekannt	–		Basis
Arbeiter	ARBV		1=ja, 0=nein
Angestellter	ANGV		1=ja, 0=nein
Beamter	BEAV		1=ja, 0=nein
Selbständiger	SELV		1=ja, 0=nein
Subjektive Einschätzung der Lebensumstände		ordinal	
Zufriedenheit mit dem Einkommen	ZE		Rangskala 0 - 10 0=ganz unzufrieden 10=ganz zufrieden
Zufriedenheit mit der Hausarbeit	ZH		Rangskala 0 - 10 0=ganz unzufrieden 10=ganz zufrieden
CHARAKTERISTIKA DES EHEGATTEN			
Nettoeinkommen des Ehegatten in 100 DM	NM	metrisch	$0 \leq NM \leq 190$
ausgeübte Tätigkeit		nominal	
Angestellter	–		Basis
Arbeiter	ARBM		1=ja, 0=nein
Beamter	BEAM		1=ja, 0=nein
Selbständiger	SELM		1=ja, 0=nein
Arbeitslos	ALOS	nominal	1=ja, 0=nein
HAUSHALTSCHARAKTERISTIKA			
Zahl der Kinder im Alter von 0 bis 6 Jahren	K06	metrisch	$0 \leq K06 \leq 4$
Zahl der Kinder im Alter von 7 bis 10 Jahren	K710	metrisch	$0 \leq K710 \leq 3$
Zahl der Kinder im Alter von 11 bis 16 Jahren	K1116	metrisch	$0 \leq K1116 \leq 5$
Pflegebedürftige Person im Haushalt	PPH	nominal	1=ja, 0=nein
NICHTERWERBSEINKOMMENSKOMPONENTEN			
Witwenrente in 100 DM	WR	metrisch	$0 \leq WR \leq 11{,}85$
Einnahmen aus Zinsen und Dividenden in 100 DM	ZD	metrisch	$0 \leq ZD \leq 600$
REGIONALE CHARAKTERISTIKA			
Regionale Arbeitslosenquote	AREG	metrisch	$5{,}5 \leq AREG \leq 13{,}7$
Größe des Wohnortes		nominal	
Einwohner ≤ 20000	RE3		1=ja, 0=nein
20000 ≤ Einwohner ≤ 100000	RE2		1=ja, 0=nein
100000 ≤ Einwohner	–		Basis

6.3 Die Erwerbsbeteiligung verheirateter Frauen

6.3.1 Vorbemerkung

Die statistische Analyse des Erwerbsbeteiligungsverhaltens verheirateter Frauen wird für möglichst verhaltenshomogene Teilpopulationen getrennt durchgeführt. Die statistische Auswertung umfaßt die Schätzung eines PROBIT-Modells und einer KQ- Regressionsfunktion jeweils für verheiratete Frauen mit deutscher beziehungsweise ausländischer Staatsbürgerschaft. Die Funktionen für die Erwerbsbeteiligung sind für das LINEARE WAHRSCHEINLICHKEITSMODELL durch

$$PA_i = \beta_1 + \sum_{j=2}^{k} x_j \beta_j + \epsilon_{pa}$$

und für das PROBIT-Modell durch

$$P(PA = 1) = \mathbf{\Phi}(\mathbf{x}\boldsymbol{\beta}, \epsilon_{pa})$$

mit der Log-Likelihoodfunktion

$$ln\mathrm{l} = \sum_{PA=0} (1 - \Phi(\mathbf{x}\boldsymbol{\beta})) + \sum_{PA=1} \Phi(\mathbf{x}\boldsymbol{\beta})$$

spezifiziert.

Die Ergebnisse der Parameterschätzung, auf die im folgenden näher eingegangen wird, sind in der **Tabelle 6.5** für verheiratete bundesdeutsche Frauen und in der **Tabelle 6.7** für verheiratete Frauen mit ausländischer Staatsbürgerschaft wiedergegeben. Die PROBIT und KQ-Funktion sind so spezifiziert, daß sie die Wahrscheinlichkeit, erwerbstätig zu sein, wiedergeben, d. h. positive Regressionskoeffizienten erhöhen die Wahrscheinlichkeit, erwerbstätig zu sein, und umgekehrt. Die auf der linken Seite der Tabellen aufgeführten Variablennamen sind in **Kapitel 6.2** in der **Tabelle 6.4** erläutert.

Die **Tabellen 6.5** und **6.7** weisen zum einen die Parameterschätzwerte mit den zugehörigen t-Werten[31] auf. Zum anderen ist für das PROBIT-Modell, da die Koeffizienten nicht direkt den Einfluß auf die Wahrscheinlichkeit, erwerbstätig zu sein, angeben, das Produkt aus dem Wert der Dichtefunktion für den Stichprobenanteilwert erwerbstätiger verheirateter

[31] Für das KQ-Verfahren sind zwar die t-Werte angegeben, da aber Heteroskedastizität vorliegt und die Standardfehler verzerrt sind, wird auf die Anwendung der Teststatistiken verzichtet.

Frauen mit dem Koeffizientenschätzwert des PROBIT-Modells gebildet worden. Dieser Wert gibt dann den direkten Einfluß auf die Wahrscheinlichkeit, erwerbstätig zu sein, wieder.

Um die Güte der Anpassung der Regressionsgleichungen an das Datenmaterial zu bestimmen, sind in den **Tabellen 6.5** und **6.7** für die linearen KQ-Regressionsfunktionen das Bestimmtheitsmaß R^2 und ein zugehöriger F-Test bestimmt worden. Zur Überprüfung des nichtlinearen PROBIT-Modells ist analog zum Bestimmtheitsmaß des linearen Modells ein $Pseudo-R^2$ bestimmt und das Gesamtmodell ist über den Likelihood-Ratio-Test (LRT) überprüft worden.[32]

Die Kollinearitätsdiagnose der erklärenden Einflußgrößen der Erwerbsbeteiligungsfunktion ist in **Anhang B.1** dargelegt. Für die verheirateten Frauen mit deutscher Staatsbürgerschaft sind die Ergebnisse in **Anhang B.1.1** und für die ausländischen Frauen in **Anhang B.1.2** angegeben. Kollineare Beziehungen sind für beide Teilpopulationen für die Variablen Jahre mit Vollerwerbstätigkeit (VE, VE2) und für die Altersvariablen (AL, AL2) gegeben. Daneben bestehen kollineare Beziehungen zwischen dem Absolutglied und der regionalen Arbeitslosenquote und den Variablen, die die subjektive Zufriedenheit mit der häuslichen Tätigkeit und dem Haushaltseinkommen erfassen.[33] Die erstgenannten kollinearen Beziehungen sind unschädlich für die Analyse, da bei einer Erweiterung der Datenbasis diese Beziehung konstant bleibt. Interpretationsprobleme ergeben sich für die Parameter der anderen Kollinearitäten, da die Koeffizienten nicht mehr den Einzeleinfluß der erklärenden Variabeln wiedergeben und die Standardfehler inflationiert sind. Für die ausländischen Frauen besteht daneben noch eine kollineare Beziehung zwischen der beruflichen Tätigkeit des Ehemanns als Arbeiter und dem Absolutglied. Ursächlich hierfür ist der hohe Anteil an Arbeitern in der Stichprobe.[34]

Nachfolgend wird auf die Ergebnisse der Schätzung der Erwerbsbeteiligungsfunktion zunächst für die bundesdeutschen Frauen und dann für die ausländischen Frauen eingegangen.

---

[32] R^2 und $Pseudo-R^2$ sind für das geschlossene Intervall $[0,1]$ definiert. Eine gute Anpassung der Modellgleichungen an die Daten für nominalskalierte endogene Variable ist bereits dann gegeben, wenn die jeweiligen Maße Kennziffern im Bereich von 0,4 aufweisen. Vgl. MC FADDEN, D. (1979): *Quantitative Methods for analyzing travel behaviour of individuals: Some recent developments.* In: HENSHER, D. A., P. R. STOPHER (EDS.): *Behavioral Travel Modelling.* London, S. 279 - 318, S. 307.

[33] Die Ursache dieser Kollinearität liegt in der geringen Anwortvariabilität bezüglich der Zufriedenheit mit dem Haushaltseinkommen und der Zufriedenheit mit der Hausarbeit. (Vgl. **Anhang A.2 und A.3**)

[34] Etwa 90 Prozent der Ehemänner der ausländischen Frauen in der Stichprobe sind als Arbeiter tätig. (Vgl. **Anhang A.3**)

6.3.2 Die Schätzergebnisse

6.3.2.1 Frauen mit deutscher Staatsbürgerschaft

Persönliche Merkmale:

Die Regressionsschätzung[35] (Vgl. zum folgenden **Tabelle 6.5**) ergibt, daß außer einem Realschulabschluß kein Schulabschluß einen signifikanten Einfluß auf die Erwerbsbeteiligung hat. Die Hypothese, daß mit einem höheren Schulabschluß auch die Wahrscheinlichkeit, erwerbstätig zu sein, steigt, kann nicht bestätigt werden.

Die Koeffizienten der beruflichen Ausbildungsabschlüsse haben bis auf die Variable abgeschlossene Lehre die erwarteten positiven Vorzeichen. Mit steigendem Berufsausbildungsabschluß steigt auch die Wahrscheinlichkeit, erwerbstätig zu sein. Den stärksten positiven und signifikanten Einfluß auf die Partizipationswahrscheinlichkeit besitzen die Variablen abgeschlossenes Hochschulstudium und der Besuch einer Schule des Gesundheitswesens.

Die Wahrscheinlichkeit, erwerbstätig zu sein, nimmt an der Stelle des Stichprobenanteilswertes erwerbstätiger Frauen von $\bar{p} = 0,3808$ bezogen auf die Basisgröße keine Berufsausbildung abgeschlossen zu haben um 11,59 Prozent zu, wenn eine Schule des Gesundheitswesens besucht worden ist, und sie steigt um 33,08 %, wenn ein Universitätsstudium erfolgreich abgeschlossen wurde. Die Ergebnisse der PROBIT-Schätzung werden durch die OLS-Schätzergebnisse bestätigt.

Die erwerbsbiographischen Daten bis zum Zeitpunkt der Stichprobenerhebung geben Auskunft über das individuelle Erwerbsverhalten und den Verlauf der Erwerbstätigkeit der einzelnen Frau. Die Wahrscheinlichkeit, zum Zeitpunkt der Befragung erwerbstätig zu sein, steigt, je größer die Zahl der Jahre mit Voll- bzw. Teilerwerbstätigkeit ist. Andererseits sinkt die Wahrscheinlichkeit, je größer die Zahl der Monate ist, in denen im Zeitraum 1974 - 1984 eine Frau arbeitslos gemeldet war.

Zentrale Bedeutung für das Erwerbsverhalten verheirateter Frauen hat die zur Zeit ausgeübte berufliche Tätigkeit.[36] Alle Koeffizienten sind für die PROBIT-Schätzung hochsignifikant. Die Stärke des Einflusses auf die Erwerbsbeteiligung weist kaum Unterschiede zwischen den verschiedenen

[35] Die Koeffizientenschätzwerte beziehen sich auf eine verheiratete Frau, die folgende Kennzeichen aufweist: Sie hat einen Hauptschulabschluß bzw. keinen Schulabschluß, sie ist ohne Berufsausbildung und nicht erwerbstätig. Sie hat keine gesundheitlichen Beschwerden. Im Haushalt leben keine Kinder. Der berufliche Status des Vaters ist unbekannt und ihr Ehemann ist als Angestellter tätig und die Familie lebt in einer großstädtischen Region.

[36] Vgl. MERZ, J. (1987), a.a.O., S. 144.

Tätigkeiten auf. Die Wahrscheinlichkeit, auch in Zukunft erwerbstätig zu sein, ist für die derzeit Beschäftigten relativ hoch. Andererseits ist für die z.Z. nicht erwerbstätigen Personen die angestrebte berufliche Tätigkeit ein positiver Einflußfaktor auf die Erwerbsneigung, wobei jedoch nur geringe Unterschiede zwischen den angestrebten Arbeitsfeldern bestehen.

Das Lebensalter der Frauen hat ebenfalls einen signifikanten Einfluß auf die Erwerbsbeteiligung. Mit zunehmendem Lebensalter sinkt die Erwerbsbeteiligung der verheirateten Frauen. Dabei handelt es sich jedoch um einen nichtlinearen Verlauf, der durch die Signifikanz der verschiedenen Variablen dokumentiert ist.

Die subjektive Einstellung zu ausgewählten Lebensbereichen und die Gesundheit erweist sich als signifikant für die Erwerbsbeteiligung. Die Partizipationswahrscheinlichkeit sinkt, je zufriedener die Frau mit der häuslichen Tätigkeit ist. Die Hypothese, daß Unzufriedenheit mit der häuslichen Tätigkeit die Wahrscheinlichkeit, erwerbstätig zu sein, erhöht, kann nicht abgelehnt werden. Die subjektive Einstellung zum Haushaltseinkommen hat hingegen keinen signifikanten Einfluß auf die Erwerbsbeteiligung.

Gesundheitliche Beeinträchtigungen reduzieren die Wahrscheinlichkeit, erwerbstätig zu sein, signifikant. Sowohl eine "amtlich festgestellte Schwerbehinderung" als auch "chronische Beschwerden" reduzieren die Erwerbsbeteiligungswahrscheinlichkeit.

Die Variablen, die die soziale Herkunft erfassen weisen nichtsignifikante Parameterschätzwerte auf. Die Erwerbswahrscheinlichkeit ist aufgrund der Ergebnisse als nicht abhängig vom Elternhaus der in die Untersuchung einbezogenen verheirateten Frauen anzusehen.

Merkmale des Ehegatten:

Nichtsignifikante Ergebnisse für die Erwerbsbeteiligung verheirateter Frauen ergeben sich aus dem beruflichen Status des Ehemannes. Die Erwerbsbeteiligung scheint somit von der beruflichen Tätigkeit des Ehegatten unabhängig zu sein. Die Arbeitslosigkeit des Ehemanns hat hingegen einen statistisch signifikanten negativen Einfluß auf die Erwerbsbeteiligung der Ehefrau. Im Zusammenhang mit der nichtsignifikanten negativen Parameterschätzung der regionalen Arbeitslosenquote deutet das vorgenannte Ergebnis auf das Vorhandensein des *discouraged-workers-effect* hin.

Tabelle 6.5 OLS- und Probit-Parameterschätzwerte für das Erwerbsverhalten verheirateter Frauen mit deutscher Staatsangehörigekeit $n = 1838$

VARIABLE	PROBIT			OLS	
	$\hat{\beta}_j$	t-Wert	$\phi * \hat{\beta}_j$	$\hat{\beta}_j$	t-Wert
$\hat{\beta}_1$	-1,62065	2,84 [a]	-0,6260	0,53906	3,18
		Schul- und Berufsausbildung			
R	0,18997	2,03 [b]	0,0733	0,04263	1,60
FH	-0,19366	0,71	-0,0748	-0,05196	0,69
A	-0,01393	0,06	-0,0053	-0,03304	0,55
L	-0,15003	1,92 [c]	-0,0579	-0,01906	0,86
SG	0,30016	1,65 [c]	0,1159	0,12954	2,58
MS	-0,04837	0,23	-0,0186	0,01012	0,17
B	0,27410	0,79	0,1058	0,08196	0,83
FA	0,23290	0,86	0,0899	0,08394	1,08
UA	0,85645	2,88 [a]	0,3308	0,27823	3,32
		Erwerbsbiographie			
VE	0,07609	6,98 [a]	0,0293	0,01678	4,99
VE2	-0,02857	0,93	-0,0110	0,00332	0,34
TE	0,09518	14,70 [a]	0,0367	0,02826	15,91
MA	-0,02878	6,18 [a]	-0,0111	-0,01055	6,22
		ausgeübte Tätigkeit			
ARB	1,97381	8,41 [a]	0,7624	0,10884	2,93
SEL	1,79857	6,67 [a]	0,6947	0,09086	1,64
ANG	1,90733	7,99 [a]	0,7368	0,14534	3,85
BEA	1,96378	5,78 [a]	0,7586	0,16976	2,02
		Alter			
AL	0,05178	1,98 [b]	0,0200	0,00633	0,81
AL2	-0,15101	4,80 [a]	-0,0583	-0,03204	3,53
		subjektive Zufriedenheit			
ZE	0,01925	1,40	0,0074	0,00510	1,15
ZH	-0,04151	2,82 [a]	-0,0160	-0,01612	3,46
		Gesundheit			
AS	-0,24294	1,72 [c]	-0,0938	-0,02595	0,65
CB	-0,13399	1,83 [c]	-0,0517	-0,03707	1,67

Fortsetzung Tabelle 6.5

VARIABLE	PROBIT				OLS	
	$\hat{\beta}_j$	t-Wert		$\phi * \hat{\beta}_j$	$\hat{\beta}_j$	t-Wert
	soziale Herkunft					
ARBV	-0,23732	1,05		-0,0916	0,02580	1,00
ANGV	-0,24246	0,93		-0,0936	-0,00105	0,02
BEAV	-0,40010	0,77		-0,1545	-0,03335	0,82
SELV	-0,12606	1,17		-0,0486	0,05043	1,61
	Merkmale des Ehemanns					
ARBM	0,05579	0,69		0,0215	-0,01270	0,54
SELM	-0,03000	0,23		-0,0115	0,00555	0,14
BEAM	-0,07273	0,63		-0,0280	-0,01966	0,64
ALOS	-0,29699	1,58	b	-0,1147	-0,12278	1,96
	Haushaltsmerkmale					
K06	-0,62206	10,14	a	-0,2403	-0,22357	11,22
K710	-0,27285	4,56	a	-0,1054	-0,12727	6,02
K1116	-0,08509	1,70	c	-0,0328	-0,05784	3,40
PPH	-0,27050	1,17		-0,1044	-0,02762	0,45
	Nichterwerbseinkommen					
NM	-0,00767	2,88	a	-0,0029	-0,00248	3,01
WR	0,00032	0,00		0,0001	-0,00110	0,05
ZD	-0,00147	1,20		-0,0005	-0,00035	1,11
	Regionale Merkmale					
RE2	-0,00385	0,04		-0,0014	0,00143	0,04
RE3	0,06075	0,84		0,0234	0,04219	1,91
AREG	-0,00270	0,19		-0,00101	0,00700	1,52
R^2	–				0,3460	
$Pseudo - R^2$	0,3296				–	
	$LRT = 1127,98$				$\tilde{f} = 23,18$	
	$\chi^2_{(\alpha=0,01,\nu=41)} = 22,75$				$F_{(\alpha=0,01,\nu_1=41,\nu_2=1697)} = 1,58$	

[a] = signifikant auf dem Niveau $\alpha = 0,01$, (zweiseitige Testhypothese)
[b] = signifikant auf dem Niveau $\alpha = 0,05$, (zweiseitige Testhypothese)
[c] = signifikant auf dem Niveau $\alpha = 0,10$, (zweiseitige Testhypothese)

Tabelle 6.6 Die Wahrscheinlichkeit, erwerbstätig zu sein, in Abhängigkeit vom Einkommen und der Zahl der im Haushalt lebenden Kinder in verschiedenen Altersklassen für verheiratete Frauen mit deutscher Staatsangehörigkeit [a]

Einkommen (in Hundert DM)	Kinder						
	kein Kind	Zahl der Kinder im Alter					
		von 0 bis 6 Jahren			von 7 bis 10 Jahren		
		1	2	3	1	2	3
5	0,844	0,607	0,320	0,113	0,730	0,585	0,427
10	0,832	0,588	0,303	0,104	0,714	0,567	0,409
15	0,820	0,570	0,286	0,096	0,698	0,548	0,391
20	0,807	0,551	0,271	0,088	0,681	0,529	0,372
25	0,794	0,532	0,255	0,081	0,664	0,510	0,355
30	0,780	0,513	0,240	0,074	0,646	0,491	0,337
35	0,766	0,495	0,225	0,067	0,629	0,472	0,320
40	0,751	0,476	0,211	0,061	0,611	0,453	0,303
45	0,736	0,457	0,198	0,056	0,592	0,435	0,287
50	0,720	0,438	0,185	0,051	0,574	0,416	0,271
55	0,704	0,419	0,173	0,046	0,555	0,398	0,255

[a] Die Basisperson weist folgende Merkmale auf: Schulbildung: Realschule; Berufsausbildung: Schule des Gesundheitswesens; Berufserfahrung: 5 Jahre; Tätigkeit: Angestellte; Alter: 35 Jahre; Gesundheit: keine Beeinträchtigung; Zufriedenheit: je 6; Vater: Angestellter; Ehemann: nicht arbeitslos; Region: Großstadt; Arbeitslosenquote: 9 Prozent.

Haushaltsmerkmale:

Für die Variablen der im Haushalt lebenden Kinder sind die ermittelten Schätzwerte alle hoch signifikant. Sie entsprechen mit ihren negativen Vorzeichen den erwarteten. Mit zunehmendem Alter der Kinder nimmt der negative Effekt auf die Erwerbsbeteiligung ab, der Einfluß bleibt auch für ältere Kinder signifikant negativ. Im Haushalt lebende pflegebedürftige Personen haben einen negativen Einfluß auf das Erwerbsverhalten verheirateter Frauen. Dieser Zusammenhang ist aber nicht statistisch signifikant.

Nichterwerbseinkommen:

Die Schätzergebnisse für die Nichterwerbseinkommenskomponenten zeigen kein einheitliches Bild. Für die Variablen Nettoeinkommen des Ehegatten und den Einnahmen aus Zinsen und Dividenden ergeben sich die erwarteten negativen Vorzeichen, während die Komponente Witwenrente keinen Einfluß auf die Erwerbsbeteiligung ausübt. Ein steigendes Nettoeinkommen des Ehegatten reduziert hochsignifikant die Erwerbsbeteiligung der verheirateten Frauen.

Regionale Merkmale:

Der Wohnort der Familie hat keinen statistisch signifikanten Einfluß auf das Erwerbsverhalten verheirateter Frauen.

Um den Aussagewert des PROBIT-Modells zu verdeutlichen, sind für eine "hypothetische" verheiratete Frau (Vgl. **Tabelle 6.6**) die Variablen Nettoeinkommen des Ehemanns und Anzahl der Kinder in verschiedenen Altersklassen systematisch verändert worden. So sinkt beispielsweise bei Einkommensvariationen in einem Haushalt ohne Kinder die Wahrscheinlichkeit, erwerbstätig zu sein, von 84,4 % bei einem Einkommen von 500,– DM im Monat auf 70,4 % bei einem Einkommen von 5.500.– DM. Das Zusammenleben mit Kindern verändert das Erwerbsverhalten um so stärker, je mehr kleine Kinder im Haushalt sind und um so höher das Einkommen ist. Beträgt das Nettoeinkommen des Ehemanns 1.500,– DM im Monat und lebt ein Kind im Haushalt, das jünger ist als 7 Jahre, ist noch etwa jede 2. Frau (57 %) erwerbstätig. Leben hingegen 3 Kinder im Haushalt zwischen 0 und 6 Jahren, so ist kaum noch eine verheiratete Frau erwerbstätig. Ähnlich wie für die Kleinkinder kann für die Altersgruppe der 7- bis 10-jährigen Kinder argumentiert werden. Insgesamt erhöht sich die Erwerbsbeteiligung der verheirateten Frauen gegenüber verheirateten Frauen mit Kleinkindern. Die Ergebnisse zeigen, daß die Erwerbsbeteiligung durch das Zusammenleben mit Kindern erheblich reduziert wird und mit zunehmendem Alter der Kinder die Erwerbsquote wieder ansteigt.

6.3.2.2 Frauen mit ausländischer Staatsbürgerschaft

Die Ergebnisse der PROBIT- und OLS-Schätzung für verheiratete Frauen mit ausländischer Staatsbürgerschaft sind in **Tabelle 6.7** wiedergegeben.[37] Im Gegensatz zum Erwerbsbeteiligungssmodell für verheiratete Frauen mit deutscher Staatsangehörigkeit sind für eine Reihe von Variablen keine Beobachtungswerte vorhanden, so daß diese Einflußgrößen nicht mit in die Regressionsgleichung aufgenommen werden konnten. Neben der Kommentierung der erzielten Ergebnisse wird im folgenden ein Vergleich mit den Resultaten der Schätzung für die verheirateten Frauen mit deutscher Staatsangehörigkeit vorgenommen.[38]

Persönliche Merkmale:

In Abhängigkeit der Zahl der Jahre mit Vollerwerbs- bzw. Teilerwerbstätigkeit steigt die Wahrscheinlichkeit, erwerbstätig zu sein. Zwischen der Partizipationswahrscheinlichkeit und der Einflußgröße Jahre mit Vollerwerbstätigkeit besteht ein nichtlinearer Zusammenhang, dieses ist dokumentiert durch den signifikanten negativen Koeffizienten der Variable VE2. Die Zahl der Monate, die eine Frau arbeitlos gemeldet war, hat ebenfalls einen signifikanten negativen Einfluß auf die Erwerbsbeteiligung. Im Vergleich zu den verheirateten bundesdeutschen Frauen bestehen lediglich hinsichtlich des Einflusses der Zahl der Jahre mit Vollerwerbstätigkeit Unterschiede. Während bei den verheirateten Frauen mit deutscher Staatsangehörigkeit die Berufserfahrung einen positiven linearen Einfluß auf die Wahrscheinlichkeit besitzt, nimmt der positive Einfluß bei den ausländischen Frauen kontinuierlich ab.

Alle Parameterschätzwerte für die derzeit ausgeübte Tätigkeit sind signifikant und positiv. Es gilt hier die bereits für die deutschen verheirateten Frauen dargelegte Interpretation.

Die in die Untersuchung einbezogenen Variablen zur Erfassung des Alterseffektes sind alle nichtsignifikant. Konnte für die verheirateten deutschen Frauen noch eine nichtlineare Reduzierung der Erwerbswahrschein-

---

[37] Die Koeffizientenschätzwerte beziehen sich auf eine verheiratete Frau mit ausländischer Staatsbürgerschaft, die folgende Kennzeichen aufweist: Sie ist nicht erwerbstätig und hat keine gesundheitlichen Beschwerden. Ihr Ehemann ist als Angestellter erwerbstätig und die Familie, in der keine Kinder vorhanden sind, lebt in einer großstädtischen Region.

[38] Eine PROBIT-Schätzung der Partizipationsgleichung für verheiratete Frauen mit deutscher Staatsangehörigkeit, die identische exogenen Variablen beinhaltet wie die Erwerbsbeteiligungsfunktion der verheirateten Frauen mit ausländischer Staatsangehörigkeit führte zu Parameterschätzwerten, die nur unwesentlich von den in **Tabelle 6.5** wiedergegebenen abwichen. Auf Grund dessen wird im folgenden ein Vergleich zwischen den **Tabellen 6.5** und **6.7** vorgenommen.

lichkeit beobachtet werden, so zeigen die Parameterschätzwerte für die ausländischen Frauen, daß keine Variation des Erwerbswahrscheinlichkeit durch das Lebensalter induziert ist.

Die subjektive Zufriedenheit mit dem Haushaltseinkommen und der häuslichen Tätigkeit haben keinen signifikanten Einfluß auf die Erwerbsbeteiligung der ausländischen Frauen. Auch hier zeigt sich ein Unterschied im Erwerbsverhalten zu den bundesdeutschen Frauen. Dort wurde eine signifikante Änderung des Partizipationsverhaltens in Abhängigkeit der Zufriedenheit mit der häuslichen Tätigkeit ermittelt, der für die ausländischen Frauen nicht gegeben ist.

Der Gesundheitszustand beeinflußt auch bei den ausländischen Frauen das Erwerbsverhalten signifikant. Beide Variablen zeigen die erwarteten negativen Vorzeichen, wobei für die Variable amtlich schwerbehindert ein von Null verschiedener Einfluß statistisch signifikant ist. Verglichen mit den Parameterschätzungen für die verheirateten deutschen Frauen ist festzustellen, daß bei den ausländischen Frauen eine "amtlich bestätigte Schwerbehinderung", wie bei den bundesdeutschen Frauen, zu einer signifikanten Reduzierung der Erwerbsbeteiligung führt, während "chronische Beschwerden" keinen statistisch gesicherten Einfluß haben.

Merkmale des Ehemanns:

Für die berufliche Tätigkeit des Ehemanns ergibt sich, daß eine statistisch gesicherte negative Veränderung des Erwerbsverhaltens nur dann vorliegt, wenn der Ehemann selbständig ist. Die Arbeitslosigkeit des Ehepartners hat hier - im Gegensatz zu den bundesdeutschen Frauen - keinen signifikanten Einfluß auf das Erwerbsverhalten der ausländischen Frauen. In Verbindung mit der nichtsignifikanten Koeffizientenschätzung für die regionale Arbeitslosenquote ist festzustellen, daß für die ausländischen Frauen weder ein ***discouraged*** noch ein ***added-workers-effect*** vorliegt.

Haushaltsmerkmale:

Das Vorhandensein von Kindern im Haushalt verändert das Erwerbsverhalten der verheirateten ausländischen Frauen nur dann signifikant, wenn die Kinder im Alter zwischen 0 und 6 Jahren sind. Für die anderen Altersklassen läßt sich keine signifikante Veränderung im Erwerbsverhalten feststellen. Konfrontiert man diese Ergebnisse mit den Parameterschätzungen der verheirateten bundesdeutschen Frauen, ist zu erkennen, daß signifikante Unterschiede zwischen den ausländischen Frauen und den Frauen mit deutscher Staatsangehörigkeit bestehen.

Tabelle 6.7 OLS- und Probit-Parameterschätzwerte für das Erwerbsverhalten verheirateter Frauen mit ausländischer Staatsangehörigkeit $n = 705$

VARIABLE	PROBIT				OLS	
	$\hat{\beta}_j$	t-Wert		$\phi * \hat{\beta}_j$	$\hat{\beta}_j$	t-Wert
$\hat{\beta}_1$	-1,1973	1,03		-0,4660	0,2634	0,94
		Erwerbsbiographie				
VE	0,0948	4,31	a	0,0368	0,0249	4,52
VE2	-0,1235	1,84	c	-0,0480	-0,0296	1,75
TE	0,0600	3,97	a	0,0233	0,0158	4,19
MA	-0,0290	4,52	a	-0,0113	-0,0087	5,60
		ausgeübte Tätigkeit				
ARB	2,0087	7,21	a	0,7818	0,3901	8,31
SEL	1,8599	4,23	a	0,7238	0,3640	3,27
ANG	1,8681	5,91	a	0,7270	0,3492	5,43
		Alter				
AL	0,0036	0,06		0,0014	0,0027	0,20
AL2	-0,0430	0,61		-0,0167	-0,0117	0,69
		subjektive Zufriedenheit				
ZE	0,0184	0,78		0,0071	0,0087	1,47
ZH	-0,0095	0,33		-0,0037	-0,0032	0,46
		Gesundheit				
AS	-0,8658	2,57	a	-0,3369	-0,2860	2,97
CB	-0,0754	0,49		-0,0293	-0,0370	0,98

Fortsetzung Tabelle 6.6					
VARIABLE	PROBIT			OLS	
	$\hat{\beta}_j$	t-Wert	$\phi * \hat{\beta}_j$	$\hat{\beta}_j$	t-Wert
	Merkmale des Ehemanns				
ARBM	-0,3892	1,63	-0,1515	-0,0740	1,15
SELM	-0,9477	2,52 [b]	-0,3688	-0,2169	2,18
ALOS	0,0548	0,18	0,0213	0,0290	0,40
	Haushaltsmerkmale				
K06	-0,4432	4,15 [a]	-0,1725	-0,1009	4,04
K710	-0,0019	0,02	-0,0007	-0,0023	0,09
K1116	-0,0145	0,17	-0,0056	-0,0014	0,07
PPH	-0,1878	0,45	-0,0731	-0,0487	0,54
	Nichterwerbseinkommen				
NM	-0,0020	0,36	-0,0008	-0,0014	0,83
ZD	-0,0185	0,67	-0,0072	-0,0041	1,10
	Regionale Merkmale				
RE2	0,1977	0,87	0,0769	0,0634	1,15
RE3	0,1515	0,89	0,0589	0,0258	0,62
AREG	-0,0247	0,87	-0,0096	-0,0073	1,06
R^2	–			0,4180	
$Pseudo - R^2$	0,3915			–	
	$LRT = 379,65$			$\tilde{f} = 19,47$	
	$\chi^2_{(\alpha=0,01,\nu=25)} = 11,52$			$F_{(\alpha=0,01,\nu_1=25,\nu_2=679)} = 1,80$	

[a] = signifikant auf dem Niveau $\alpha = 0,01$, (zweiseitige Testhypothese)
[b] = signifikant auf dem Niveau $\alpha = 0,05$, (zweiseitige Testhypothese)
[c] = signifikant auf dem Niveau $\alpha = 0,10$, (zweiseitige Testhypothese)

Tabelle 6.8 Die Wahrscheinlichkeit, erwerbstätig zu sein, in Abhängigkeit vom Einkommen und der Zahl der im Haushalt lebenden Kinder in verschiedenen Altersklassen für verheiratete Frauen mit ausländischer Staatsangehörigkeit [a]

Einkommen (in Hundert DM)	Kinder						
	kein Kind	Zahl der Kinder im Alter von 0 bis 6 Jahren			von 7 bis 10 Jahren		
		1	2	3	1	2	3
5	0,691	0,525	0,353	0,208	0,695	0,698	0,702
10	0,688	0,521	0,350	0,205	0,692	0,695	0,699
15	0,685	0,517	0,347	0,202	0,688	0,692	0,696
20	0,682	0,514	0,343	0,200	0,685	0,689	0,692
25	0,678	0,510	0,340	0,197	0,682	0,686	0,689
30	0,675	0,506	0,336	0,195	0,679	0,682	0,686
35	0,672	0,503	0,333	0,192	0,675	0,679	0,683
40	0,668	0,499	0,330	0,190	0,672	0,676	0,679
45	0,665	0,495	0,327	0,187	0,669	0,672	0,676
50	0,662	0,492	0,323	0,185	0,665	0,669	0,673
55	0,658	0,488	0,320	0,182	0,662	0,666	0,669

[a] Die Basisperson weist folgende Merkmale auf: Schulbildung: –; Berufsausbildung: –; Berufserfahrung: 5 Jahre; Tätigkeit: Angestellte; Alter: 35 Jahre; Gesundheit: keine Beeinträchtigung; Zufriedenheit: je 6; Vater: –; Ehemann: nicht arbeitslos; Region: Großstadt; Arbeitslosenquote: 9 Prozent.

Nichterwerbseinkommen:

Die Parameterschätzungen für die Nichterwerbseinkommenskomponenten weisen die erwarteten negativen Vorzeichen auf. Sämtliche Koeffizientenschätzwerte sind nicht signifikant. Ein statistisch gesicherter Einfluß auf das Erwerbsverhalten kann nicht festgestellt werden. Ein Vergleich mit den Resultaten für die bundesdeutschen Frauen zeigt auch hier signifikante Unterschiede im Erwerbsverhalten.

Regionale Merkmale:

Regionale Kennzeichen wie die Größe des Wohnortes und die regionale Arbeitslosenquote als Kennzeichen für die regionale Arbeitsmarktlage beeinflussen das Erwerbsverhalten nicht signifikant. Es kann daher davon ausgegangen werden, daß das Erwerbsverhalten der ausländischen Frauen von der Region und von der regionalen Arbeitslosenquote unabhängig ist.

Analog zum Vorgehen bei den verheirateten bundesdeutschen Frauen ist für die verheirateten ausländischen Frauen das PROBIT-Modell verwendet worden, um Aussagen über die Wahrscheinlichkeit, erwerbstätig zu sein, bei variierendem Einkommen und einer sich verändernden Anzahl von Kindern im Haushalt in den verschiedenen Altersklassen treffen zu können. Die für die "hypothetische" Ausländerin unterstellten Merkmale unterscheiden sich nur dadurch von den bundesdeutschen Frauen, daß die bei den deutschen Frauen vorhandenen Kennzeichen für die Ausländerin gleich 0 gesetzt worden sind. Die Ergebnisse sind in **Tabelle 6.8** dargestelt.

Vergleicht man die Ergebnisse aus **Tabelle 6.8** für die ausländischen Frauen mit den Ergebnissen aus **Tabelle 6.6** für verheiratete Frauen mit deutscher Staatsangehörigkeit, ist festzustellen, daß

- die Partizipationswahrscheinlichkeit in Haushaltungen ohne Kinder bei den bundesdeutschen Frauen deutlich höher liegt als bei den ausländischen Frauen,
- das Veränderungen des Nettoeinkommens des Ehemanns einen stärkeren negativen Einfluß auf das Erwerbsverhalten der deutschen Frauen ausüben,
- das Zusammenleben mit kleineren Kindern das Erwerbsverhalten der bundesdeutschen Frauen wesentlich stärker reduziert als bei ausländischen Frauen. So ist zum Beispiel bei einem Nettoeinkommen des Ehemanns von 5.500,– DM und drei Kindern im Alter von 0 bis 6 Jahren etwa jede 20. deutsche Frau noch erwerbstätig, während von den ausländischen Frauen noch jede 5. Frau erwerbstätig ist,

- das Zusammenleben mit älteren Kindern (Altersklasse 7 - 10 Jahre) führt bei den bundesdeutschen Frauen zu einer deutlichen Veränderung der Partizipationswahrscheinlichkeit, während bei den ausländischen Frauen keine Veränderung der Erwerbsbeteiligung vorliegt.

6.3.2.3 Zusammenfassung

Alle vorgenannten Modelle zur Bestimmung der Determinanten des Erwerbsverhaltens sind signifikant. Der Erklärungsbeitrag sowohl der PROBIT- als auch der OLS-Modellgleichungen ist als gut zu bezeichnen. Durch die Zerlegung der Gesamtstichprobe in die Teilstichproben verheiratete Frauen mit deutscher Staatsangehörigkeit und verheiratete Frauen mit ausländischer Staatsbürgerschaft und den aus der Schätzung der Regressionsgleichungen hervorgegangenen Schätzergebnisse konnte nachgewiesen werden, daß die beiden Populationen zum Teil unterschiedliche Bestimmungsgründe für das Erwerbsverhalten aufweisen.

Signifikante Unterschiede bei den das Erwerbsverhalten beeinflußenden Faktoren zeigten sich beim

- Alter,
- der Zufriedenheit mit der häuslichen Tätigkeit,
- der Gesundheit,
- dem Einfluß der individuellen Arbeitslosigkeit des Ehemanns,
- der Zahl und dem Alter der im Haushalt lebenden Kinder und
- dem Nettoerwerbseinkommen des Ehemanns.

Es ist festzustellen, daß das Erwerbsverhalten der verheirateten Ausländerinnen weniger vom Alter, von der Zahl der im Haushalt lebenden Kinder und der subjektiven Zufriedenheit beeinflußt ist. Für die ökonomischen Einflußfaktoren gilt, daß das Erwerbsverhalten der ausländischen Frauen von den Nichterwerbseinkommenskomponenten kaum verändert wird. Für die bundesdeutschen Frauen hingegen reduziert eine Erhöhung des Nichterwerbseinkommens die Partizipationswahrscheinlichkeit signifikant.

In den bisher zum Arbeitsangebot der Frauen in der Bundesrepublik vorgelegten Studien[39] ist stets unterstellt worden, daß eine andere als die

[39] Vgl. **Anhang C.**

deutsche Staatsangehörigkeit nur zu einer Niveauverschiebung im Erwerbsverhalten führt. Durch die vorgenannten Ergebnisse kann diese Hypothese als nicht bestätigt betrachtet werden.

6.4 Die Bruttostundenlohnfunktion

6.4.1 Vorbemerkung

Die statistisch überprüfte Bruttostundenlohnfunktion

$$\ln(w_i) = \beta_1 + \sum_{J=2}^{k} x_{ji}\beta_j + \epsilon_{l_i}$$

$$\text{mit } i = 1,\ldots,n$$

ist abgeleitet aus der humankapitaltheoretischen Analyse der Bestimmungsgründe des individuellen Einkommens. Neben den individuellen Fähigkeiten wird die regionale Arbeitsmarktlage als Bestimmungsgrund für das am Markt erzielte Einkommen herangezogen.

Aus statistischer Sicht ist der logarithmierte Bruttostundenlohn eine "zensierte" endogene Variable[40], da nur für die aktuell erwerbstätigen Frauen Bruttostundenlöhne vorliegen. Um einen möglichen *Sample Selection Bias* zu korrigieren, wird als zusätzliche exogene Variable die Inverse des MILLS-Quotionten λ_i in das Modell aufgenommen. Die individuellen Werte der Variablen λ_i werden für alle erwerbstätigen Personen aus den individuellen Werten der Dichte- bzw. Verteilungsfunktion der Erwerbsbeteiligungsfunktion (PROBIT-Modell) ermittelt.

Auch für die Bruttostundenlohnfunktion ist eine Trennung der Gesamtstichprobe nach der Staatszugehörigkeit der verheirateten Frauen vorgenommen worden. Dies ist einerseits induziert durch die unterschiedliche Verteilung der logarithmierten Bruttostundenlöhne, die in **Abbildung 6.2** wiedergegeben ist. Andererseits sind auch hier für die Frauen mit ausländischer Staatsbürgerschaft für einige Variablen keine Beobachtungswerte gegeben.

Die Multikollinearitätsdiagnose ist im **Anhang B.2** wiedergegeben. Die VARIANCE-INFLATION-FACTORS weisen sowohl für die Frauen mit deutscher Staatszugehörigkeit (**B.2.1**) als auch für Frauen mit ausländischer

[40] **Vgl. Kapitel 5.2**

Staatsangehörigkeit (**B.2.2**) einige Variablen als kollinear aus. Als nicht unabhängig voneinander erweisen sich unter Berücksichtigung der Singulärwertanalyse und der Varianz-Zerlegung der Standardfehler der Regressionskoeffizienten folgende erklärende Faktoren:

- die Zahl der Jahre mit Vollerwerbstätigkeit (VE) und die Zahl der Jahre mit Vollerwerbstätigkeit zum Quadrat (VE2)
- die Zahl der wöchentlich gearbeiteten Stunden (H) und die Zahl der wöchentlich gearbeiteten Stunden im Quadrat (H2).

Diese Kollinearitäten sind unschädlich, da bei Veränderung der Datenbasis die Relationen konstant bleiben. Problematisch ist hier die Interpretation, da die Koeffizientenschätzwerte nicht mehr den Einzeleinfluß der erklärenden Variablen wiedergeben.

Neben den vorgenannten Abhängigkeiten besteht noch eine kollineare Beziehung zwischen der regionalen Arbeitslosenquote und dem Absolutglied. Dies ist zurückzuführen auf die geringe Variation der Arbeitslosenquote über die Beobachtungen.

Im folgenden werden die Ergebnisse, die sich aus der statistischen Überprüfung der Bruttostundenlohnfunktion ergeben und in **Tabelle 6.9** dargestellt sind, kommentiert.[41]

6.4.2 Die Schätzergebnisse

Schul- und Berufsausbildung:

Die Parameterschätzwerte der Schul- und Berufsausbildung weisen die theoretisch erwarteten Vorzeichen auf. Mit höherer Schulausbildung steigt der am Markt zu erzielende Lohnsatz bezogen auf die Basis der verheirateten bundesdeutschen Frauen mit Hauptschulabschluß bzw. ohne Schulabschluß. Die Koeffizienten der Berufsausbildung sind ebenfalls mit Ausnahme einer Beamtenausbildung positiv und die Werte sind um so höher, je qualifizierter der Berufsausbildungsabschluß ist. Die größte positive Veränderung des Marktlohnsatzes ergibt sich für die Berufsabschlüsse abgeschlossenes Fachhochschulstudium und abgeschlossenes Universitätsstudium.

[41] Die Koeffizientenschätzwerte beziehen sich für die verheirateten Frau mit deutscher Staatsangehörigkeit auf eine Basisperson, die folgende Kennzeichen aufweist: Sie hat einen Hauptschulabschluß bzw. keinen Schulabschluß und keine abgeschlossene Berufsausbildung. Sie ist als Arbeiterin tätig und lebt in einer großstädtischen Region. Für die erwerbstätigen verheirateten ausländischen Frauen weist die Basisperson folgende Merkmale auf: Sie ist als Arbeiterin tätig und lebt in einer großstädtischen Region

Tabelle 6.9 Schätzergebnisse für den Bruttostundenlohn für verheiratete Frauen getrennt nach der Staatszugehörigkeit unter Berücksichtigung des *sample selection bias* (HECKMANN-Verfahren)

Variable	Bundesdeutsche Frauen $n = 645$			Ausländische Frauen $n = 289$		
	$\hat{\beta}_j$	t-Wert		$\hat{\beta}_j$	t-Wert	
$\hat{\beta}_1$	2,235238	11,95	a	2,019262	5,89	a
Schul- und Berufsausbildung						
R	0,176015	3,94	a	–	–	
FH	0,101177	0,75		–	–	
A	0,246973	1,85	c	–	–	
L	0,112358	2,72	a	–	–	
SG	0,161286	1,78	c	–	–	
MS	0,229775	1,32		–	–	
B	-0,014204	0,11		–	–	
FA	0,318079	2,82	a	–	–	
UA	0,485496	3,31	a	–	–	
Erwerbsbiographie						
VE	0,025123	4,09	a	0,007613	1,34	
VE2	-0,051218	3,21	a	-0,011417	0,85	
TE	-0,002195	0,63		-0,001613	0,33	
MA	0,005325	1,05		-0,003171	1,26	
H	0,008060	1,31		0,031877	1,54	
H2	-0,000219	2,42	b	-0,000607	1,90	b
ausgeübte Tätigkeit						
AZUBI	-0,185676	0,48		–	–	
SEL	-0,065188	0,41		0,162919	0,75	
ANG	0,122160	2,79	a	0,178342	2,52	b
BEA	0,339737	3,43	a	0,559124	4,41	a
soziale Herkunft						
ARBV	-0,040961	0,96		–	–	
ANGV	0,006574	0,10		–	–	
BEAV	-0,082858	1,53		–	–	
SELV	-0,041939	0,68		–	–	
Regionale Merkmale						
RE2	-0,036250	0,64		0,003191	0,46	
RE3	-0,091029	2,47	b	0,008690	0,20	
AREG	-0,012950	1,64	c	0,024095	0,59	
$\hat{\lambda}$	-0,006854	0,12		-0,030508	0,44	
R^2	0,3070			0,1980		
$\hat{f}$	10,12 $F_{\alpha=0,01,\nu_1=27,\nu_2=617} = 1,77$			5,21 $F_{\alpha=0,01,\nu_1=12,\nu_2=276} = 2,25$		

[a] = signifikant auf dem Niveau $\alpha = 0,01$, (zweiseitige Testhypothese)
[b] = signifikant auf dem Niveau $\alpha = 0,05$, (zweiseitige Testhypothese)
[c] = signifikant auf dem Niveau $\alpha = 0,10$, (zweiseitige Testhypothese)

Erwerbsbiographie:

Sowohl für die verheirateten Frauen mit deutscher als auch für die Frauen mit ausländischer Staatsbürgerschaft erweisen sich die Variablen, die die Erwerbsbiographie erfassen, als signifikant. Die Berufserfahrung, die durch die Variablen Anzahl der Jahre mit Vollerwerbstätigkeit (VE, VE2) erfaßt ist, hat einen signifikanten Einfluß auf die Erwerbstätigkeit. Zwischen der Entlohnung und der Zahl der Jahre mit Vollerwerbstätigkeit besteht ein nichtlinearer Zusammenhang. Die Zuwächse bei der Entlohnung nehmen ab, je größer die Zahl der Jahre mit Vollerwerbstätigkeit ist. Die Zahl der Monate, die eine verheiratete Frau arbeitslos war und die Zahl der Jahre mit Teilerwerbstätigkeit, hat weder bei den verheirateten bundesdeutschen Frauen noch bei den ausländischen Frauen einen signifikanten Einfluß auf die Entlohnung.

Statistisch signifikant sind die Variablen, die die wöchentliche Arbeitszeit erfassen. Der Lohnsatz steigt, je höher die Zahl der pro Woche geleisteten Arbeitsstunden ist. Die Zuwächse in der Entlohnung nehmen ab, dieses ist durch den signifikanten negativen Einfluß der Variablen H2 dokumentiert. Für die zur Zeit nichterwerbstätigen Frauen bedeuten die Ergebnisse, daß der Lohnsatz um so höher sein wird, je mehr Arbeitsstunden pro Woche sie bereit sind, anzubieten.

Ausgeübte Tätigkeit:

Sowohl bei den verheirateten Frauen mit deutscher Staatsangehörigkeit als auch bei den ausländischen Frauen ergeben sich signifikante Unterschiede in Abhängigkeit von der zur Zeit ausgeübten Tätigkeit. Der Lohnsatz steigt signifikant, wenn eine Frau als Angestellte oder Beamtin tätig ist bezogen auf die Basis der Arbeiterinnen. Zwischen Selbständigen und Arbeiterinnen bestehen keine signifikanten Unterschiede.

Soziale Herkunft:

Die soziale Herkunft, die über die berufliche Tätigkeit des Vaters erfaßt ist, weist nichtsignifikante Parameterschätzwerte aus.

Regionale Merkmale:

Signifikante Unterschiede in der Entlohnung können für die ausländischen Frauen nicht festgestellt werden. Für die bundesdeutschen Frauen ergibt sich eine schwach signifikante Reduktion des Bruttostundenlohnes bei steigender Arbeitslosenquote. Eine Minderung des Bruttostundenlohnes ergibt sich auch dann, wenn eine Frau in einer ländlichen Umgebung lebt. Signifikante Unterschiede zwischen großstädtischen Regionen und mittelgroßen Städten bestehen nicht.

Die Selektionskorrekturvariable λ_i erweist sich in beiden Modellen als nicht signifikant von Null verschieden.[42]

6.4.3 Zusammenfassung

Die statistisch überprüften Gleichungen zum Bruttostundenlohn sind bei Überprüfung des linearen Gesamtzusammenhanges statistisch signifikant. Der Anteil erklärter Varianz, gemessen durch das multiple Bestimmtheitsmaß, beträgt für die verheirateten Frauen mit deutscher Staatsangehörigkeit 0,3070. Für die verheirateten Frauen mit ausländischer Staatsbürgerschaft ergibt sich ein R^2 von 0,1980.

Die Analyse ergibt, daß

- höhere Schul- bzw. Berufsausbildungsabschlüsse zu einem höheren Lohnsatz führen,
- die Berufserfahrung einen signifikanten und positiven aber nichtlinearen Einfluß auf die Entlohnung ausübt,
- die Anzahl der pro Woche gearbeiteten Stunden einen positiven statistisch gesicherten nichtlinearen Einfluß auf den Lohnsatz hat,
- die soziale Herkunft keinen signifikanten Einfluß auf die Lohnhöhe ausübt,
- die Größe des Wohnortes und die regionale Arbeitslosenquote untergeordnete Einflußgrößen darstellen.

Unter Verwendung der geschätzten Regressionsfunktionen werden für alle nichterwerbstätigen Personen Prognosen für den Marktlohnsatz erstellt, den diese erzielen könnten, sofern sie Arbeit am Markt anbieten würden. Die prognostizierten Lohnsätze werden in den nachfolgenden Arbeitsstundenangebotsmodellen als erklärende Variable mit berücksichtigt.

---

[42] In den Analysen von MERZ (1986) und FRANZ (1981) sind Lohnfunktionen mit der HECKMANN-Korrektur empirisch bestimmt worden. MERZ ermittelt, daß ein *Sample Selection Bias* nicht besteht, während FRANZ ein signifikantes Ergebnis für die Selektionskorrekturvarble erhält. Vgl. MERZ, J. (1986), a.a.O., S. 147. FRANZ, W. (1981), a.a.O., S. 102.

6.5 Die Stundenangebotsfunktion

6.5.1 Vorbemerkung

Das Stundenangebot verheirateter Frauen ist Gegenstand der nachfolgenden Erörterung. Das Angebot an Arbeitsstunden stellt neben der in **Kapitel 6.3** untersuchten Erwerbsbeteiligung eine weitere Dimension des Arbeitsangebotes dar. Im folgenden wird untersucht, welche Faktoren die Höhe des Arbeitsangebotes beeinflussen. Die Stundenangebotsfunktion ist durch

$$H_i = f(\mathbf{x}_{hi}\beta, \epsilon_{hi})$$

$$\text{mit} \quad H_i = \begin{cases} H_i^a > 0 & \text{falls} \quad \text{erwerbstätig} \\ 0 & \text{sonst} \end{cases}$$

bestimmt.

Die Stundenangebotsfunktionen sind für die verheirateten Frauen mit deutscher Staatsangehörigkeit statistisch überprüft. Für die ausländischen Frauen sind keine Stundenangebotsfunktionen wiedergegeben, da die Variation der endogenen Variable Stundenangebot (Vgl. **Abbildung 6.1**) über die verschiedenen Beobachtungen gering ist und eine ausreichende Analyse des Erwerbsverhaltens durch die Erwerbsbeteiligungsanalyse in **Kapitel 6.3** gegeben ist.

Die statistische Schätzung der Stundenangebotsfunktion wird mit dem OLS-Verfahren, dem HECKMANN-Ansatz und mit dem TOBIT-Verfahren durchgeführt. Abgesehen von der TOBIT-Analyse, bei der alle Beobachtungen zur Schätzung der Parameter verwendet werden, die sowohl eine Aussage über die Erwerbsbeteilungswahrscheinlichkeit als auch über die Höhe des Arbeitsangebotes ermöglichen, wird bei der OLS- und der HECKMANN-Schätzung auf die aktuell erwerbstätigen verheirateten Frauen Bezug genommen. Der daraus resultierende mögliche *Sample Selection Bias* wird durch die Aufnahme der Variablen λ korrigiert.

Die Kollinearitätsdiagnose der exogenen Variablen für die Erwerbstätigen (**Anhang B.3.1**) ergibt, daß zwischen den Variablen, die in potenzierter Form in die Analyse eingehen, Kollinearität besteht (VE, VE2 und AL und AL2). Daneben bestehen Abhängigkeiten zwischen dem Ordinatenabschnitt und den Variablen, die die ausgeübte Tätigkeit erfassen. Schließlich sind die Standardfehler der Variablen regionale Arbeitslosenquote (AREG), der geschätzten Bruttostundenlöhne ($ln(w)$) und der Selektionskorrekturvariablen (λ) durch Kollinearität inflationiert. Bei der Interpretation der Parameterschätzwerte ist dies mit zu berücksichtigen.

Die Kollinearitätsüberprüfung der im TOBIT-Ansatz verwendeten erklärenden Variablen ergibt, daß multikollineare Beziehungen zwischen[43]

- der Anzahl der Jahre mit Vollerwerbstätigkeit und der ins Quadrat gesetzten Anzahl (VE, VE2),
- dem Alter und dem Alter im Quadrat (AL, AL2) sowie
- der regionalen Arbeitslosenquote, dem Bruttostundenlohn, der subjektiven Zufriedenheit mit dem Haushaltseinkommen und der häuslichen Tätigkeit mit dem Absolutglied

bestehen.

Die auf der Basis der Erwerbstätigen diagnostizierte kollineare Beziehung zwischen der ausgeübten Tätigkeit und dem Absolutglied besteht nicht mehr, da jetzt viele Nullwerte für die Dummy-Variablen der ausgeübten Tätigkeit (für alle Nichterwerbstätigen) gegeben sind.

6.5.2 Die Schätzergebnisse

6.5.2.1 Die Ergebnisse der OLS- und HECKMANN-Schätzung

In **Tabelle 6.10**[44] sind in den Spalten 1,2 die Parameterschätzwerte der OLS- bzw. der HECKMANN-Schätzung auf der Grundlage der $n = 700$ erwerbstätigen Frauen mit deutscher Staatsangehörigkeit wiedergegeben. Die Selektionskorrekturvariable $\hat{\lambda}$ erweist sich als nichtsignifikant und die Parameterschätzwerte der beiden Schätzverfahren zeigen ähnliche Ergebnisse. Zur Interpretation werden die mit dem HECKMANN-Ansatz erzielten Ergebnisse herangezogen, da im Gegensatz zum OLS-Verfahren die Standardfehler asymptotisch korrekt geschätzt sind.[45]

---

[43] Vgl. **Anhang B.3.2.** Die hier dargelegte Kollinearitätsdiagnose gilt auch für das in **Kapitel 6.6** statistisch überprüfte Modell mit fixierten Arbeitszeiten.

[44] Die Koeffizientenschätzwerte beziehen sich auf eine verheiratete Frau mit deutscher Staatsangehörigkeit, die folgende Merkmale aufweist: Sie hat einen Hauptschulabschluß bzw. keinen Schulabschluß und ist als Auszubildende beschäftigt. Gesundheitliche Beeinträchtigungen sind nicht gegeben, der Berufsstatus des Vaters ist nicht bekannt und ihr Ehemann ist als Angestellter tätig. Im Haushalt leben keine Kinder und der Wohnort der Familie liegt in einer großstädtischen Region.

[45] Zur Korrektur der Varianz-Kovarianz-Matrix der Regressionskoeffizienten bei Heteroskedatizität siehe **Kapitel 5.2.2.**

Tabelle 6.10 Parameterschätzwerte für das Stundenangebot verheirateter Frauen mit deutscher Staatsangehörigkeit mit dem OLS-Verfahren, dem HECKMANN-Ansatz und dem TOBIT-Verfahren

VARIABLE	OLS		HECKMANN			TOBIT		
	$\hat{\beta}$	t-Wert	$\hat{\beta}$	t-Wert		$\hat{\beta}$	t-Wert	
$\hat{\beta}_1$	73,8163	8,38	71,842	7,57	a	-3,780	0,26	
Schul- und Berufsausbildung								
R	0,5893	0,52	0,705	0,67		3,685	1,65	c
FH	6,5263	1,91	6,379	1,60		-2,067	0,34	
A	-3,6228	1,31	-3,630	1,65	c	-4,068	0,73	
L	0,4429	0,46	0,409	0,45		-1,290	0,70	
SG	5,3399	2,86	5,594	2,64	a	11,095	2,85	a
MS	-8,0462	3,15	-8,040	2,89	a	-4,547	0,87	
B	-8,9565	2,43	-8,680	2,57	a	3,420	0,37	
FA	-1,3632	0,44	-1,109	0,42		9,786	1,62	
UA	1,2776	0,36	1,875	0,55		19,468	2,59	a
Erwerbsbiographie								
VE	0,4749	3,25	0,522	2,32	b	1,756	6,71	a
VE2	0,1698	0,43	0,178	0,42		0,340	0,50	
TE	-0,3671	4,58	-0,297	1,22		1,834	9,68	a
MA	-0,1140	1,12	-0,143	0,98		-0,952	5,90	a
ausgeübte Tätigkeit								
ARB	-5,7250	1,06	-4,453	0,70		35,864	6,42	a
SEL	0,0862	0,01	1,233	0,18		37,648	6,22	a
ANG	-4,0053	0,74	-2,702	0,42		37,941	6,77	a
BEA	4,3672	0,73	5,601	0,84		39,992	4,76	a
Alter								
AL	-0,8172	2,20	-0,789	2,24	b	0,418	0,63	
AL2	0,4601	1,01	0,356	0,70		-3,015	3,81	a
subjektive Zufriedenheit								
ZE	0,0029	0,01	0,011	0,05		0,265	0,71	
ZH	-0,4336	2,23	-0,472	2,13	b	-1,532	4,07	a
Gesundheit								
AS	-1,4316	0,81	-1,490	0,98		-2,613	0,82	
CB	1,3132	1,36	1,220	1,18		-2,824	1,54	

Fortsetzung Tabelle 6.10

VARIABLE	OLS			HECKMANN			TOBIT		
	$\hat{\beta}$	t-Wert		$\hat{\beta}$	t-Wert		$\hat{\beta}$	t-Wert	
				soziale Herkunft					
ARBV	-2,8024	2,54		-2,749	2,46	b	0,193	0,09	
ANGV	-1,3363	0,86		-1,341	0,88		-1,432	0,46	
BEAV	-1,5132	0,86		-1,593	1,03		-3,104	0,93	
SELV	-0,4938	0,36		-0,396	0,26		2,719	1,10	
				Merkmale des Ehemanns					
ARBM	1,2256	1,26		1,163	1,24		-1,021	0,52	
SELM	2,5158	1,54		2,506	1,24		2,400	0,84	
BEAM	0,9924	0,72		0,930	0,78		-1,484	0,54	
ALOS	-4,6941	1,54		-5,067	1,66	c	-14,418	2,89	a
				Haushaltsmerkmale					
K06	-6,2374	6,27		-6,764	3,37	a	-20,082	10,62	a
K710	-3,4456	3,54		-3,729	2,51	b	-11,382	6,20	a
K1116	-3,0831	4,28		-3,174	4,25	a	-4,811	3,35	a
PPH	3,0491	0,84		2,838	0,51		-2,673	0,49	
				Nichterwerbseinkommen					
NM	-0,1595	4,04		-0,164	3,21	a	-0,232	3,54	a
WR	-1,5883	1,12		-1,577	2,44	b	0,119	0,06	
ZD	-0,0464	2,71		-0,047	4,95	a	-0,054	2,07	b
				Regionale Merkmale					
RE2	-2,6695	1,96		-2,635	1,91	c	-0,936	0,34	
RE3	-0,9336	0,99		-0,827	0,82		3,426	1,85	c
AREG	0,1107	0,58		0,126	0,64		0,491	1,29	
$ln\hat{w}_i$	-4,2219	4,45		-4,232	3,11	a	-0,910	0,45	
$\hat{\lambda}$	–	–		1,173	0,29		–	–	
$\hat{\sigma}^2$							634,878	13,24	a
R^2	0,4240			0,4240			–		
r^2	–			–			0,3705		

a = signifikant auf dem Niveau $\alpha = 0,01$, (zweiseitige Testhypothese)
b = signifikant auf dem Niveau $\alpha = 0,05$, (zweiseitige Testhypothese)
c = signifikant auf dem Niveau $\alpha = 0,10$, (zweiseitige Testhypothese)

Schul- und Berufsausbildung:

Einen statistisch signifikanten Einfluß auf das wöchentliche Stundenangebot haben der Schulabschluß Abitur und die Berufsausbildung Schule des Gesundheitswesens (SG), Besuch einer Meisterschule (MS) und eine Beamtenausbildung (B). Abgesehen von dem Berufsausbildungsabschluß Schule des Gesundheitswesens sind die signifikanten Parameter negativ. Die Annahme, daß mit steigender Schul- und Berufsausbildung auch die Zahl der wöchentlichen Arbeitsstunden zunimmt, kann nicht bestätigt werden.

Erwerbsbiographie:

Von den erwerbsbiographischen Variablen erweist sich nur die Vollerwerbstätigkeit als statistisch signifikant. Das positive Vorzeichen deutet darauf hin, daß mit zunehmender Berufserfahrung auch die Zahl der wöchentlich gearbeiteten Stunden zunimmt.

Ausgeübte Tätigkeit:

Signifikante Unterschiede beim Stundenangebot zwischen den zur Zeit ausgeübten Tätigkeiten bezogen auf die Basisvariable (verheiratete Frau in Ausbildung) lassen sich auf der Basis der Analyse der Daten der erwerbstätigen Frauen nicht feststellen.

Alter, subjektive Zufriedenheit und Gesundheit:

Mit zunehmendem Alter der verheirateten Frau nimmt das Stundenangebot linear ab. Die subjektive Zufriedenheit mit dem Haushaltseinkommen hat keinen Einfluß auf das Angebot der erwerbstätigen Frauen. Eine signifikante Minderung der wöchentlichen Arbeitszeit ergibt sich für die Zufriedenheit mit der häuslichen Tätigkeit. Je zufriedener die Frau mit ihrer Tätigkeit im Haushalt ist, um so geringer ist ihr Angebot an wöchentlicher Arbeitszeit. Der Gesundheitszustand hat für die Erwerbstätigen keinen signifikanten Einfluß auf ihre wöchentliche Arbeitszeit.

Soziale Herkunft:

Die Parameterschätzwerte für die Variablen der sozialen Herkunft sind bis auf den sozialen Status des Vaters als Arbeiter nicht signifikant von Null verschieden. Ein Einfluß der sozialen Herkunft auf das wöchentliche Arbeitsangebot besteht aufgrund der Ergebnisse nicht.

Merkmale des Ehemanns:

Das Arbeitsangebot der verheirateten Frau erweist sich als unabhängig von der Tätigkeit des Ehemanns. Eine signifikante Verringerung der wöchentlichen Arbeitszeit ist dann festzustellen, wenn der Ehemann zum Zeitpunkt der Befragung arbeitslos war. Die Arbeitslosigkeit des Ehemanns verringert nicht nur die Wahrscheinlichkeit, erwerbstätig zu sein (Vgl. **Tabelle**

6.7), sie reduziert auch die Höhe der wöchentlich gearbeiteten Stunden signifikant.

Haushaltsmerkmale:

Statistisch gesicherten Einfluß auf das Arbeitsangebot besitzt die Zahl und das Alter der Kinder. Alle Koeffizienten zeigen die erwarteten negativen Vorzeichen. Der negative Einfluß auf das Arbeitsangebot wird um so geringer, je älter die Kinder sind. Eine pflegebedürftige Person im Haushalt hat keine signifikante Wirkung auf das wöchentliche Arbeitsangebot, das positive Vorzeichen entspricht allerdings nicht dem erwarteten.

Nichterwerbseinkommen:

Alle Nichterwerbseinkommenskomponenten der verheirateten Frau zeigen die erwarteten negativen Parameterschätzwerte. Mit steigendem Nettoeinkommen des Ehemanns nimmt das wöchentliche Arbeitsangebot ab. Dies kann als ein Indiz dafür angesehen werden, daß die Frauen dann berufstätig sind, wenn das Einkommen des Ehemanns als nicht ausreichend angesehen wird, um den Familienbedarf zu decken.

Regionale Merkmale:

Statistisch gesicherte Differenzen für das wöchentliche Arbeitsangebot ergeben sich für verheiratete Frauen in Städten mittlerer Größe gegenüber verheirateten Frauen in ländlichen Regionen. Zwischen der Großstadt und ländlichen Regionen lassen sich keine signifikanten Unterschiede feststellen. Die regionale Arbeitslosenquote hat keinen signifikanten Einfluß auf die wöchentliche Stundenzahl der erwerbstätigen verheirateten Frauen.

Der am Markt aufgrund der persönlichen Eignung zu erzielende Bruttostundenlohn[46] weist einen negativen Wert auf und ist hochsignifikant. Ein steigender Lohnsatz führt aufgrund des in dieser Untersuchung erzielten Ergebnisses zu einer Reduktion der wöchentlichen Arbeitszeit. Die Hypothese[47], daß höhere Lohnsätze einen zusätzlichen Anreiz zur Erhöhung des Stundenangebotes besitzen, kann für die derzeit Erwerbstätigen nicht bestätigt werden.

---

[46] In den Arbeiten von FRANZ (1981) und MERZ (1986, 1990) ist explizit keine Lohnvariable zur Erklärung des Stundenangebotes mitberücksichtigt. Der Einfluß des am Markt zu erzielenden Lohnsatzes wird dort, da die exogenen Variablen der Bruttostundenlohnfunktion auch für die Arbeitsangebotsfunktion verwendet werden, implizit erfasst.

[47] Vgl. CORMETZ, W. (1986), a.a.O., S. 426.

6.5.2.2 Die Ergebnisse der TOBIT-Schätzung

Im Gegensatz zur OLS-Schätzung und dem zweistufigen HECKMANN-Ansatz zur Korrektur des *Sample Selection Bias* werden beim TOBIT-Verfahren alle Beobachtungen zur Bestimmung des Arbeitsangebotes verwendet. Durch die gemeinsame Verwendung der Beobachtungswerte aller verheirateten Frauen können gemeinsame Einflußfaktoren auf die Erwerbsbeteiligung und die Höhe des Stundenangebotes erkannt werden.

Die Parameterschätzwerte sind in **Tabelle 6.10**[48], Spalte 3 wiedergegeben. Die aus der Maximierung der Likelihood-Funktion ermittelten Schätzwerte sind asymptotisch effizient und normalverteilt.[49] Die Erwerbsbeteiligungswahrscheinlichkeit ergibt sich unter Verwendung der TOBIT-Schätzwerte aus:[50]

$$P(H_i^a > 0) = \Phi\left(\frac{\mathbf{x_i}\hat{\beta}}{\hat{\sigma}}\right)$$

Das Stundenangebot kann einerseits für die erwerbstätigen Frauen bestimmt werden. Der Erwartungswert des Stundenangebotes der verheirateten Frauen, die zum Zeitpunkt der Stichprobenerhebung erwerbstätig waren, ist durch[51]

$$E(\hat{H}_i | H_i^a > 0) = \mathbf{x_i}\hat{\beta} + \hat{\sigma}\frac{\phi\left(\mathbf{x_i}\hat{\beta}/\hat{\sigma}\right)}{\Phi\left(\mathbf{x_i}\hat{\beta}/\hat{\sigma}\right)}$$

gegeben.

Zum anderen können die TOBIT-Parameterschätzwerte zur Bestimmung des Erwartungswertes des Stundenangebotes aller verheirateten Frauen (also einschließlich der Nichterwerbstätigen) verwendet werden. Ein Schätzwert für das Stundenangebot aller verheirateten Frauen ergibt sich aus[52]

---

[48] Die Koeffizientenschätzwerte beziehen sich auf eine verheiratete Frau mit deutscher Staatsangehörigkeit, die folgende Merkmale aufweist: Sie hat einen Hauptschulabschluß bzw. keinen Schulabschluß und ist nicht erwerbstätig. Gesundheitliche Beeinträchtigungen sind nicht gegeben, der Berufsstatus des Vaters ist nicht bekannt und ihr Ehemann ist als Angestellter tätig. Im Haushalt leben keine Kinder und der Wohnort der Familie liegt in einer großstädtischen Region.

[49] Vgl. JUDGE, G. G. ET.AL. (1985), a.a.O., S. 784.

[50] Vgl. JUDGE, G. G. ET.AL. (1985), a.a.O., S. 784.

[51] Vgl. JUDGE, G. G. ET.AL. (1985), a.a.O., S. 784.

[52] Vgl. JUDGE, G. G. ET.AL. (1985), a.a.O., S. 784.

$$E(\hat{H}_i) = \Phi\left(\frac{\mathbf{x_i}\hat{\beta}}{\hat{\sigma}}\right)\left[E(\hat{H}_i|H_i^a > 0)\right] \quad .$$

Betrachtet man die Koeffizientenschätzwerte des TOBIT-Ansatzes (**Tabelle 6.10**, Spalte 3) so zeigt sich, daß die erwerbsbiographischen Variablen und die derzeit ausgeübte Tätigkeit von großer Bedeutung für die Partizipationswahrscheinlichkeit und das Stundenangebot sind. Von den Schul- und Berufsausbildungsabschlüssen erweisen sich lediglich der Abschluß einer Schule des Gesundheitswesens und der Universitätsabschluß als signifikant. Einen signifikanten negativen Einfluß auf das Arbeitsangebot besitzen die subjektive Zufriedenheit mit der häuslichen Tätigkeit, die Nichterwerbseinkommenskomponenten und die Arbeitslosigkeit des Ehemanns.

Deutlicher als bei der Analyse des Arbeitsangebotes der verheirateten erwerbstätigen Frauen zeigt sich beim TOBIT-Ansatz der negative Einfluß der Haushaltszusammensetzung auf das Erwerbsverhalten der verheirateten Frauen. Regionale Charakteristika haben nur einen geringen Einfluß auf das Arbeitsangebotsverhalten. Im Gegensatz zum Erwerbsverhalten der erwerbstätigen Frauen scheint der Lohnsatz keinen signifikanten Einfluß auf das Erwerbsverhalten aller Frauen auszuüben.

Um die Aussagefähigkeit und die Interpretationsmöglichkeiten des TOBIT-Modells zu illustrieren, sind in den **Tabellen 6.11** und **6.12** Schätzwerte für die modellendogenen Variablen Erwerbsbeteiligungswahrscheinlichkeit und für das wöchentliche Stundenangebot wiedergegeben.[53] In **Tabelle 6.11** ist das Einkommen ihres Ehemanns systematisch variiert worden, während die Zahl der im Haushalt lebenden Kinder gleich Null ist. In **Tabelle 6.12** ist die Zahl der im Haushalt lebenden Kinder systematisch für die verschiedenen Altersklassen verändert worden. Dort ist das Nettoeinkommen des Ehemanns auf 3.000 DM fixiert.

Um die TOBIT-Parameterschätzungen mit den Ergebnissen der zweistufigen Analyse vergleichen zu können, sind in die **Tabellen 6.11** und **6.12** die Prognosewerte integriert, die sich aus der Schätzung der Erwerbsbeteiligungsfunktion durch den PROBIT-Ansatz und der Schätzung der Stundenangebotsfunktion mit dem HECKMANN- Ansatz ergeben.

---

[53] Für die den Berechnungen zugrunde liegenden verheirateten Frau ist unterstellt, daß sie eine Realschule besucht hat und eine Schule des Gesundheitswesens absolvierte. Sie besitzt 5 Jahre Berufserfahrung und ist als Angestellte tätig. Sie ist 35 Jahre alt und mit dem Haushaltseinkommen und der häuslichen Tätigkeit weder besonders unzufrieden noch besonders zufrieden. Sie stammt aus einer Arbeiterfamilie, und ihr Ehemann ist als Arbeiter berufstätig. Ihr Wohnort ist eine Großstadt, und die regionale Arbeitslosenquote beträgt 9 %.

Tabelle 6.11 Die TOBIT-Schätzergebnisse – Prognose der Erwerbsbeteiligung, des Stundenangebotes der erwerbstätigen Frauen und des Stundenangebotes aller Frauen (einschließlich der zur Zeit nichterwerbstätigen) bei Variation des Nettoeinkommens des Ehemanns

Einkommen in Hundert DM	$P(H^a > 0)$ [a]		$E(\hat{H} \mid H > 0)$ [b]		$E(\hat{H})$ [c]	
5	0.883	(0.725)	35.63	(38.27)	31.48	(27.77)
10	0.874	(0.712)	34.84	(37.47)	30.45	(26.70)
15	0.864	(0.699)	34.06	(36.68)	29.44	(25.65)
20	0.853	(0.658)	33.30	(35.88)	28.44	(24.60)
25	0.843	(0.671)	32.56	(35.08)	27.45	(23.58)
30	0.831	(0.658)	31.83	(34.29)	26.48	(22.57)
35	0.819	(0.643)	31.12	(33.49)	25.51	(21.57)
40	0.807	(0.629)	30.42	(32.64)	24.56	(20.59)
45	0.795	(0.615)	29.74	(31.90)	23.63	(19.62)
50	0.780	(0.600)	29.08	(31.10)	22.72	(18.67)

[a] In Klammern sind die Erwerbsbeteiligungswahrscheinlichkeiten des PROBIT-Modells aus **Kapitel 6.3** für verheiratete Frauen mit deutscher Staatsangehörigkeit wiedergegeben. (Vgl. **Tabelle 6.5**)

[b] In Klammern ist der Erwartungswert des wöchentlichen Stundenangebotes angegeben, der sich aus der HECKMANN-Schätzung im laufenden Abschnitt für verheiratete Frauen mit deutscher Staatsangehörigkeit ergibt, wiedergegeben. (Vgl. **Tabelle 6.9**)

c In Klammern ist der Erwartungswert des wöchentlichen Stundenangebotes aller verheirateten Frauen mit deutscher Staatsangehörigkeit wiedergegeben, der sich aus der Kombination des PROBIT-Modells mit dem HECKMANN-Ansatz ergibt.

Tabelle 6.12 Die TOBIT-Schätzergebnisse – Prognose der Erwerbsbeteiligung, des Stundenangebotes der erwerbstätigen Frauen und des Stundenangebotes aller Frauen (einschließlich der zur Zeit nichterwerbstätigen) bei Variation der im Haushalt lebenden Kinder in verschiedenen Altersklassen

Anzahl der Kinder im Haushalt	$P(H^a > 0)$ [a]		$E(\hat{H}\|H > 0)$ [b]		$E(\hat{H})$ [c]	
keine Kinder	0.82	(0.63)	31.12	(33.49)	25.51	(21.57)
im Alter von 0 bis 6 Jahren						
1	0.55	(0.40)	21.22	(27.18)	11.61	(10.78)
2	0.25	(0.19)	15.06	(20.95)	3.73	(3.99)
3	0.07	(0.07)	11.14	(14.78)	0.78	(0.99)
im Alter von 7 bis 10 Jahren						
1	0.68	(0.53)	24.98	(29.95)	16.95	(16.12)
2	0.50	(0.42)	20.21	(26.24)	10.20	(11.36)
3	0.33	(0.33)	16.57	(22.91)	5.46	(7.48)
im Alter von 11 bis 16 Jahren						
1	0.76	(0.61)	28.34	(30.37)	21.70	(18.58)
2	0.70	(0.58)	25.83	(27.26)	18.16	(15.77)
3	0.63	(0.55)	23.57	(24.14)	14.95	(13.16)

[a] In Klammern sind die Erwerbsbeteiligungswahrscheinlichkeiten des PROBIT-Modells aus **Kapitel 6.3** für verheiratete Frauen mit deutscher Staatsangehörigkeit wiedergegeben. (Vgl. **Tabelle 6.5**)

[b] In Klammern ist der Erwartungswert des wöchentlichen Stundenangebotes angegeben, der sich aus der HECKMANN-Schätzung im laufenden Abschnitt für verheiratete Frauen mit deutscher Staatsangehörigkeit ergibt, wiedergegeben. (Vgl. **Tabelle 6.9**)

c In Klammern ist der Erwartungswert des wöchentlichen Stundenangebotes aller verheirateten Frauen mit deutscher Staatsangehörigkeit wiedergegeben, der sich aus der Kombination des PROBIT-Modells mit dem HECKMANN-Ansatz ergibt.

Aus **Tabelle 6.11** ist zu erkennen, daß mit steigendem Nettoeinkommen des Ehemanns sowohl die Erwerbsbeteiligungswahrscheinlichkeit sinkt und ebenso die durchschnittlich gearbeiteten Stunden in der Woche abnehmen. Diese Ergebnisse für die TOBIT-Schätzung stimmen tendenziell mit den aus der PROBIT-Analyse und der Analyse des Stundenangebotes durch die korrigierte OLS-Schätzung überein.

In **Tabelle 6.12** zeigt sich auch für den TOBIT-Ansatz - ebenso wie bereits vorher für die PROBIT-Analyse diskutiert (Vgl. **Kapitel 6.3**) - daß die Erwerbsbeteiligung der verheirateten Frauen um so geringer ist, je größer die Zahl der im Haushalt lebenden Kinder ist und um so jünger diese sind. Betrachtet man das Stundenangebot verheirateter Frauen mit Kindern im Alter von 0 bis 6 Jahren, so beträgt der Erwartungswert des Stundenangebotes bei den erwerbstätigen Frauen ca. 21 Stunden bei einem Kind und 11 Stunden bei 3 Kindern. Der Erwartungswert des Stundenangebotes aller verheirateten Frauen ist hingegen deutlich geringer. Er beträgt ca. 11,5 Stunden bei einem Kind und ca. 1 Stunde bei 3 Kindern im Alter von 0 bis 6 Jahren.

6.6 Das Erwerbsverhalten bei klassifizierten Arbeitszeiten

6.6.1 Vorbemerkung

Aus der Kritik am Arbeitsangebotsmodell mit vollständig flexiblen Arbeitszeiten[54] ergibt sich das nachfolgend spezifizierte und statistisch überprüfte Regressionsmodell, in dem die fixierten Arbeitszeiten als einander ausschließende Optionen nominalskaliert codiert sind. In diesem Modell können die verheirateten Frauen entweder

- Vollerwerbstätig ($PF_1 = 1$) oder
- Teilerwerbstätig ($PF_2 = 1$) oder
- Nichterwerbstätig ($PF_3 = 1$)

sein.

Die so spezifizierte endogene Modellvariable ist nominalskaliert mit 3 Ausprägungen, und der Einfluß der ausgewählten Einflußfaktoren auf die Wahl einer der Optionen wird über eine MULTINOMIALES LOGIT-Modell bestimmt. Da die Summe der Wahrscheinlichkeiten über alle Optionen gleich

[54] Vgl. **Kapitel 3.3 und 3.4**

1 ist und die Wahlmöglichkeiten einander ausschließen, ist die Likelihoodfunktion durch[55]

$$lnl = \prod_{i=1}^{n_1} P(PF_1 = 1) \prod_{i=n_1+1}^{n_1+n_2} P(PF_2 = 1) \prod_{i=n_1+n_2+1}^{n_1+n_2+n_3} P(PF_3 = 1)$$

gegeben.

Durch die Maximierung der Likelihoodfunktion ergeben sich die Koeffizientenvektoren $\hat{\boldsymbol{\beta}}_1$ und $\hat{\boldsymbol{\beta}}_2$. Zur Interpretation der Parameterschätzwerte werden sogenannte MULTINOMIALE LOGITS als logarithmierte Wahrscheinlichkeitsrelationen aus jeweils 2 der 3 Optionen gebildet. Die MULTINOMIALEN LOGITS ergeben sich aus dem obigen Modell als

$$ln\left(\frac{P(PF_1 = 1)}{P(PF_3 = 1)}\right) = \mathbf{x}\hat{\boldsymbol{\beta}}_1 \quad ,$$

$$ln\left(\frac{P(PF_2 = 1)}{P(PF_3 = 1)}\right) = \mathbf{x}\hat{\boldsymbol{\beta}}_2 \quad \text{und}$$

$$ln\left(\frac{P(PF_1 = 1)}{P(PF_2 = 1)}\right) = \mathbf{x}(\hat{\boldsymbol{\beta}}_1 - \hat{\boldsymbol{\beta}}_2) \quad .$$

Die im Koeffizientenvektor $\hat{\boldsymbol{\beta}}_1$ bestimmten Parameterschätzwerte geben den Einfluß der exogenen Variablen auf das logarithmierte Wahrscheinlichkeitsverhältnis Vollerwerbstätigkeit ($PF_1 = 1$) vs. Nichterwerbstätigkeit ($PF_3 = 1$) wieder. Entsprechend gibt der geschätzte Koeffizientenvektor $\hat{\boldsymbol{\beta}}_2$ den Einfluß der exogenen Variablen auf die MULTINOMIALEN LOGITS Teilerwerbstätigkeit ($PF_2 = 1$) vs. Nichterwerbstätigkeit ($PF_3 = 1$) an. Schließlich gibt die Differenz der Parametervektoren ($\hat{\boldsymbol{\beta}}_1 - \hat{\boldsymbol{\beta}}_2$) den Einfluß der Erklärenden auf die MULTINOMIALEN LOGITS der Optionen Vollerwerbstätigkeit versus Teilerwerbstätigkeit an.

Die Parameterschätzwerte des MULTINOMIALEN LOGIT-MODELLS sind in **Tabelle 6.13** angegeben. Sie beziehen sich auf das Erwerbsverhalten verheirateter deutscher Frauen. Die in der Tabelle ausgewiesenen Parameterschätzwerte sind wie folgt zu interpretieren:

Positive Parameterschätzwerte zeigen an, daß Veränderungen der zugehörigen exogenen Variablen die Entscheidung zugunsten der im Zähler stehenden Arbeitszeit bezogen auf die im Nenner stehende Option beeinflussen. Entsprechend zeigen negative Parameter an, daß Veränderungen der

[55] **Vgl. Kapitel 5.3.**

zugehörigen exogenen Variablen die Entscheidung zugunsten der im Nenner stehenden Option beeinflussen. Parameterschätzwerte, die ungefähr gleich Null oder nichtsignifikant sind, deuten an, daß die zugehörige Variable keinen Einfluß auf die Entscheidung zwischen den beiden Optionen hat.

6.6.2 Die Schätzergebnisse

Schul- und Berufsausbildung:

Die Schulausbildung hat auf die Wahl des Erwerbsstatus keinen signifikanten Einfluß. In Abhängigkeit vom Berufsausbildungsabschluß Schule des Gesundheitswesens wird eine Vollerwerbstätigkeit der Nichterwerbstätigkeit vorgezogen. Diese Interpretation gilt auch für ein Universitätsstudium. Hier wird aber auch eine Teilzeiterwerbstätigkeit der Nichterwerbstätigkeit vorgezogen. Alle übrigen Variablen weisen nichtsignifikante Koeffizienten auf.

Erwerbsbiographie:

In Abhängigkeit der Variable Jahre mit Vollerwerbstätigkeit wird eine Vollerwerbstätigkeit einer Nichterwerbstätigkeit und auch einer Teilzeitbeschäftigung vorgezogen. Zwischen der Option Vollerwerbstätigkeit und der Variablen Anzahl der Jahre mit Vollerwerbstätigkeit besteht ein nichtlinearer Zusammenhang. Dieses wird durch die Signifikanz der Variablen VE2 angezeigt. Die Variable Jahre mit Teilzeitbeschäftigung ist für alle logarithmierten Wahrscheinlichkeitsverhältnisse signifikant. Je höher die Anzahl der Jahre mit Teilzeitbeschäftigung ist, um so mehr wird eine Vollzeitbeschäftigung der Nichterwerbstätigkeit vorgezogen und um so höher ist auch die Präferenz für eine Teilzeitbeschäftigung bezogen auf die Möglichkeit, nichterwerbstätig zu sein. Betrachtet man den Koeffizienten der Option vollzeitbeschäftigt vs. teilzeitbeschäftigt, so ergibt sich, daß mit steigender Zahl der Jahre mit Teilzeitbeschäftigung eine Teilerwerbstätigkeit einer Vollzeitbeschäftigung vorgezogen wird.

Die Einflußfaktor Anzahl der Monate arbeitslos im Zeitraum 1974 - 1984 reduziert signifikant die Wahrscheinlichkeit, eine Vollerwerbstätigkeit auszuüben bezogen auf die Option, nichterwerbstätig zu sein. Der gleiche Zusammenhang ergibt sich auch für das Verhältnis von Teilerwerbstätigkeit und Nichterwerbstätigkeit. Zwischen dem Wahrscheinlichkeitsverhältnis Vollerwerbstätigkeit und Teilzeitbeschäftigung besteht ebenfalls ein signifikanter Unterschied. Je größer die Zahl der Monate, in denen die Frau arbeitslos war, um so mehr wird eine Teilzeitbeschäftigung einer Vollerwerbstätigkeit vorgezogen.

Ausgeübte Tätigkeit:

Die zur Zeit ausgeübte Tätigkeit hat einen positiven signifikanten Einfluß auf die logarithmierten Wahrscheinlichkeitsverhältnisse Vollerwerbstätigkeit (Teilerwerbstätigkeit) versus Nichterwerbstätigkeit. Zwischen den Optionen Vollerwerbstätigkeit und Teilerwerbstätigkeit bestehen hingegen keine signifikanten Unterschiede.

Alter:

Mit zunehmendem Alter erhöht sich die Wahrscheinlichkeit, Nichterwerbstätigkeit zu sein, bezogen auf die Alternative Vollerwerbstätigkeit. Umgekehrt ist die Aussage für das Verhältnis Teilerwerbstätigkeit/Nichterwerbstätigkeit. Die Teilerwerbstätigkeit wird einer Nichtbeschäftigung vorgezogen. Es besteht jedoch ein nichtlinearer Zusammenhang. Für das Verhältnis Vollzeitbeschäftigung versus Teilzeitbeschäftigung gilt, daß mit zunehmendem Alter eine Teilzeitbeschäftigung einer Vollerwerbstätigkeit vorgezogen wird. Auch hier besteht ein nichtlinearer Zusammenhang. Insgesamt zeigt sich, daß mit zunehmendem Lebensalter eine Teilzeitbeschäftigung den anderen Alternativen vorgezogen wird.

Subjektive Zufriedenheit:

Die subjektive Zufriedenheit mit dem Haushaltseinkommen hat keinen Einfluß auf die Wahl einer der Optionen. Die subjektive Zufriedenheit mit der häuslichen Tätigkeit besitzt signifikanten Einfluß auf die verschiedenen Wahrscheinlichkeitsverhältnisse. Je zufriedener die Frau mit der häuslichen Tätigkeit ist, um so mehr wird eine Nichterwerbstätigkeit einer Vollerwerbstätigkeit bzw. einer Teilerwerbstätigkeit vorgezogen. Für das Verhältnis von Voll- zu Teilerwerbstätigkeit ergibt sich, daß mit zunehmender Zufriedenheit eine Teilzeitbeschäftigung einer Vollerwerbstätigkeit vorgezogen wird.

Gesundheit:

Die nichtsignifikanten negativen Parameterschätzwerte des Gesundheitszustandes deuten darauf hin, daß die Gesundheit kein entscheidender Einfluß für den Erwerbsstatus ist.

Soziale Herkunft:

Der Berufsstatus des Vaters hat nur dann einen Einfluß, wenn der Vater als Arbeiter beschäftigt bzw. selbständig war. Alle übrigen Koeffizientenschätzwerte erweisen sich als nichtsignifikant.

Tabelle 6.13 Parameterschätzwerte für das Wahrscheinlichkeitsmodell mit klassifizierten Arbeitszeiten für verheiratete Frauen mit deutscher Staatsangehörigkeit $n = 1838$ (MULTINOMIALES LOGIT-Modell)

VARIABLE	$ln\left(\frac{P(PF_1=1)}{P(PF_3=1)}\right)$		$ln\left(\frac{P(PF_2=1)}{P(PF_3=1)}\right)$		$ln\left(\frac{P(PF_1=1)}{P(PF_2=1)}\right)$	
	$\hat{\beta}_1$	t-Wert	$\hat{\beta}_2$	t-Wert	$\hat{\beta}_1 - \hat{\beta}_2$	t-Wert
$\hat{\beta}_1$	3,073	1,80 [c]	-10,978	-5,86 [a]	14,051	6,16 [a]
Schul- und Berufsausbildung						
R	0,391	1,56	0,099	0,48	0,292	1,06
FH	0,009	0,01	-0,506	-0,81	0,516	0,65
A	-0,250	-0,44	-0,211	-0,44	-0,039	-0,06
L	-0,285	-1,35	-0,091	-0,53	-0,194	-0,82
SG	1,117	2,46 [b]	0,551	1,48	0,566	1,19
MS	-0,984	-1,73 [c]	0,247	0,59	-1,232	-2,07 [b]
B	0,330	0,39	0,902	1,29	-0,571	-0,65
FA	0,931	1,40	0,275	0,44	0,656	0,88
UA	2,000	2,57 [b]	1,315	2,06 [b]	0,685	0,84
Erwerbsbiographie						
VE	0,322	8,27 [a]	0,033	1,22	0,288	6,84 [a]
VE2	-0,349	-3,85 [a]	0,113	1,40	-0,462	-4,43 [a]
TE	0,059	2,31 [b]	0,214	14,12 [a]	-0,155	-5,94 [a]
MA	-0,105	-4,76 [a]	-0,050	-3,42 [a]	-0,055	-2,24 [b]
ausgeübte Tätigkeit						
ARB	2,026	2,96 [a]	3,895	3,68 [a]	-1,868	-1,50
SEL	1,825	2,36 [b]	3,632	3,33 [a]	-1,807	-1,39
ANG	2,224	3,26 [a]	3,923	3,70 [a]	-1,698	-1,36
BEA	2,021	2,17 [b]	3,529	2,96 [a]	-1,508	-1,07
Alter						
AL	-0,158	-2,03 [b]	0,318	4,45 [a]	-0,476	-5,10 [a]
AL2	-0,061	-0,66	-0,503	-5,89 [a]	0,442	3,97 [a]
subjektive Zufriedenheit						
ZE	0,045	1,07	0,014	0,41	0,031	0,66
ZH	-0,150	-3,50 [a]	-0,072	-2,00 [b]	-0,077	-1,66 [c]
Gesundheit						
AS	-0,520	-1,30	-0,085	-0,27	-0,434	-1,00
CB	-0,202	-0,93	-0,281	-1,62	0,078	0,32

Fortsetzung Tabelle 6.13

VARIABLE	$ln\left(\frac{P(PF_1=1)}{P(PF_3=1)}\right)$			$ln\left(\frac{P(PF_2=1)}{P(PF_3=1)}\right)$			$ln\left(\frac{P(PF_1=1)}{P(PF_2=1)}\right)$		
	$\hat{\beta}_1$	t-Wert		$\hat{\beta}_2$	t-Wert		$\hat{\beta}_1 - \beta_2$	t-Wert	
soziale Herkunft									
ARBV	-0,219	-0,89		0,411	2,00	b	-0,630	-2,28	b
ANGV	-0,080	-0,24		0,023	0,08		-0,104	-0,27	
BEAV	0,014	0,04		-0,185	-0,57		0,200	0,45	
SELV	0,030	0,10		0,453	1,81	c	-0,422	-1,26	
Merkmale des Ehemanns									
ARBM	0,031	0,15		-0,234	-1,29		0,265	1,10	
SELM	-0,137	-0,37		0,058	0,20		-0,196	-0,47	
BEAM	-0,224	-0,72		-0,190	-0,82		-0,034	-0,10	
ALOS	-1,434	-2,29	b	-0,951	-1,68	c	-0,483	-0,63	
Haushaltsmerkmale									
K06	-2,181	-9,26	a	-0,698	-4,28	a	-1,482	-5,80	a
K710	-1,267	-5,49	a	-0,422	-2,76	a	-0,844	-3,43	a
K1116	-0,632	-3,46	a	-0,093	-0,77		-0,539	-2,82	a
PPH	-0,102	-0,14		-1,035	-1,68	c	0,932	1,05	
Nichterwerbseinkommen									
NM	-0,033	-3,61	a	-0,005	-0,93		-0,027	-2,81	a
WR	-0,712	-0,51		0,131	0,80		-0,844	-0,60	
ZD	-0,005	-1,60		-0,001	-0,44		-0,004	-1,25	
Regionale Merkmale									
RE2	-0,131	-0,44		0,122	0,52		-0,253	-0,76	
RE3	0,521	2,50	b	0,195	1,14		0,325	1,42	
AREG	0,061	1,42		0,028	0,82		0,033	0,70	
$ln\hat{w}_i$	-0,053	-0,17		0,580	2,29	b	-0,633	-1,91	c
$Pseudo - R^2$	0,3762								
LRT	1278,30								
$\chi^2_{\alpha=0,01,\nu=84}$	56,85								

^{a} = signifikant auf dem Niveau $\alpha = 0,01$, (zweiseitige Testhypothese)
^{b} = signifikant auf dem Niveau $\alpha = 0,05$, (zweiseitige Testhypothese)
^{c} = signifikant auf dem Niveau $\alpha = 0,10$, (zweiseitige Testhypothese)

Merkmale des Ehemanns:

Die berufliche Tätigkeit des Ehegatten erweist sich für alle logarithmierten Wahrscheinlichkeitsverhältnisse als nichtsignifikant von Null verschieden. Die Arbeitslosigkeit des Ehegatten hat hingegen einen signifikanten negativen Einfluß auf eine positive Erwerbsbeteiligungsentscheidung.

Haushaltsmerkmale:

Die Zahl und das Alter der Kinder besitzen den erwarteten Einfluß auf die Wahl der verschiedenen Optionen. Je jünger die Kinder sind, um so mehr wird die Nichterwerbstätigkeit der Voll- bzw. Teilzeitbeschäftigung vorgezogen. Ebenfalls statistisch gesichert sind die Koeffizienten, die für das logarithmierte Wahrscheinlichkeitsverhältnis (Vollerwerbstätigkeit versus Teilerwerbstätigkeit) ermittelt wurden. Es gilt, daß eine Teilzeitbeschäftigung einer Vollerwerbstätigkeit vorgezogen wird. Dieser Effekt ist um so größer, je jünger die im Haushalt lebenden Kinder sind.

Nichterwerbseinkommen:

Von den Nichterwerbseinkommenskomponenten erweist sich nur das Nettoeinkommen des Ehemanns als signifikant für die Art der Erwerbsbeteiligung. Mit steigendem Nichterwerbseinkommen nimmt die Wahrscheinlichkeit, vollerwerbstätig zu sein, bezogen auf die Alternative, nichterwerbstätig zu sein, ab. Ein signifikanter Unterschied zwischen der Wahlmöglichkeit Teilzeitbeschäftigung versus Nichterwerbstätigkeit besteht nicht. Der Koeffizientenschätzwert für das logarithmierte Wahrscheinlichkeitsverhältnis (Vollerwerbstätigkeit/Teilerwerbstätigkeit) zeigt an, daß mit steigendem Nichterwerbseinkommen eine Teilerwerbstätigkeit einer Vollerwerbstätigkeit vorgezogen wird.

Regionale Merkmale:

Der Wohnort hat nur dann einen signifikanten Einfluß auf die Wahl der Erwerbsbeteiligungsform, wenn die Alternative Vollerwerbstätigkeit versus Nichterwerbstätigkeit betrachtet wird. Lebt die Familie in einer Großstadt, wird die Vollerwerbstätigkeit gegenüber der Nichterwerbstätigkeit präferiert. Alle übrigen Parameterschätzwerte sind nicht signifikant.

Der logarithmierte Bruttostundenlohn hat keinen signifikanten Einfluß auf das logarithmierte Wahrscheinlichkeitsverhältnis (Vollerwerbstätigkeit vs. Nichterwerbstätigkeit). Hingegen erhöht sich die Wahrscheinlichkeit, teilerwerbstätig zu sein, bezogen auf die Alternative, nichterwerbstätig zu sein, bei einem steigenden Lohnsatz. Ein Vergleich des Alternativenpaares Vollerwerbstätigkeit versus Teilerwerbstätigkeit weist mit zunehmendem Lohnsatz eine zunehmende Präferenz für die Teilerwerbstätigkeit aus.

6.6.3 Zusammenfassung

Das MULTINOMIALE LOGIT-Modell weist mit einem *Pseudo*$-R^2$ von 0,3762 eine gute Anpassung der Daten an das spezifizierte Modell auf. Der Likelihood-Ratio-Test, der die Nullhypothese, alle exogenen Einflußfaktoren besitzen keinen Einfluß auf die modellendogene Variable, gegen die Alternativhypothese, nicht alle Koeffizienten sind gleich Null, überprüft, ist hochsignifikant, so daß die Nullhypothese nicht beibehalten werden kann. Durch die Definition der modellendogenen Variablen Vollerwerbstätigkeit, Teilerwerbstätigkeit und Nichterwerbstätigkeit ist es möglich, den Einfluß der verschiedenen erklärenden Variablen auf die Wahl der verschiedenen Optionen anzugeben. Signifikante Veränderungen der Wahrscheinlichkeit, zu einer der oben definierten Gruppen zu gehören, konnte für eine Teilmenge der in die Untersuchung einbezogenen Einflußgrößen nachgewiesen werden.

Die Schulbildung erweist sich als nichtsignifikant für die Wahl der Arbeitszeit. Die Berufsausbildung hat für höhere Berufsbildungsabschlüsse einen positiven Effekt auf die Erwerbsbeteiligung. Signifikante Ergebnisse ergeben sich für die Berufsausbildungen Besuch einer Schule des Gesundheitswesens und für den Abschluß eines Universitätsstudiums. Die Erwerbsbiographie bis zum Zeitpunkt der Stichprobenerhebung erweist sich für alle Variablen als signifikant, wobei sich die erwarteten Vorzeichen ergeben. Entscheidende Bedeutung für die Wahl der Arbeitszeit hat die zur Zeit ausgeübte Tätigkeit. Die subjektive Zufriedenheit mit dem Haushaltseinkommen hat keinen signifikanten Einfluß auf die Wahl der Arbeitszeit, während mit steigender subjektiver Zufriedenheit mit der Hausarbeit die Wahrscheinlichkeit, voll- oder teilerwerbstätig zu sein, sinkt. Der Gesundheitszustand besitzt keinen signfikanten Einfluß auf die Wahl der Arbeitszeit, jedoch deuten die negativen Vorzeichen darauf hin, daß ein schlechter Gesundheitszustand tendenziell eine Erhöhung der Wahrscheinlichkeit, nichterwerbstätig zu sein, mit sich bringt. Die soziale Herkunft der Frau erweist sich überwiegend als nichtsignifikant. Von den Charakteristika des Ehemanns sind nur die Parameterschätzwerte, die die Arbeitslosigkeit des Ehemanns erfassen, signifikant. Wesentlich für die Wahl der Arbeitszeit ist die Zahl und das Alter der im Haushalt lebenden Kinder. Alle Koeffizientenschätzwerte zeigen die erwarteten negativen Vorzeichen, so daß mit steigender Zahl der Kinder in den verschiedenen Altersgruppen die Wahrscheinlichkeit, nichterwerbstätig zu sein, steigt und ebenfalls eine Teilzeitbeschäftigung einer Vollerwerbstätigkeit vorgezogen wird. Mit steigendem Nettoeinkommen des Ehemanns reduziert sich die Wahrscheinlichkeit, vollerwerbstätig zu sein, während die übrigen Nichterwerbseinkommenskomponenten keinen signifikanten Einfluß auf die Wahl der Arbeitszeit besitzen. Regionale Einflußgrößen sind von untergeordneter Relevanz für die Wahl der Arbeitszeit. Ein steigender Bruttostundenlohn führt dazu, daß eine Teilzeitbeschäftigung der Nichterwerbstätigkeit vorgezogen wird und ebenso die Teilzeitbeschäftigung der Vollerwerbstätigkeit gegenüber präferiert wird.

Um die Prognosemöglichkeiten des multinomialen Logit-Modells zu illustrieren, sind in den **Tabellen 6.14** und **6.15** Wahrscheinlichkeiten in Abhängigkeit der Variation ausgewählter Variablen für die verschiedenen Optionen bestimmt worden.

In **Tabelle 6.14** ist das Nettoeinkommen des Ehemanns systematisch verändert worden, während alle übrigen Variablen konstant gehalten worden sind. Es zeigt sich, daß mit steigendem Nettoeinkommen des Ehegatten der Anteil der vollerwerbstätigen Ehefrauen abnimmt. Das Absinken des Anteils der vollerwerbstätigen Frauen führt aber nicht zu einer gleichstarken Zunahme der Wahrscheinlichkeit, nichterwerbstätig zu sein. Vielmehr verteilt sich die Abnahme der Wahrscheinlichkeit, vollerwerbstätig zu sein, auf die Alternativen Teilerwerbstätigkeit bzw. Nichterwerbstätigkeit, die beide an Bedeutung gewinnen.

Tabelle 6.14 Das MULTINOMIALE LOGIT-Modell – Prognose der Wahrscheinlichkeit vollerwerbstätig, teilerwerbstätig oder nichterwerbstätig zu sein in Abhängigkeit von Variationen des Nettoeinkommens des Ehemanns

Einkommen in Hundert DM	Vollerwerbstätig $P(PF_1 = 1) = \frac{e^{X\beta_1}}{1+\sum_{j=1}^{2} e^{X\beta_j}}$	Teilerwerbstätig $P(PF_2 = 1) = \frac{e^{X\beta_2}}{1+\sum_{j=1}^{2} e^{X\beta_j}}$	Nichterwerbstätig $P(PF_3 = 1) = \frac{1}{1+\sum_{j=1}^{2} e^{X\beta_j}}$
5	0,480	0,440	0,078
10	0,455	0,468	0,086
15	0,410	0,495	0,093
20	0,377	0,521	0,101
25	0,344	0,545	0,109
30	0,313	0,569	0,117
35	0,289	0,590	0,125
40	0,256	0,610	0,133
45	0,230	0,628	0,141
50	0,206	0,645	0,149

In **Tabelle 6.15** ist die Zahl der Kinder in den verschiedenen Altersklassen systematisch variiert worden. Zum Vergleich sind die Wahrscheinlichkeiten, wenn keine Kinder im Haushalt leben, angegeben. Es ist festzustellen, daß sich die Wahrscheinlichkeit, voll- bzw. teilerwerbstätig zu sein, stark reduziert, je jünger die Kinder und um so größer ihre Anzahl ist. Sind die Kinder älter, erhöht sich die Wahrscheinlichkeit, erwerbstätig zu sein (der Anteil nichterwerbstätiger Frauen sinkt). Im Vergleich – zu einem Haushalt ohne Kinder – erhöht sich die Wahrscheinlichkeit, teilerwerbstätig zu sein, während die Wahrscheinlichkeit, vollerwerbstätig zu sein, geringer ist als in einem Haushalt ohne Kinder.

Tabelle 6.15 Das MULTINOMIALE LOGIT-Modell – Prognose der Wahrscheinlichkeit vollerwerbstätig, teilerwerbstätig oder nichterwerbstätig zu sein in Abhängigkeit von der Zahl und dem Alter der im Haushalt lebenden Kinder

Anzahl der Kinder im Haushalt	Vollerwerbstätig $P(PF_1 = 1)$ $\frac{e^{X\beta_1}}{1+\sum_{j=1}^{2} e^{X\beta_j}}$	Teilerwerbstätig $P(PF_2 = 1)$ $\frac{e^{X\beta_2}}{1+\sum_{j=1}^{2} e^{X\beta_j}}$	Nichterwerbstätig $P(PF_3 = 1)$ $\frac{1}{1+\sum_{j=1}^{2} e^{X\beta_j}}$
keine Kinder	0,377	0,521	0,101
im Alter von 0 bis 6 Jahren			
1	0,106	0,642	0,252
2	0,020	0,547	0,431
3	0,003	0,385	0,611
im Alter von 7 bis 10 Jahren			
1	0,193	0,621	0,184
2	0,084	0,630	0,285
3	0,032	0,572	0,396
im Alter von 11 bis 16 Jahren			
1	0,257	0,611	0,130
2	0,166	0,675	0,158
3	0,102	0,713	0,183

6.7 Zusammenfassung

In den vorstehenden Abschnitten ist das Arbeitsangebotsverhalten verheirateter Frauen in der Bundesrepublik Deutschland statistisch analysiert worden. Die Untersuchung umfaßt verschiedene Dimensionen des Arbeitsangebotes. Einerseits wurde die Erwerbsbeteiligungsfunktion, die Stundenangebotsfunktion und ein Arbeitsangebotsmodell mit fixierten Arbeitszeiten statistisch überprüft. Andererseits wurden die Daten getrennt für Frauen mit deutscher bzw. ausländischer Staatsangehörigkeit untersucht. Daneben wurde eine Bruttostundenlohnfunktion statistisch geschätzt, die einmal einen Einblick in die Bestimmungsgründe des individuellen Lohnsatzes geben sollte und zum anderen dazu verwendet worden ist, für die aktuell Nichterwerbstätigen einen Lohnsatz zu bestimmen, den diese erzielen könnten, sofern sie Arbeit anbieten würden.

Vergleicht man die Ergebnisse der Modellrechnungen zwischen den Teilpopulationen, so ergibt sich, daß die Ausländerinnen mit größerer Wahrscheinlichkeit vollzeitbeschäftigt sind als die deutschen Frauen. Von den n=1838 verheirateten Frauen mit deutscher Staatsbürgerschaft sind 735 erwerbstätig, von denen 298 Frauen vollerwerbstätig sind. Dies entspricht einem Anteil von 40,5 % an der Gesamtzahl der erwerbstätigen Frauen mit deutscher Staatsangehörigkeit. Bei den Ausländerinnen beträgt der Anteil vollerwerbstätiger verheirateter Frauen in der Gruppe der Erwerbstätigen 84,9 %.

Auch bei den Bestimmungsgründen für die Erwerbstätigkeit zeigen sich deutliche Differenzen zwischen den Frauen mit deutscher und ausländischer Staatsangehörigkeit. Unterschiede zeigen sich insbesondere in bezug auf das Alter, die Haushaltszusammensetzung, das Nettoeinkommen des Ehegatten und die Variable, die die Arbeitslosigkeit des Ehemanns erfaßt. Daneben ergibt sich eine deutliche Differenz zwischen den Teilstichproben im Einfluß der subjektiven Zufriedenheit mit des häuslichen Tätigkeit auf die Erwerbsbeteiligung.

Die Analyse der Bruttostundenlohnfunktion zeigt, daß die Höhe des am Markt erzielten Lohnsatzes der verheirateten Frauen mit deutscher Staatsangehörigkeit besonders durch die Schul- und Berufsausbildung und die Berufserfahrung sowie die Zahl der pro Woche gearbeiteten Arbeitsstunden beeinflußt wird. Weiterhin ergeben sich signifikante Unterschiede in der Entlohnung für die derzeit ausgeübten Tätigkeiten. Regionale Merkmale sind für die Entlohnung von untergeordneter Bedeutung.

Signifikante Unterschiede in der Entlohnung konnten für die Ausländerinnen nur für die Zahl der pro Woche gearbeiteten Arbeitsstunden und für die derzeit ausgeübte Tätigkeit festgestellt werden. Die Variablen, die die Berufserfahrung approximieren, sind im Gegensatz zu denen der deutschen Frauen nichtsignifikant.

Für verheiratete bundesdeutsche Frauen wurde neben der Erwerbsbeteiligungsfunktion eine Stundenangebotsfunktion statistisch überprüft. Zum einen bezog sich die Analyse auf das Stundenangebot der aktuell erwerbstätigen Frauen (zweistufiges HECKMANN-Verfahren); ferner wurde eine simultane Bestimmung der Erwerbswahrscheinlichkeit und des Stundenangebotes vorgenommen (TOBIT-Ansatz) und schließlich wurde ein Wahrscheinlichkeitsmodell spezifiziert, in dem die Optionen Vollerwerbstätigkeit, Teilerwerbstätigkeit und Nichterwerbstätigkeit vorliegen.

Die Schulbildung besitzt nur einen geringen Einfluß auf die Erwerbsbeteiligungswahrscheinlichkeit. Weiterhin hat die Schulbildung keinen signifikanten Einfluß auf das Stundenangebot. Von besonderer Bedeutung für die Erwerbsbeteiligung und das Stundenangebot sind von den Berufsbildungsabschlüssen die Schule des Gesundheitswesens und ein Universitätsabschluß. Der Besuch einer Schule des Gesundheitswesens erhöht signifikant die Erwerbsbeteiligungswahrscheinlichkeit und das Stundenangebot, während ein Universitätsabschluß keinen Einfluß auf das Stundenangebot ausübt, aber hochsignifikant die Erwerbsbeteiligungswahrscheinlichkeit steigert.

Die Erwerbsbiographie hat signifikanten Einfluß auf das Arbeitsangebotsverhalten. Die Wahrscheinlichkeit, erwerbstätig zu sein, erhöht sich, je größer die Zahl der Jahre mit Vollerwerbstätigkeit ist. Ebenfalls signifikant steigt die Zahl der pro Woche gearbeiteten Arbeitsstunden, je größer die Zahl der Jahre mit Vollerwerbstätigkeit ist. Der vorgenannte Zusammenhang gilt auch für die Variable Jahre mit Teilerwerbstätigkeit. Eine signifikante Veränderung für die Höhe des Stundenangebotes ist allerdings nicht gegeben.

Die Partizipationswahrscheinlichkeit wird signifikant durch die ausgeübte Tätigkeit beeinflußt. Statistisch gesicherte Unterschiede im Stundenangebot zwischen den verschiedenen Tätigkeiten bestehen nicht. Dieses ergibt sich auch für das Arbeitsangebotsmodell mit fixierten Arbeitszeiten. Die zu den logarithmierten Wahrscheinlichkeitsverhältnissen (Vollerwerbstätigkeit vs. Nichterwerbstätigkeit bzw. Teilerwerbstätigkeit vs. Nichterwerbstätigkeit) zugehörigen Koeffizientenschätzwerte sind positiv, während die Parameterschätzwerte des Wahrscheinlichkeitsverhältnisses Vollerwerbstätigkeit vs. Teilerwerbstätigkeit nichtsignifikant von Null verschieden sind.

Mit zunehmendem Alter reduziert sich sowohl die Erwerbsbeteiligungswahrscheinlichkeit als auch die Höhe des Arbeitsangebotes signifikant.

Weiterhin erweist sich die subjektive Zufriedenheit mit dem Haushaltseinkommen in allen Modellen als nichtsignifikant. Mit steigenden Werten der ordinalskalierten Variable subjektive Zufriedenheit mit der häuslichen Tätigkeit reduziert sich sowohl die Erwerbsbeteiligungswahrscheinlichkeit als auch das Stundenangebot. Dieser Zusammenhang wird durch das Modell mit fixierten Arbeitszeiten nachdrücklich bestätigt.

Gesundheitliche Beeinträchtigungen führen zu einer signifikanten Reduzierung der Erwerbsbeteiligungswahrscheinlichkeit. Besteht hingegen ein Arbeitsverhältnis, so führt ein schlechter Gesundheitszustand zu keiner Reduktion der Arbeitszeit.

Von den Merkmalen des Ehemanns erweist sich die Arbeitslosigkeit und das monatliche Nettoeinkommen als signifikant. Die Arbeitslosigkeit des Ehegatten reduziert nicht nur die Erwerbsbeteiligungswahrscheinlichkeit, sondern auch das Stundenangebot der erwerbstätigen Frauen. Ebenso reduziert sich die Partizipationswahrscheinlichkeit und auch das Stundenangebot mit steigendem Nettoeinkommen des Ehemanns.

Die Zahl der Kinder im Haushalt reduziert die Erwerbsbeteiligung signifikant. Ebenfalls signifikant reduziert sich das Arbeitsangebot für die Erwerbstätigen, wenn Kinder im Haushalt leben. Mit zunehmendem Alter der Kinder nimmt der negative Effekt ab, er bleibt jedoch signifikant von Null verschieden. Diese Ergebnisse werden durch das Modell mit fixierten Arbeitszeiten bestätigt. Dort zeigt sich, daß je jünger die Kinder sind, um so eher die Nichterwerbstätigkeit gewählt wird.

Mit steigendem Bruttostundenlohn reduziert sich das Arbeitsangebot der Erwerbstätigen signifikant, während für die Erwerbsbeteiligungswahrscheinlichkeit (TOBIT-Modell) kein signifikanter Einfluß festgestellt werden kann.

Zusammenfassend ist festzustellen, daß die ökonomischen Faktoren zwar einen bedeutenden Einfluß auf das Erwerbsverhalten insbesondere der verheirateten Frauen mit deutscher Staatsangehörigkeit besitzen, aber nicht dominant sind. Nicht-ökonomische Faktoren, wie die Haushaltszusammensetzung, die subjektive Zufriedenheit mit der häuslichen Tätigkeit und das Alter, besitzen entscheidenden Einfluß auf das Arbeitsangebotsverhalten der verheirateten deutschen Frauen, während die Schul- und Berufsausbildung (bis auf wenige Ausnahmen) und regionale Einflußfaktoren sowie die soziale Herkunft von untergeordneter Bedeutung für das Erwerbsverhalten sind.

Deutliche Unterschiede im Arbeitsangebotsverhalten bestehen zwischen den verheirateten deutschen Frauen und den verheirateten ausländischen Frauen. Die Differenzen sind insbesondere für die Nichterwerbseinkommenskomponenten, die Haushaltszusammensetzung und das Alter gegeben.

Kapitel 7

Zusammenfassung

Das Ziel der vorliegenden Arbeit war es

- die Einflußfaktoren für das Arbeitsangebotsverhalten verheirateter Frauen in der Bundesrepublik Deutschland zu bestimmen und

- zu untersuchen, ob zwischen verheirateten Frauen mit deutscher Staatsangehörigkeit und Frauen mit ausländischer Staatsbürgerschaft Unterschiede im Erwerbsverhalten und bei den das Erwerbsverhalten bestimmenden Faktoren bestehen.

Im **zweiten Kapitel** wurde die Entwicklung der Erwerbsquoten verschiedener demographischer Gruppen für den Zeitraum 1965 - 1984 dargestellt. Es zeigte sich, daß die Erwerbsquoten der Männer und der ledigen Frauen leicht rückläufig sind, während der Anteil erwerbstätiger verheirateter Frauen über den gesamten Zeitraum angestiegen ist. Als ursächlich für den Rückgang bei den Männern und den ledigen Frauen erwies sich dabei ein späterer Start in das und ein früheres Ausscheiden aus dem Erwerbsleben. Für die verheirateten Frauen ist ebenfalls eine Abnahme der Erwerbsquote in den Randklassen festzustellen. Der Rückgang der Erwerbsquote für die "jüngeren" bzw. "älteren" Frauen wurde überkompensiert durch die Zunahme der Erwerbstätigkeit der Frauen zwischen 30 und 55 Jahren, so daß insgesamt die Erwerbsquote der verheirateten Frauen von 36,8 % (1965) auf 47,5 % (1984) anstieg.[1]

[1] Im Jahre 1989 betrug die Erwerbsquote der verheirateten Frauen 49,9 %. Die für den Zeitraum 1965 - 1984 zu beobachtende Zunahme der Erwerbstätigkeit hat sich über diesen Zeitraum hinaus fortgesetzt. Vgl. HEIDENREICH H.-J. (1990):, *Erwerbstätigkeit im April 1989 - Ergebnisse des Mikrozensus.* In: Wirtschaft und Statistik, S. 451 - 465, S. 455.

Es konnte gezeigt werden, daß die Entwicklung der Erwerbsquote der verheirateten Frauen in der Bundesrepublik Deutschland keine nationale Besonderheit darstellt, sondern in anderen Industriestaaten ähnliche Tendenzen zu beobachten waren.

Im **dritten Kapitel** wurde die mikroökonomische Theorie der optimalen Allokation der einem Individuum zur Verfügung stehenden Zeit auf Arbeitszeit und Freizeit dargestellt. Ausgehend vom Nutzenmaximierungsmodell, in dem Substitutionsmöglichkeiten zwischen Konsum und Freizeit bestehen, wurde die Wirkung von Lohnsatzänderungen auf das Arbeitsangebot diskutiert. Es zeigte sich, daß Lohnsatzänderungen sowohl einen negativen als auch einen positiven Einfluß auf das Arbeitsangebot besitzen können. Die Einführung einer Nichterwerbseinkommenskomponente wurde anschließend erörtert. Durch das Nichterwerbseinkommen ergab sich eine weitere Dimension des Arbeitsangebotes. Konnte im Modell ohne Nichterwerbseinkommen nur eine positive Stundenzahl realisiert werden, so führt das Nichterwerbseinkomen dazu, daß – sofern das Nichterwerbseinkommen das Existenzminimum überschreitet – das Individuum entscheiden kann, ob es am Arbeitsmarkt partizipieren möchte der nicht.

Weiterhin wurde beachtet, daß institutionelle Regelungen dazu führen, daß nicht jeder Punkt auf der Budgetrestriktion realisiert werden kann. Aus diesem Grund wurde das Nutzenmaximierungsmodell so modifiziert, daß nur einzelne Punkte auf der Budgetrestriktion gewählt werden können, die durch die Alternativen Vollerwerbstätigkeit, Teilerwerbstätigkeit und Nichterwerbstätigkeit definiert sind.

Im **vierten Kapitel** wurde aus dem ökonomischen Modell ein ökonometrisches Modell abgeleitet, das geeignet ist, die verschiedenen Dimensionen des Arbeitsangebotes statistisch zu analysieren.

Unter Berücksichtigung der Tatsache, daß verschiedene Personen eine unterschiedliches Arbeitsangebot aufweisen können, auch wenn die Werte der erklärenden Faktoren identisch sind, wurde eine Störkomponente in das Nutzenmaximierungsmodell eingeführt, und da auf das Arbeitsangebot nicht nur monetäre Größen Einfluß nehmen, ist das Modell um einen Vektor mit sozio-ökonomischen Faktoren erweitert worden.

Das statistisch zu überprüfende Modell besteht unter Berücksichtigung der im **dritten Kapitel** erörterten verschiedenen Dimensionen des Arbeitsangebotes aus:

- einer Partizipationsfunktion,
- einer Stundenangebotsfunktion und

- einer Funktion mit fixierten Arbeitszeiten.

Daneben bestand die Notwendigkeit, da für alle aktuell Nichterwerbstätigen kein Marktlohnsatz dokumentiert sein kann und auf den Lohnsatz als erklärende Variable des Arbeitsangebotes nicht verzichtet werden sollte, eine Bruttostundenlohnfunktion zu bestimmen. Diese wurde verwendet um Schätzwerte für den Bruttostundenlohn zu ermitteln, den die aktuell Nichterwerbstätigen aufgrund ihrer individuellen Fähigkeiten am Markt erzielen könnten, sofern sie Arbeit anbieten würden.

Im **fünften Kapitel** wurden ökonometrische Methoden vorgestellt, die die auftretenden Besonderheiten der endogenen Variablen der verschiedenen Gleichungen adäquat erfassen.

Für die Erwerbsbeteiligungsfunktion wurde das PROBIT-Modell vorgestellt, da die endogene Variable binär und nominalskaliert ist und die Linearitätsannahme des klassischen linearen Regressionsmodells nicht aufrecht erhalten werden kann.

Die endogene Variable der Stundenangebotsfunktion und der Bruttostundenlohnfunktion sind in ihrem Wertebereich eingeschränkt und die Anwendung des KQ-Verfahrens führt zu verzerrten und inkonsistenten Schätzwerten. Als Alternativen wurden das zweistufige HECKMANN-Verfahren und die TOBIT-Analyse vorgestellt, die konsistente und im Fall des TOBIT-Ansatzes asymptotisch effiziente Schätzwerte für die unbekannten Regressionsparameter ermitteln.

Schließlich besitzt die endogene Variable des Arbeitsangebotsmodells mit fixierten Arbeitszeiten drei nominalskalierte Ausprägungen. Zur statistischen Analyse eignet sich das MULTINOMIALE-LOGIT-Modell, welches ebenfalls vorgestellt wurde. Anschließend wurden Testverfahren zur Überprüfung der Signifikanz vorgestellt und abschließend wurden zwei Verfahren zur Multikollinearitätsdiagnose erörtert.

Im **sechsten Kapitel** wurde das ökonometrische Modell mit aktuellen Mikrodaten aus dem Sozio-ökonomischen Panel der Jahre 1984 - 1986 statistisch überprüft. Zusätzlich wurde eine regionale Arbeitslosenquote als erklärender Faktor für das Arbeitsangebotsverhalten aufgenommen. Die regionale Arbeitslosenquote kann als Indikator für die regionale Arbeitsmarktlage interpretiert werden.

Die Erwerbsbeteiligungsanalyse getrennt nach den Staatsbürgerschaften der in die Untersuchung einbezogenen verheirateten Frauen zeigte, daß zwischen verheirateten Frauen mit deutscher Staatsbürgerschaft und Frauen mit ausländischer Staatsbürgerschaft identische Einflußfaktoren unterschiedliche Bedeutung für das Erwerbsverhalten aufweisen.

Inhaltlich lassen sich die Ergebnisse wie folgt zusammenfassen:

1. Für die deutschen Frauen ist die Schulbildung von untergeordneter Bedeutung für die Wahrscheinlichkeit, erwerbstätig zu sein.

2. Je qualifizierter der Berufsausbildungsabschluß der deutschen Frauen ist, um so höher ist die Wahrscheinlichkeit, erwerbstätig zu sein. Als signifikant erwiesen sich der Ausbildungsabschluß Schule des Gesundheitswesens und ein Universitätsstudium.

3. Die Berufserfahrung hat sowohl für die deutschen als auch für die ausländischen verheirateten Frauen einen signifikanten Einfluß auf die Erwerbswahrscheinlichkeit. Je größer die Berufserfahrung, um so eher ist eine Frau erwerbstätig.

4. Mit steigendem Lebensalter nimmt bei den verheirateten Frauen mit deutscher Staatsangehörigkeit die Wahrscheinlichkeit, erwerbstätig zu sein, ab, während die Wahrscheinlichkeit, erwerbstätig zu sein, bei den ausländischen Frauen vom Lebensalter unabhängig ist.

5. Je mehr eine verheiratete deutsche Frau subjektiv mit der häuslichen Tätigkeit zufrieden ist, um so kleiner wird die Wahrscheinlichkeit, erwerbstätig zu sein. Für die ausländischen Frauen ist die subjektive Zufriedenheit mit der häuslichen Tätigkeit bedeutungslos für die Erwerbsbeteiligungswahrscheinlichkeit.

6. Gesundheitliche Beeinträchtigungen reduzieren sowohl bei den deutschen als auch bei den ausländischen Frauen die Wahrscheinlichkeit, erwerbstätig zu sein.

7. Die soziale Herkunft der deutschen Frauen hat keinen signifikanten Einfluß auf die Wahrscheinlichkeit, erwerbstätig zu sein.

8. Die berufliche Tätigkeit des Ehemannes ist bedeutungslos für die Wahrscheinlichkeit einer Erwerbstätigkeit nachzugehen.

9. Die Arbeitslosigkeit des Ehemannes führt bei deutschen Frauen zu einer signifikanten Reduzierung der Wahrscheinlichkeit, erwerbstätig zu sein. Zusammen mit dem negativen Einfluß der regionalen Arbeitslosenquote kann für die deutschen Frauen festgestellt werden, daß ein Entmutigungseffekt besteht. Für die ausländischen Frauen sind beide Einflußfaktoren ohne Bedeutung für die Erwerbsbeteiligung.

10. Die Erwerbsbeteiligungswahrscheinlichkeit reduziert sich bei den deutschen Frauen statistisch gesichert in Abhängigkeit der Anzahl und

dem Alter der Kinder. Die Wahrscheinlichkeit, erwerbstätig zu sein, sinkt um so mehr, je kleiner die Kinder und umso größer ihre Anzahl ist.

11. Mit steigendem Nichterwerbseinkommen reduziert sich die Erwerbsbeteiligungswahrscheinlichkeit bei den deutschen Frauen signifikant, während für die ausländischen Frauen nichtsignifikante Ergebnisse vorliegen.

12. Regionale Merkmale haben weder bei den deutschen Frauen noch bei den ausländischen Frauen einen signifikanten Einfluß auf die Wahrscheinlichkeit, erwerbstätig zu sein.

Es zeigt sich, daß durch eine andere als die deutsche Staatsbürgerschaft nicht nur – wie in den bisher vorgelegten Untersuchungen unterstellt – eine Niveauverschiebung der Wahrscheinlichkeit, erwerbstätig zu sein, vorliegt, sondern identische Bestimmungsfaktoren unterschiedlichen Einfluß auf die Wahrscheinlichkeit, erwerbstätig zu sein, besitzen.

Die Überprüfung der Stundenangebotsfunktion ist nur für die deutschen verheirateten Frauen durchgeführt worden, da bei den Ausländerinnen nur eine geringe Streuung für die geleisteten Arbeitsstunden vorliegt und eine ausreichende Analyse des Erwerbsverhaltens durch die Erwerbsbeteilungsfunktion gegeben ist. Zum einen ist eine Stundenangebotsfunktion auf der Basis der Erwerbstätigen statistisch überprüft worden und zum anderen ist eine simultane Bestimmung der Einflußfaktoren auf die Erwerbsbeiteiligung und das Stundenangebot auf der Basis aller Beobachtungen für verheiratete bundesdeutsche Frauen vorgenommen worden.

Die erzielten Ergebnisse lassen sich wie folgt zusammenfassen:

1. Unterschiedliche Schulabschlüsse sind für das Stundenangebot von untergeordneter Bedeutung.

2. Verschiedene Berufsausbildungsabschlüsse besitzen einen signifikanten Einfluß auf das Stundenangebot der erwerbstätigen Frauen. Es konnte nicht festgestellt werden, daß mit einem höheren Berufsausbildungsabschluß auch ein höheres Stundenangebot verbunden ist.

3. Die Erwerbsbiographie ist nur insofern von Bedeutung für das Stundenangebot, als daß mit zunehmender Berufserfahrung die Zahl der pro Woche geleisteten Arbeitsstunden zunimmt.

4. Während zwischen den ausgeübten Tätigkeiten keine signifikanten Unterschiede bei den Arbeitsstunden der Erwerbstätigen festgestellt

wurden, ist die ausgeübte Tätigkeit im TOBIT-Modell dominierend für die Erwerbsbeteiligungswahrscheinlichkeit und die Höhe des Stundenangebotes.

5. Mit zunehmenden Alter reduziert sich das Stundenangebot signifikant.

6. Eine wachsende subjektive Zufriedenheit mit der häuslichen Tätigkeit reduziert nicht nur die Wahrscheinlichkeit, erwerbstätig zu sein, sondern auch das Stundenangebot der Erwerbstätigen.

7. Die zunehmende Zahl und das Alter der in einem Haushalt lebenden Kinder reduziert über alle Alterklassen das Stundenangebot signifikant. Wie schon für die Erwerbsbeteiligungsanalyse dargestellt, nimmt der negative Effekt ab, je älter die Kinder werden.

8. Das Nichterwerbseinkommen reduziert das Stundenangebot signifikant. Insbesondere führt ein höheres Nettoeinkommen des Ehemanns sowohl zu einer Reduzierung der Wahrscheinlichkeit, erwerbstätig zu sein, als auch zu einer Reduzierung des Stundenangebotes.

9. Regionale Faktoren sind von untergeordneter Bedeutung für die Höhe des Arbeitsangebotes.

10. Mit steigendem Bruttostundenlohn reduziert sich das Arbeitsangebot der Erwerbstätigen während der Bruttostundenlohn für die Wahrscheinlichkeit, erwerbstätig zu sein, bedeutungslos ist.

Zum Abschluß der statistischen Überprüfung des Arbeitsangebotes verheirateter Frauen mit deutscher Staatsangehörigkeit wurde ein Modell mit fixierten Arbeitszeiten statistisch überprüft. Die ermittelten Ergebnisse stimmen in der Tendenz mit den Ergebnissen der Erwerbsbeteiligungsanalyse und den Ergebnissen des Stundenangebots mit vollständig flexiblen Arbeitszeiten überein. Die Unterschiede können wie folgt zusammengefaßt werden:

1. Mit steigender Zahl der Kinder reduziert sich die Wahrscheinlichkeit, vollerwerbstätig zu sein. Der Rückgang der Wahrscheinlichkeit, vollerwerbstätig zu sein, geht nicht einher mit einer gleich starken Zunahme der Wahrscheinlichkeit, nichterwerbstätig zu sein sondern führt auch zu einer Erhöhung der Wahrscheinlichkeit, teilzeitbeschäftigt zu sein.

2. Eine Erhöhung des Nettoeinkommens des Ehemanns führt zu einer Zunahme der Wahrscheinlichkeit, teilerwerbstätig zu sein, und nur

im geringen Maße zu einer Zunahme der Wahrscheinlichkeit, nichterwerbstätig zu sein.

3. Mit steigendem Lohnsatz wird eine Teilerwerbstätigkeit der Vollerwerbstätigkeit und auch der Nichterwerbstätigkeit vorgezogen.

Zusammenfassend kann festgestellt werden, daß monetäre Einflußfaktoren zwar einen signifikanten Einfluß auf das Erwerbsverhalten für die hier vorgestellten verschiedenen Dimensionen des Arbeitsangebotes besitzen, aber nicht dominieren. Einen bedeutenden Einfluß auf das Arbeitsangebot besitzen nicht-ökonomosiche Faktoren wie die Haushaltszusammmensetzung, das Alter, die subjektive Zufriedenheit mit der häuslichen Tätigkeit und die Erwerbsbiographie. Weiterhin kann festgestellt werden, daß in den verschiedenen Teilpopulationen der verheirateten Frauen identische Einflußfaktoren unterschiedliches Gewicht besitzen.

Die in der vorliegenden Untersuchung erzielten Ergebnisse zur Bestimmung der Einflußfaktoren auf das individuelle Arbeitsangebot verheirateter Frauen zeigen, daß das ökonomische Modell nur eine unzureichende Analyse des Arbeitsangebotes darstellt und nicht-ökonomische Faktoren größeren Einfluß auf das Erwerbsverhalten aufweisen als die ökonomischen Faktoren.

Abschließend sei darauf hingewiesen, daß die vorgenommene Untersuchung rein statischer Art ist und daß Rationierungsphänomene vernachlässigt worden sind. Einerseits bedeutet dies, daß das Erwerbsverhalten nur als vom aktuellen Einkommen bzw. Nichterwerbseinkommen abhängig betrachtet wurde. In der Realität dürfte aber das heutige Arbeitsangebot von dem vergangenen und vom zukünftig erwarteten Einkommen mit abhängig sein. Andererseits kann die realisierte Arbeitsmenge durch Rationierungen der Arbeitsnachfrager bestimmt sein. In der vorliegenden Untersuchung wurde aber angenommen, daß die gewünschte Arbeitsmenge realisiert werden kann.

ANHANG

Anhang A

Deskriptive Statistiken

A.1 Der Gesamtdatenbestand $n = 2543$

Variable	Mittelwert	Standardabweichung	Varianz	Min.	Max.
endogene Variablen					
H	12.5824	17.3365	300.55	0.00	95.00
PA	0.3999	0.4900	0.24	0.00	1.00
PF	2.3854	0.8164	0.66	1.00	3.00
Schulausbildung					
R	0.1589	0.3656	0.13	0.00	1.00
FH	0.0161	0.1260	0.01	0.00	1.00
A	0.0405	0.1972	0.03	0.00	1.00
Berufsausbildung					
L	0.3189	0.4661	0.21	0.00	1.00
SG	0.0291	0.1681	0.02	0.00	1.00
MS	0.0212	0.1442	0.02	0.00	1.00
B	0.0098	0.0987	0.00	0.00	1.00
FA	0.0153	0.1229	0.01	0.00	1.00
UA	0.0204	0.1416	0.02	0.00	1.00
Erwerbsbiografie					
VE	9.3488	8.8125	77.66	0.00	44.00
VE2	1.6503	2.8503	8.12	0.00	19.36
TE	2.8392	5.4610	29.82	0.00	37.00
MA	2.3956	7.0881	50.24	0.00	96.00
ausgeübte Tätigkeit					
ARB	0.2013	0.4011	0.16	0.00	1.00
SEL	0.0240	0.1530	0.02	0.00	1.00
ANG	0.2147	0.4107	0.17	0.00	1.00
BEA	0.0090	0.0947	0.01	0.00	1.00
Alter					
AL	41.2021	11.1103	123.43	18.00	63.00
AL2	18.2101	9.4192	88.72	3.24	39.69

Fortsetzung Anhang A.1					
Variable	Mittel-wert	Standard-abweichung	Varianz	Min.	Max.
subjektive Zufriedenheit					
ZE	6.6980	2.4843	6.17	0.00	10.00
ZH	7.3284	2.1746	4.72	0.00	10.00
Gesundheit					
AS	0.0562	0.2304	0.05	0.00	1.00
CB	0.2804	0.4493	0.20	0.00	1.00
soziale Herkunft					
ARBV	0.3232	0.4678	0.21	0.00	1.00
ANGV	0.0810	0.2729	0.07	0.00	1.00
BEAV	0.0562	0.2304	0.05	0.00	1.00
SELV	0.1290	0.3352	0.11	0.00	1.00
Merkmale des Ehemanns					
ARBM	0.5655	0.4958	0.24	0.00	1.00
SELM	0.0708	0.2565	0.06	0.00	1.00
BEAM	0.1007	0.3009	0.09	0.00	1.00
ALOS	0.0334	0.1798	0.03	0.00	1.00
Haushaltsmerkmale					
K06	0.3248	0.6176	0.38	0.00	4.00
K710	0.2757	0.5445	0.29	0.00	3.00
K1116	0.4247	0.6977	0.48	0.00	5.00
PPH	0.0263	0.1602	0.02	0.00	1.00
Nichterwerbseinkommen					
NM	20.3437	13.2878	176.56	0.00	190.00
WR	0.0187	0.4045	0.16	0.00	11.85
ZD	3.4417	25.4920	649.84	0.00	600.00
Regionale Merkmale					
RE2	0.1046	0.3061	0.09	0.00	1.00
RE3	0.2646	0.4412	0.19	0.00	1.00
AREG	8.8548	2.1773	4.74	5.50	13.70
Sonstige Variablen					
$\hat{\lambda}$	0.7022	0.5740	0.32	0.00	2.68
H2	458.7530	784.1166	614838.88	0.00	9025.00
$ln\hat{w}$	2.3589	0.3485	0.12	-0.33	4.37

A.2 Frauen mit deutscher Staatsangehörigkeit $n = 1838$

Variable	Mittelwert	Standardabweichung	Varianz	Min.	Max.
endogene Variablen					
H	11.0941	16.3029	265.78	0.00	95.00
PA	0.3808	0.4857	0.23	0.00	1.00
PF	2.4750	0.7568	0.57	1.00	3.00
Schulausbildung					
R	0.2084	0.4063	0.16	0.00	1.00
FH	0.0218	0.1459	0.02	0.00	1.00
A	0.0544	0.2269	0.05	0.00	1.00
Berufsausbildung					
L	0.4412	0.4967	0.24	0.00	1.00
SG	0.0403	0.1966	0.03	0.00	1.00
MS	0.0294	0.1689	0.02	0.00	1.00
B	0.0136	0.1159	0.01	0.00	1.00
FA	0.0212	0.1442	0.02	0.00	1.00
UA	0.0283	0.1658	0.02	0.00	1.00
Erwerbsbiografie					
VE	9.4499	8.8052	77.53	0.00	44.00
VE2	1.6679	2.9570	8.74	0.00	19.36
TE	3.2220	5.8002	33.64	0.00	37.00
MA	1.9597	5.6982	32.46	0.00	72.00
ausgeübte Tätigkeit					
ARB	0.1915	0.3936	0.15	0.00	1.00
SEL	0.0288	0.1674	0.03	0.00	1.00
ANG	0.2824	0.4503	0.20	0.00	1.00
BEA	0.0120	0.1088	0.01	0.00	1.00
Alter					
AL	42.3390	11.4991	132.22	19.00	63.00
AL2	19.2474	9.8875	97.76	3.61	39.69
subjektive Zufriedenheit					
ZE	6.8395	2.3898	5.71	0.00	10.00
ZH	7.2432	2.1519	4.63	0.00	10.00

Fortsetzung Anhang A.2					
Variable	Mittelwert	Standardabweichung	Varianz	Min.	Max.
Gesundheit					
AS	0.0680	0.2518	0.06	0.00	1.00
CB	0.2987	0.4578	0.20	0.00	1.00
soziale Herkunft					
ARBV	0.4369	0.4961	0.24	0.00	1.00
ANGV	0.1088	0.3115	0.09	0.00	1.00
BEAV	0.0773	0.2671	0.07	0.00	1.00
SELV	0.1757	0.3807	0.14	0.00	1.00
Merkmale des Ehemanns					
ARBM	0.4374	0.4962	0.24	0.00	1.00
SELM	0.0822	0.2747	0.07	0.00	1.00
BEAM	0.1366	0.3435	0.11	0.00	1.00
ALOS	0.0250	0.1563	0.02	0.00	1.00
Haushaltsmerkmale					
K06	0.2666	0.5645	0.31	0.00	4.00
K710	0.2122	0.4743	0.22	0.00	3.00
K1116	0.3640	0.6293	0.39	0.00	4.00
PPH	0.0250	0.1563	0.02	0.00	1.00
Nichterwerbseinkommen					
NM	21.2599	14.1948	201.49	0.00	170.00
WR	0.0259	0.4756	0.22	0.00	11.85
ZD	4.5760	29.7991	887.98	0.00	600.00
Regionale Merkmale					
RE2	0.1132	0.3169	0.10	0.00	1.00
RE3	0.3020	0.4592	0.21	0.00	1.00
AREG	9.0372	2.1180	4.48	5.50	13.70
Sonstige Variablen					
$\hat{\lambda}$	0.6634	0.5383	0.28	0.00	2.68
H2	388.7198	752.8462	566777.44	0.00	9025.00
$ln\hat{w}$	2.3764	0.3760	0.14	-0.33	4.37

A.3 Frauen mit ausländischer Staatsangehörigkeit $n = 705$

Variable	Mittelwert	Standardabweichung	Varianz	Min.	Max.
		endogene Variablen			
H	16.4624	19.2575	370.85	0.00	85.00
PA	0.4496	0.4978	0.24	0.00	1.00
PF	2.1986	0.9295	0.86	1.00	3.00
		Schulausbildung			
R	0.0298	0.1701	0.02	0.00	1.00
FH	0.0014	0.0377	0.00	0.00	1.00
A	0.0043	0.0651	0.00	0.00	1.00
		Berufsausbildung			
L	0.0000	0.0000	0.00	0.00	0.00
SG	0.0000	0.0000	0.00	0.00	0.00
MS	0.0000	0.0000	0.00	0.00	0.00
B	0.0000	0.0000	0.00	0.00	0.00
FA	0.0000	0.0000	0.00	0.00	0.00
UA	0.0000	0.0000	0.00	0.00	0.00
		Erwerbsbiografie			
VE	9.0851	8.8322	78.00	0.00	41.00
VE2	1.6044	2.5528	6.51	0.00	16.81
TE	1.8411	4.3032	18.51	0.00	28.00
MA	3.5319	9.7414	94.89	0.00	96.00
		ausgeübte Tätigkeit			
ARB	0.2270	0.4192	0.18	0.00	1.00
SEL	0.0133	0.1060	0.01	0.00	1.00
ANG	0.0383	0.1921	0.04	0.00	1.00
BEA	0.0014	0.0377	0.00	0.00	1.00
		Alter			
AL	38.2383	9.4079	88.50	18.00	63.00
AL2	15.5055	7.4243	55.12	3.24	39.69
		subjektive Zufriedenheit			
ZE	6.3291	2.6819	7.19	0.00	10.00
ZH	7.5504	2.2190	4.92	0.00	10.00

Fortsetzung Anhang A.3					
Variable	Mittel-wert	Standard-abweichung	Varianz	Min.	Max.
Gesundheit					
AS	0.0255	0.1578	0.02	0.00	1.00
CB	0.2326	0.4228	0.17	0.00	1.00
soziale Herkunft					
ARBV	0.0270	0.1621	0.02	0.00	1.00
ANGV	0.0085	0.0919	0.00	0.00	1.00
BEAV	0.0014	0.0377	0.00	0.00	1.00
SELV	0.0071	0.0840	0.00	0.00	1.00
Merkmale des Ehemanns					
ARBM	0.8993	0.3012	0.09	0.00	1.00
SELM	0.0411	0.1987	0.03	0.00	1.00
BEAM	0.0071	0.0840	0.00	0.00	1.00
ALOS	0.0553	0.2288	0.05	0.00	1.00
Haushaltsmerkmale					
K06	0.4766	0.7169	0.51	0.00	4.00
K710	0.4411	0.6676	0.44	0.00	3.00
K1116	0.5830	0.8304	0.68	0.00	5.00
PPH	0.0298	0.1701	0.02	0.00	1.00
Nichterwerbseinkommen					
NM	17.9551	10.1916	103.86	0.00	190.00
WR	0.0000	0.0000	0.00	0.00	0.00
ZD	0.4844	4.1529	17.24	0.00	100.00
regionale Merkmale					
RE2	0.0823	0.2750	0.07	0.00	1.00
RE3	0.1674	0.3736	0.13	0.00	1.00
AREG	8.3794	2.2579	5.09	5.50	13.70
sonstige Variablen					
$\hat{\lambda}$	0.8032	0.6474	0.41	0.00	2.64
H2	641.3362	833.6268	694933.56	0.00	7225.00
$ln\hat{w}$	2.3131	0.2582	0.06	0.73	3.52

Anhang B

Multikollinearitätsdiagnose

B.1 Kollinearitätsdiagnose der Erwerbsbeteiligungsfunktion

B.1.1 Verheiratete Frauen mit deutscher Staatsangehörigkeit

B.1.2 Verheiratete Frauen mit ausländischer Staatsangehörigkeit

B.2 Kollinearitätsdiagnose der Lohnsatzfunktion

B.2.1 Verheiratete Frauen mit deutscher Staatsangehörigkeit

B.2.2 Verheiratete Frauen mit ausländischer Staatsangehörigkeit

B.3 Kollinearitätsdiagnose der Stundenangebotsfunktionen für verheiratete Frauen mit deutscher Staatsangehörigkeit

B.3.1 Diagnose auf Basis der erwerbstätigen Frauen

B.3.2 Diagnose auf Basis aller Frauen

Anmerkung 1: Dieser Anhang ist so aufgebaut, daß zunächst die VARIANCE-INFLATION-FACTORS angegeben sind. Daran schließen sich Übersichten der nach der BELSLEY, KUH und WELSCH-Methode erzielten Ergebnisse an.

Anmerkung 2: Alle kollinearen Variablen und die zwischen den Variablen bestehenden Abhängigkeiten sind durch Fettdruck gekennzeichnet.

B.1 Kollinearitätsdiagnose der Erwerbsbeteiligungsfunktion

B.1.1 Verheiratete Frauen mit deutscher Staatsbürgerschaft

VARIANCE-INFLATION-FACTORS

Variable	mit $\hat{\beta}_1$ VIF	ohne $\hat{\beta}_1$ VIF
$\hat{\beta}_1$	**334.07**	-
R	1.71	1.35
FH	1.41	1.38
A	2.26	2.13
L	2.48	1.38
SG	1.18	1.13
MS	1.12	1.08
B	1.51	1.49
FA	1.48	1.45
UA	2.30	2.24
VE	**21.89**	**10.17**
VE2	**12.34**	**9.36**
TE	1.61	1.23
MA	1.21	1.08
ARB	4.92	3.40
SEL	1.84	1.74
ANG	8.26	4.13
BEA	2.68	2.59
AL	**1369.00**	**93.99**
AL2	**448.89**	**93.68**
ZE	**12.01**	1.30
ZH	**14.39**	1.16
AS	1.25	1.16
CB	1.71	1.20
ARBV	3.33	1.87
ANGV	1.69	1.51
BEAV	1.47	1.36
SELV	1.98	1.63
ARBM	2.80	1.57
SELM	1.43	1.31
BEAM	1.49	1.28
ALOS	1.14	1.11
K06	1.80	1.47
K710	1.40	1.16
K1116	1.77	1.33
PPH	1.07	1.04
NM	5.14	1.58
WR	1.02	1.02
ZD	1.08	1.05
RE2	1.22	1.08
RE3	1.70	1.18
AREG	**21.08**	1.09

CONDITION-Indices und Varianzproportionentabelle

CI	$\hat{\beta}_1$	R	FH	A	L	SG	MS
B	FA	UA	VE	VE2	TE	MA	ARB
SEL	ANG	BEA	AL	AL2	ZE	ZH	AS
CB	ARBV	ANGV	BEAV	SELV	ARBM	SELM	BEAM
ALOS	K06	K710	K1116	PPH	NM	WR	ZD
RE2	RE3	AREG					
1.0000	0.0000	0.0009	0.0001	0.0002	0.0012	0.0003	0.0002
0.0001	0.0001	0.0001	0.0002	0.0002	0.0010	0.0007	0.0004
0.0002	0.0004	0.0001	0.0000	0.0000	0.0005	0.0004	0.0005
0.0013	0.0008	0.0004	0.0004	0.0006	0.0010	0.0005	0.0007
0.0001	0.0006	0.0008	0.0010	0.0002	0.0009	0.0000	0.0002
0.0007	0.0012	0.0003					
2.1941	0.0000	0.0006	0.0039	0.0346	0.0011	0.0003	0.0003
0.0170	0.0114	0.0301	0.0001	0.0002	0.0009	0.0004	0.0031
0.0004	0.0000	0.0307	0.0000	0.0000	0.0000	0.0000	0.0009
0.0014	0.0026	0.0066	0.0055	0.0001	0.0055	0.0002	0.0133
0.0014	0.0023	0.0024	0.0001	0.0007	0.0006	0.0002	0.0015
0.0004	0.0000	0.0000					
2.6346	0.0000	0.0374	0.0056	0.0070	0.0104	0.0189	0.0137
0.0066	0.0000	0.0087	0.0010	0.0036	0.0012	0.0050	0.0090
0.0039	0.0081	0.0107	0.0000	0.0000	0.0000	0.0000	0.0112
0.0043	0.0000	0.0138	0.0007	0.0026	0.0027	0.0004	0.0017
0.0023	0.0250	0.0111	0.0008	0.0007	0.0023	0.0027	0.0001
0.0001	0.0004	0.0000					
2.7666	0.0000	0.0033	0.0155	0.0022	0.0016	0.0048	0.0176
0.0049	0.0123	0.0043	0.0006	0.0024	0.0001	0.0013	0.0059
0.0572	0.0000	0.0065	0.0000	0.0000	0.0000	0.0001	0.0005
0.0008	0.0124	0.0015	0.0001	0.0221	0.0129	0.0854	0.0005
0.0012	0.0064	0.0155	0.0000	0.0015	0.0000	0.0038	0.0288
0.0013	0.0002	0.0001					
2.9835	0.0000	0.0196	0.1997	0.0010	0.0051	0.0017	0.0055
0.0007	0.1342	0.0034	0.0001	0.0002	0.0001	0.0218	0.0034
0.0006	0.0010	0.0003	0.0000	0.0000	0.0000	0.0000	0.0032
0.0000	0.0016	0.0007	0.0095	0.0019	0.0037	0.0011	0.0072
0.0192	0.0068	0.0005	0.0006	0.0129	0.0003	0.0001	0.0112
0.0021	0.0003	0.0000					
3.0612	0.0000	0.0083	0.0079	0.0049	0.0010	0.0061	0.0224
0.0157	0.0064	0.0044	0.0008	0.0021	0.0025	0.0016	0.0036
0.0313	0.0027	0.0014	0.0000	0.0000	0.0000	0.0000	0.1215
0.0351	0.0017	0.0023	0.0023	0.0014	0.0017	0.0435	0.0138
0.0059	0.0106	0.0254	0.0123	0.0005	0.0006	0.0118	0.0256
0.0022	0.0274	0.0000					
3.1943	0.0000	0.0004	0.0035	0.0001	0.0014	0.0002	0.0038
0.0024	0.0001	0.0001	0.0045	0.0136	0.0535	0.0687	0.0006
0.0001	0.0004	0.0007	0.0000	0.0000	0.0001	0.0001	0.0159
0.0128	0.0051	0.0004	0.0001	0.0186	0.0000	0.0097	0.0119
0.0098	0.0205	0.0023	0.0339	0.0626	0.0005	0.0390	0.0030
0.0006	0.0032	0.0000					
3.2568	0.0000	0.0066	0.0001	0.0249	0.0004	0.0040	0.0185
0.1406	0.0141	0.0496	0.0000	0.0001	0.0029	0.0436	0.0001
0.0022	0.0002	0.0081	0.0000	0.0000	0.0000	0.0000	0.0149
0.0027	0.0004	0.0015	0.0044	0.0000	0.0003	0.0019	0.0093
0.0004	0.0006	0.0030	0.0184	0.0391	0.0004	0.0080	0.0530
0.0561	0.0375	0.0000					

Fortsetzung Anhang B.1.1

3.3630	0.0000	0.0127	0.0004	0.0027	0.0041	0.0401	0.0177
0.0496	0.0300	0.0016	0.0001	0.0001	0.0013	0.0186	0.0005
0.0159	0.0007	0.0015	0.0000	0.0000	0.0004	0.0001	0.0193
0.0053	0.0001	0.0397	0.0430	0.0001	0.0001	0.0013	0.0005
0.1231	0.0279	0.0071	0.0189	0.1392	0.0031	0.0240	0.0000
0.0018	0.0100	0.0000					
3.4118	0.0000	0.0002	0.0000	0.0053	0.0135	0.1058	0.0020
0.0281	0.0002	0.0091	0.0000	0.0001	0.0037	0.0021	0.0052
0.0023	0.0021	0.0015	0.0000	0.0000	0.0000	0.0000	0.0040
0.0069	0.0001	0.0064	0.0004	0.0003	0.0001	0.0013	0.0010
0.1868	0.0023	0.0176	0.0002	0.0785	0.0007	0.1223	0.0249
0.1068	0.0014	0.0000					
3.4421	0.0000	0.0037	0.0029	0.0003	0.0020	0.1171	0.0852
0.0128	0.0189	0.0000	0.0002	0.0005	0.0052	0.0576	0.0000
0.0010	0.0003	0.0007	0.0000	0.0000	0.0000	0.0000	0.0216
0.0000	0.0030	0.0041	0.1756	0.0122	0.0003	0.0003	0.0040
0.0468	0.0111	0.0007	0.0029	0.0245	0.0002	0.0102	0.0414
0.0393	0.0145	0.0000					
3.5021	0.0000	0.0012	0.0020	0.0043	0.0036	0.2152	0.0557
0.0014	0.0028	0.0003	0.0001	0.0005	0.0001	0.0006	0.0008
0.0010	0.0003	0.0010	0.0000	0.0000	0.0000	0.0000	0.0281
0.0001	0.0000	0.1297	0.1428	0.0026	0.0047	0.0001	0.0329
0.0009	0.0001	0.0023	0.0011	0.0133	0.0003	0.0444	0.0091
0.0158	0.0002	0.0000					
3.5216	0.0000	0.0001	0.0014	0.0000	0.0011	0.0000	0.0561
0.0001	0.0022	0.0001	0.0005	0.0013	0.0611	0.0001	0.0004
0.0344	0.0000	0.0007	0.0000	0.0000	0.0001	0.0000	0.0499
0.0223	0.0037	0.0023	0.0173	0.0677	0.0001	0.0166	0.0077
0.0038	0.0007	0.0009	0.0049	0.0000	0.0000	0.2895	0.0003
0.0824	0.0117	0.0000					
3.5789	0.0000	0.0009	0.0000	0.0029	0.0140	0.0415	0.0965
0.0252	0.0041	0.0018	0.0002	0.0005	0.0089	0.0224	0.0047
0.0046	0.0006	0.0008	0.0000	0.0000	0.0000	0.0000	0.0039
0.0011	0.0128	0.0003	0.0002	0.0554	0.0044	0.0202	0.0000
0.0189	0.0046	0.0008	0.0000	0.0164	0.0001	0.2342	0.0631
0.0637	0.0395	0.0000					
3.6186	0.0000	0.0075	0.0008	0.0013	0.0047	0.0035	0.1521
0.0407	0.0102	0.0023	0.0000	0.0000	0.0129	0.0000	0.0057
0.0024	0.0012	0.0017	0.0000	0.0000	0.0000	0.0000	0.0471
0.0041	0.0006	0.0975	0.0186	0.0683	0.0035	0.0015	0.0188
0.0220	0.0202	0.0440	0.0226	0.0002	0.0001	0.0006	0.1020
0.0004	0.0004	0.0000					
3.6562	0.0000	0.0021	0.0014	0.0005	0.0013	0.0020	0.0937
0.0115	0.0045	0.0024	0.0004	0.0015	0.0003	0.0001	0.0014
0.0235	0.0015	0.0006	0.0000	0.0000	0.0000	0.0000	0.0019
0.0025	0.0000	0.0101	0.0332	0.0445	0.0007	0.0030	0.0041
0.2410	0.0048	0.0198	0.0026	0.0051	0.0001	0.0870	0.2345
0.0016	0.0034	0.0000					
3.7077	0.0000	0.0000	0.0040	0.0001	0.0000	0.0002	0.0208
0.0204	0.0117	0.0007	0.0008	0.0022	0.0097	0.0032	0.0002
0.0815	0.0027	0.0001	0.0000	0.0000	0.0001	0.0000	0.0137
0.0069	0.0000	0.0132	0.0342	0.0019	0.0000	0.0134	0.0001
0.0371	0.0134	0.0001	0.0000	0.1237	0.0000	0.0263	0.0819
0.2608	0.0234	0.0000					

Fortsetzung Anhang B.1.1

3.7494	0.0000	0.0050	0.0004	0.0000	0.0106	0.0389	0.0162
0.0079	0.0068	0.0010	0.0005	0.0014	0.0097	0.0272	0.0020
0.0173	0.0002	0.0012	0.0000	0.0000	0.0000	0.0000	0.0487
0.0214	0.0001	0.0319	0.0084	0.0128	0.0073	0.0003	0.0772
0.0655	0.0062	0.0028	0.0030	0.3149	0.0001	0.0482	0.0658
0.0125	0.0002	0.0000					
3.9103	0.0000	0.0477	0.0248	0.0000	0.0012	0.0554	0.0758
0.0053	0.0123	0.0053	0.0002	0.0004	0.0335	0.0154	0.0026
0.0013	0.0003	0.0008	0.0000	0.0000	0.0001	0.0001	0.0416
0.0041	0.0236	0.0153	0.0147	0.0406	0.0028	0.0000	0.0292
0.0244	0.0528	0.1183	0.0882	0.0332	0.0004	0.0005	0.0179
0.0031	0.0003	0.0000					
3.9546	0.0000	0.0002	0.0000	0.0020	0.0048	0.0723	0.0007
0.0031	0.0000	0.0001	0.0001	0.0003	0.0833	0.1210	0.0008
0.0269	0.0010	0.0025	0.0000	0.0000	0.0000	0.0000	0.0404
0.0008	0.0010	0.0005	0.0111	0.0032	0.0045	0.0948	0.2679
0.0069	0.0053	0.0294	0.0255	0.0492	0.0003	0.0082	0.0014
0.0036	0.0029	0.0000					
4.0459	0.0000	0.0010	0.0004	0.0022	0.0006	0.0153	0.0263
0.0118	0.0096	0.0078	0.0000	0.0000	0.0630	0.1343	0.0111
0.0133	0.0047	0.0116	0.0000	0.0000	0.0000	0.0000	0.0257
0.0095	0.0080	0.0752	0.0119	0.0046	0.0020	0.0482	0.0429
0.0001	0.0565	0.0382	0.0311	0.0129	0.0001	0.0131	0.1732
0.0031	0.0083	0.0000					
4.0964	0.0000	0.0009	0.0026	0.0070	0.0001	0.0060	0.0802
0.0008	0.0186	0.0004	0.0000	0.0000	0.0100	0.3306	0.0093
0.0054	0.0025	0.0008	0.0000	0.0000	0.0004	0.0002	0.0252
0.0020	0.0595	0.0537	0.0324	0.0126	0.0067	0.0020	0.0045
0.0045	0.0192	0.0573	0.0776	0.0015	0.0008	0.0009	0.0171
0.0000	0.0001	0.0001					
4.2831	0.0000	0.0188	0.0634	0.0033	0.0002	0.0130	0.0081
0.0007	0.0752	0.0055	0.0002	0.0005	0.0211	0.0055	0.0114
0.0773	0.0005	0.0016	0.0000	0.0000	0.0000	0.0000	0.0153
0.0008	0.0048	0.0000	0.0076	0.0125	0.0155	0.1827	0.0573
0.0023	0.0632	0.2348	0.0000	0.0091	0.0005	0.0032	0.0026
0.0001	0.0165	0.0000					
4.3299	0.0000	0.0011	0.0084	0.0107	0.0026	0.0061	0.0080
0.0000	0.0223	0.0000	0.0001	0.0003	0.1308	0.0353	0.0053
0.0835	0.0000	0.0012	0.0000	0.0000	0.0001	0.0000	0.0081
0.0040	0.0016	0.0087	0.0078	0.0013	0.0250	0.0835	0.0043
0.0285	0.0135	0.2404	0.1752	0.0006	0.0001	0.0033	0.0008
0.0054	0.0076	0.0000					
4.5211	0.0000	0.1141	0.2412	0.0075	0.0231	0.0003	0.0185
0.0618	0.2208	0.0057	0.0001	0.0005	0.0019	0.0112	0.0148
0.0180	0.0035	0.0004	0.0000	0.0000	0.0001	0.0001	0.0692
0.0092	0.0089	0.0021	0.0076	0.0198	0.0119	0.0658	0.0354
0.0240	0.0000	0.0002	0.0127	0.0078	0.0000	0.0009	0.0068
0.0001	0.0001	0.0000					
4.7070	0.0000	0.3038	0.0733	0.0720	0.0072	0.0373	0.0190
0.0473	0.0166	0.1066	0.0000	0.0005	0.0003	0.0014	0.0005
0.0007	0.0007	0.0229	0.0000	0.0000	0.0004	0.0005	0.0027
0.0001	0.0017	0.0037	0.0202	0.0041	0.0022	0.0093	0.0082
0.0019	0.0150	0.0001	0.0006	0.0075	0.0008	0.0009	0.0012
0.0829	0.1502	0.0003					

Fortsetzung Anhang B.1.1							
4.8028	0.0000	0.0117	0.0037	0.0006	0.0018	0.0028	0.0019
0.0004	0.0000	0.0002	0.0012	0.0040	0.1508	0.0082	0.0005
0.0014	0.0012	0.0005	0.0000	0.0000	0.0001	0.0002	0.2828
0.5335	0.0037	0.0004	0.0098	0.0004	0.0077	0.0107	0.0004
0.0016	0.0398	0.0002	0.0266	0.0002	0.0006	0.0013	0.0010
0.0029	0.0014	0.0003					
4.8979	0.0000	0.0840	0.0407	0.0137	0.0005	0.0006	0.0130
0.0009	0.0148	0.0167	0.0007	0.0011	0.0023	0.0180	0.0268
0.0323	0.0062	0.0007	0.0000	0.0000	0.0001	0.0000	0.0028
0.0010	0.0040	0.0093	0.0074	0.0029	0.0124	0.0172	0.0012
0.0008	0.0681	0.0005	0.0454	0.0094	0.0087	0.0003	0.0000
0.1756	0.4365	0.0001					
5.1925	0.0000	0.0291	0.0313	0.0010	0.0129	0.0032	0.0003
0.0037	0.0019	0.0008	0.0025	0.0097	0.1730	0.0076	0.0040
0.0433	0.0036	0.0051	0.0000	0.0001	0.0032	0.0022	0.0425
0.2248	0.0054	0.0011	0.0114	0.0009	0.0238	0.0019	0.0001
0.0002	0.2126	0.0016	0.1279	0.0093	0.0011	0.0014	0.0135
0.0296	0.0308	0.0016					
5.6655	0.0000	0.0437	0.0224	0.1317	0.3364	0.1151	0.0327
0.1164	0.0135	0.0001	0.0000	0.0002	0.0000	0.0000	0.0017
0.0003	0.0107	0.2938	0.0000	0.0000	0.0004	0.0001	0.0000
0.0013	0.0060	0.0019	0.0031	0.0019	0.0048	0.0083	0.0009
0.0008	0.0002	0.0054	0.0023	0.0006	0.0006	0.0000	0.0066
0.0025	0.0018	0.0001					
6.1129	0.0000	0.0306	0.0256	0.1783	0.2877	0.0253	0.0071
0.0327	0.0015	0.0024	0.0006	0.0009	0.0049	0.0088	0.0747
0.0000	0.0031	0.0460	0.0000	0.0001	0.0003	0.0008	0.0027
0.0010	0.0004	0.0198	0.0134	0.0013	0.1805	0.0640	0.0819
0.0013	0.0215	0.0015	0.0036	0.0005	0.0059	0.0054	0.0001
0.0267	0.0932	0.0006					
6.4511	0.0000	0.0751	0.0217	0.0559	0.0813	0.0000	0.0004
0.0370	0.0028	0.0143	0.0000	0.0012	0.0096	0.0035	0.0069
0.0085	0.0004	0.0571	0.0000	0.0002	0.0145	0.0038	0.0184
0.0313	0.0183	0.0081	0.0144	0.0000	0.4121	0.1764	0.2268
0.0051	0.0043	0.0056	0.0044	0.0022	0.0359	0.0002	0.0013
0.0059	0.0195	0.0005					
7.3907	0.0000	0.0606	0.1308	0.2594	0.0004	0.0132	0.0153
0.1632	0.1881	0.4244	0.0000	0.0000	0.0009	0.0002	0.0011
0.0003	0.0022	0.1323	0.0000	0.0000	0.0016	0.0000	0.0000
0.0000	0.1294	0.0411	0.0392	0.0535	0.0061	0.0001	0.0059
0.0306	0.0000	0.0054	0.0288	0.0054	0.1614	0.0007	0.0012
0.0001	0.0012	0.0000					
7.4843	0.0000	0.0034	0.0307	0.0970	0.0310	0.0257	0.0055
0.1070	0.1009	0.2578	0.0002	0.0014	0.0050	0.0001	0.0065
0.0000	0.0015	0.0735	0.0000	0.0004	0.0004	0.0008	0.0046
0.0037	0.0511	0.0511	0.0166	0.0452	0.0856	0.0037	0.0128
0.0258	0.0135	0.0225	0.0367	0.0023	0.3822	0.0022	0.0007
0.0017	0.0005	0.0000					
8.2531	0.0001	0.0159	0.0182	0.0290	0.0101	0.0000	0.0003
0.0103	0.0184	0.0149	0.0005	0.0012	0.0089	0.0016	0.0029
0.0001	0.0021	0.0106	0.0002	0.0013	0.0068	0.0173	0.0004
0.0073	0.5040	0.2872	0.2508	0.4362	0.0071	0.0000	0.0022
0.0071	0.0623	0.0124	0.0290	0.0068	0.0731	0.0022	0.0010
0.0011	0.0031	0.0020					

Fortsetzung Anhang B.1.1

10.5037	0.0001	0.0123	0.0044	0.0107	0.0868	0.0022	0.0034
0.0060	0.0016	0.0019	0.0043	0.0066	0.0014	0.0013	0.1546
0.1033	0.1922	0.0520	0.0005	0.0050	0.0882	0.0558	0.0046
0.0094	0.0422	0.0129	0.0050	0.0040	0.0064	0.0071	0.0016
0.0006	0.0736	0.0274	0.0111	0.0024	0.1164	0.0006	0.0007
0.0001	0.0000	0.0031					
11.4929	0.0002	0.0137	0.0000	0.0015	0.0232	0.0037	0.0002
0.0038	0.0059	0.0075	0.0084	0.0411	0.0458	0.0043	0.2285
0.1509	0.3363	0.1206	0.0002	0.0009	0.2225	0.1079	0.0029
0.0210	0.0151	0.0134	0.0053	0.0050	0.0071	0.0030	0.0027
0.0074	0.0004	0.0002	0.0107	0.0006	0.0067	0.0002	0.0000
0.0011	0.0013	0.0102					
14.2414	0.0005	0.0000	0.0009	0.0046	0.0057	0.0006	0.0002
0.0000	0.0033	0.0034	0.0006	0.0097	0.0119	0.0072	0.0483
0.0191	0.0345	0.0062	0.0000	0.0013	**0.5228**	**0.3295**	0.0001
0.0040	0.0006	0.0002	0.0000	0.0004	0.0478	0.0092	0.0010
0.0156	0.0238	0.0034	0.0020	0.0015	0.0041	0.0007	0.0033
0.0010	0.0011	0.1737					
15.3801	0.0005	0.0023	0.0004	0.0017	0.0003	0.0011	0.0009
0.0000	0.0009	0.0020	0.0034	0.0143	0.0122	0.0039	0.0418
0.0304	0.0544	0.0129	0.0000	0.0010	0.0973	**0.3822**	0.0013
0.0000	0.0094	0.0082	0.0006	0.0007	0.0088	0.0021	0.0013
0.0103	0.0037	0.0000	0.0002	0.0019	0.0525	0.0002	0.0012
0.0001	0.0142	**0.4987**					
20.1407	0.0001	0.0027	0.0012	0.0033	0.0001	0.0000	0.0036
0.0014	0.0007	0.0007	**0.8840**	**0.8187**	0.0116	0.0008	0.2192
0.0781	0.2307	0.0700	0.0000	0.0004	0.0005	0.0002	0.0003
0.0006	0.0001	0.0001	0.0003	0.0012	0.0012	0.0008	0.0001
0.0012	0.0003	0.0001	0.0001	0.0004	0.0053	0.0001	0.0002
0.0008	0.0016	0.0005					
31.2966	0.1758	0.0088	0.0039	0.0112	0.0048	0.0000	0.0001
0.0002	0.0000	0.0001	0.0152	0.0160	0.0005	0.0004	0.0739
0.0236	0.0781	0.0081	0.0029	0.0140	0.0367	0.0934	0.0010
0.0010	0.0356	0.0192	0.0111	0.0302	0.0661	0.0059	0.0068
0.0124	0.0567	0.0260	0.0257	0.0009	0.0460	0.0014	0.0016
0.0032	0.0325	0.3067					
159.7030	**0.8227**	0.0078	0.0004	0.0032	0.0001	0.0001	0.0007
0.0003	0.0002	0.0016	0.0678	0.0405	0.0423	0.0044	0.0056
0.0022	0.0070	0.0005	**0.9961**	**0.9751**	0.0021	0.0037	0.0005
0.0001	0.0204	0.0044	0.0018	0.0043	0.0030	0.0023	0.0001
0.0001	0.0294	0.0122	0.1115	0.0000	0.0862	0.0000	0.0001
0.0010	0.0000	0.0009					

B.1.2 Verheiratete Frauen mit ausländischer Staatsbürgerschaft

VARIANCE-INFLATION-FACTORS

	mit $\hat{\beta}_1$	ohne $\hat{\beta}_1$
Variable	VIF	VIF
$\hat{\beta}_1$	**368.54**	–
VE	**22.96**	**11.15**
VE2	**12.20**	**8.74**
TE	1.46	1.23
MA	1.23	1.09
ARB	6.24	2.48
SEL	1.48	1.44
ANG	1.79	1.62
AL	**1343.76**	**76.59**
AL2	**401.36**	**74.77**
ZE	7.76	1.18
ZH	**14.54**	1.15
AS	1.11	1.08
CB	1.54	1.18
ARBM	**17.50**	1.76
SELM	1.91	1.83
ALOS	1.37	1.29
K06	2.17	1.50
K710	1.68	1.17
K1116	1.89	1.26
PPH	1.10	1.07
NM	5.96	1.45
ZD	1.16	1.14
RE2	1.16	1.07
RE3	1.35	1.13
AREG	**16.69**	1.12

CONDITION-Indices und Varianzproportionentabelle

CI	$\hat{\beta}_1$	VE	VE2	TE	MA	ARB	SEL
ANG	AL	AL2	ZE	ZH	AS	CB	ARBM
SELM	ALOS	K06	K710	K1116	PPH	NM	ZD
RE2	RE3	AREG					
1.0000	0.0000	0.0002	0.0003	0.0011	0.0010	0.0009	0.0002
0.0004	0.0000	0.0000	0.0009	0.0005	0.0003	0.0015	0.0004
0.0002	0.0004	0.0010	0.0015	0.0016	0.0003	0.0011	0.0001
0.0007	0.0012	0.0005					
2.5988	0.0000	0.0001	0.0001	0.0002	0.0046	0.0022	0.1350
0.0006	0.0000	0.0000	0.0001	0.0000	0.0118	0.0052	0.0004
0.0860	0.0091	0.0016	0.0083	0.0006	0.0002	0.0020	0.1355
0.0000	0.0002	0.0000					
2.7243	0.0000	0.0043	0.0131	0.0005	0.0027	0.0009	0.0109
0.0003	0.0000	0.0000	0.0010	0.0007	0.0815	0.0244	0.0007
0.0135	0.0021	0.0467	0.0376	0.0028	0.0013	0.0021	0.0061
0.0010	0.0010	0.0004					
2.9645	0.0000	0.0015	0.0035	0.0122	0.0017	0.0023	0.0095
0.0001	0.0000	0.0000	0.0005	0.0001	0.0428	0.0462	0.0000
0.0002	0.1205	0.0005	0.0021	0.0019	0.2617	0.0010	0.0030
0.0470	0.0205	0.0001					
3.1208	0.0000	0.0000	0.0000	0.0070	0.0363	0.0059	0.0015
0.2272	0.0000	0.0000	0.0003	0.0000	0.0051	0.0006	0.0000
0.0018	0.0138	0.0015	0.0125	0.0101	0.0016	0.0005	0.0023
0.1848	0.0708	0.0000					
3.2781	0.0000	0.0008	0.0027	0.1306	0.0777	0.0026	0.0082
0.0775	0.0000	0.0000	0.0000	0.0001	0.0023	0.0084	0.0001
0.0011	0.0719	0.0152	0.0011	0.0252	0.0093	0.0014	0.0142
0.1336	0.0640	0.0002					
3.3847	0.0000	0.0005	0.0019	0.0346	0.0000	0.0010	0.0121
0.0498	0.0000	0.0000	0.0004	0.0000	0.0229	0.0105	0.0001
0.0081	0.2394	0.0242	0.0020	0.0077	0.0339	0.0029	0.0050
0.1029	0.1533	0.0001					
3.4501	0.0000	0.0012	0.0042	0.0479	0.0010	0.0004	0.0046
0.0015	0.0000	0.0000	0.0001	0.0000	0.3874	0.0046	0.0000
0.0001	0.0043	0.0574	0.0002	0.0304	0.2039	0.0000	0.0360
0.0237	0.0002	0.0000					
3.5204	0.0000	0.0000	0.0000	0.0608	0.5116	0.0000	0.0101
0.0199	0.0000	0.0000	0.0003	0.0002	0.0081	0.0261	0.0004
0.0149	0.0111	0.0279	0.0004	0.0629	0.0296	0.0002	0.0005
0.0046	0.0188	0.0000					

Fortsetzung Anhang B.1.2

3.5801	0.0000	0.0001	0.0003	0.2148	0.0555	0.0003	0.0006
0.0699	0.0000	0.0000	0.0003	0.0000	0.1258	0.0276	0.0003
0.0080	0.1754	0.0135	0.0176	0.0000	0.0401	0.0027	0.0019
0.0795	0.0000	0.0000					
3.6816	0.0000	0.0001	0.0002	0.0074	0.0206	0.0012	0.0112
0.0007	0.0000	0.0000	0.0000	0.0000	0.0875	0.0236	0.0005
0.1393	0.0076	0.0001	0.0034	0.0026	0.0167	0.0004	0.4569
0.0509	0.1032	0.0000					
3.7598	0.0000	0.0002	0.0010	0.1248	0.0736	0.0040	0.0043
0.0330	0.0000	0.0000	0.0000	0.0000	0.0175	0.0030	0.0000
0.0025	0.0240	0.0346	0.0589	0.0972	0.2648	0.0004	0.0176
0.0672	0.0729	0.0004					
4.0028	0.0000	0.0002	0.0007	0.0057	0.0603	0.0013	0.0395
0.0134	0.0000	0.0000	0.0003	0.0004	0.1142	0.1596	0.0002
0.1451	0.0073	0.0525	0.1627	0.0000	0.0547	0.0001	0.0248
0.0301	0.0663	0.0003					
4.1070	0.0000	0.0001	0.0002	0.0098	0.0011	0.0007	0.3726
0.0000	0.0000	0.0000	0.0001	0.0000	0.0237	0.0810	0.0005
0.0823	0.0034	0.0054	0.0072	0.1223	0.0267	0.0013	0.2343
0.0038	0.0601	0.0000					
4.3267	0.0000	0.0011	0.0034	0.0663	0.0001	0.0103	0.0747
0.0018	0.0000	0.0000	0.0004	0.0000	0.0005	0.1009	0.0003
0.0669	0.0000	0.0001	0.2078	0.1334	0.0018	0.0001	0.0280
0.1934	0.1653	0.0000					
4.4867	0.0000	0.0001	0.0003	0.0016	0.0752	0.0004	0.0696
0.0006	0.0000	0.0000	0.0012	0.0007	0.0538	0.3730	0.0002
0.0072	0.0015	0.0711	0.2944	0.0185	0.0126	0.0024	0.0128
0.0563	0.1247	0.0005					
5.3153	0.0001	0.0047	0.0208	0.0916	0.0002	0.0000	0.0000
0.0242	0.0001	0.0003	0.0140	0.0070	0.0052	0.0301	0.0024
0.0014	0.0074	0.3057	0.0694	0.3393	0.0005	0.0017	0.0059
0.0025	0.0068	0.0033					
6.8004	0.0000	0.0020	0.0308	0.0225	0.0443	0.4052	0.0558
0.1584	0.0001	0.0014	0.0000	0.0003	0.0000	0.0027	0.0000
0.0004	0.0115	0.0367	0.0041	0.0043	0.0173	0.0008	0.0003
0.0005	0.0002	0.0000					
8.2788	0.0001	0.0007	0.0033	0.0092	0.0019	0.0172	0.0890
0.0196	0.0001	0.0006	0.0039	0.0055	0.0002	0.0028	0.0018
0.0174	0.2613	0.0356	0.0116	0.0071	0.0029	0.7968	0.0047
0.0008	0.0043	0.0109					

Fortsetzung Anhang B.1.2							
9.2129	0.0001	0.0000	0.0110	0.0220	0.0126	0.0272	0.0005
0.0145	0.0003	0.0025	0.6341	0.0273	0.0013	0.0478	0.0067
0.0048	0.0058	0.0149	0.0004	0.0060	0.0137	0.0699	0.0012
0.0000	0.0000	0.0005					
10.8570	0.0005	0.0001	0.0170	0.0792	0.0025	0.0697	0.0386
0.0241	0.0004	0.0068	0.1923	0.0608	0.0011	0.0027	0.0741
0.0400	0.0077	0.1137	0.0173	0.0060	0.0006	0.0008	0.0014
0.0093	0.0008	0.1506					
12.8441	0.0000	0.0027	0.0020	0.0032	0.0020	0.0076	0.0040
0.0064	0.0000	0.0000	0.1344	0.6901	0.0025	0.0059	0.0459
0.0129	0.0007	0.0000	0.0079	0.0045	0.0028	0.0035	0.0017
0.0001	0.0055	0.1839					
14.1275	0.0000	0.0015	0.0007	0.0018	0.0110	0.0030	0.0014
0.0178	0.0000	0.0001	0.0093	0.0075	0.0025	0.0000	**0.6301**
0.2728	0.0008	0.0043	0.0045	0.0026	0.0005	0.0145	0.0012
0.0006	0.0385	**0.3790**					
19.2757	0.0002	**0.9020**	**0.8135**	0.0452	0.0011	0.4037	0.0373
0.1492	0.0000	0.0002	0.0000	0.0108	0.0012	0.0034	0.0002
0.0000	0.0012	0.0052	0.0008	0.0000	0.0013	0.0195	0.0001
0.0030	0.0119	0.0130					
30.0965	0.1593	0.0178	0.0255	0.0000	0.0003	0.0264	0.0045
0.0796	0.0039	0.0165	0.0055	0.1853	0.0004	0.0082	0.2343
0.0730	0.0119	0.0922	0.0384	0.0022	0.0003	0.0705	0.0031
0.0029	0.0082	0.2555					
148.6708	**0.8397**	0.0580	0.0435	0.0000	0.0009	0.0057	0.0043
0.0096	**0.9951**	**0.9714**	0.0005	0.0026	0.0001	0.0002	0.0003
0.0001	0.0001	0.0384	0.0281	0.1107	0.0011	0.0033	0.0016
0.0008	0.0014	0.0008					

B.2 Kollinearitätsdiagnose der Lohnfunktion

B.2.1 Verheiratete Frauen mit deutscher Staatsbürgerschaft

VARIANCE-INFLATION-FACTORS

	mit $\hat{\beta}_1$	ohne $\hat{\beta}_1$
Variable	VIF	VIF
$\hat{\beta}_1$	**82.61**	-
R	1.87	1.40
FH	1.50	1.47
A	3.49	3.22
L	2.70	1.45
SG	1.23	1.16
MS	1.19	1.16
B	1.64	1.61
FA	1.57	1.52
UA	3.75	3.55
VE	**28.73**	**11.43**
VE2	**15.21**	**10.57**
TE	2.96	1.87
MA	1.25	1.11
H	**67.32**	**10.83**
H2	**23.94**	**10.37**
AZUBI	1.14	1.13
SEL	1.55	1.46
ANG	4.31	1.76
BEA	2.94	2.78
ARBV	3.68	2.02
ANGV	1.87	1.64
BEAV	1.54	1.42
SELV	2.00	1.68
RE2	1.27	1.13
RE3	1.68	1.17
AREG	**19.89**	1.09
$\hat{\lambda}$	5.58	1.77

CONDITION-Indices und Varianzproportionentabelle

CI	$\hat{\beta}_1$	R	FH	A	L	SG	MS
B	FA	UA	VE	VE2	TE	MA	H
H2	AZUBI	SEL	ANG	BEA	ARBV	ANGV	BEAV
SELV	RE2	RE3	AREG	$\hat{\lambda}$			
1.0000	0.0002	0.0020	0.0003	0.0003	0.0024	0.0007	0.0004
0.0002	0.0003	0.0002	0.0003	0.0003	0.0013	0.0014	0.0002
0.0004	0.0001	0.0007	0.0019	0.0003	0.0015	0.0010	0.0007
0.0011	0.0012	0.0025	0.0006	0.0015			
1.8749	0.0000	0.0022	0.0021	0.0294	0.0051	0.0004	0.0001
0.0163	0.0052	0.0273	0.0000	0.0001	0.0004	0.0015	0.0000
0.0000	0.0001	0.0010	0.0017	0.0351	0.0023	0.0023	0.0064
0.0003	0.0003	0.0000	0.0000	0.0001			
2.4005	0.0000	0.0095	0.1259	0.0012	0.0007	0.0058	0.0833
0.0008	0.0712	0.0015	0.0007	0.0024	0.0001	0.0044	0.0000
0.0003	0.0107	0.0056	0.0026	0.0004	0.0045	0.0369	0.0020
0.0009	0.0128	0.0062	0.0000	0.0004			
2.4326	0.0000	0.0190	0.0356	0.0039	0.0094	0.0052	0.0011
0.0042	0.0528	0.0073	0.0019	0.0074	0.0153	0.0178	0.0001
0.0011	0.0002	0.0281	0.0070	0.0000	0.0005	0.0104	0.0123
0.0101	0.0018	0.0073	0.0003	0.0004			
2.6814	0.0000	0.0085	0.0003	0.0004	0.0001	0.0206	0.0787
0.0086	0.0262	0.0002	0.0002	0.0005	0.0018	0.0336	0.0000
0.0002	0.2007	0.0115	0.0019	0.0044	0.0099	0.0463	0.0064
0.0007	0.1053	0.0070	0.0000	0.0031			
2.7707	0.0000	0.0039	0.0050	0.0107	0.0059	0.0349	0.0051
0.1821	0.0004	0.0082	0.0000	0.0000	0.0003	0.0102	0.0000
0.0000	0.0264	0.0568	0.0010	0.0194	0.0152	0.0002	0.0010
0.0764	0.0183	0.0000	0.0000	0.0006			
2.8266	0.0000	0.0212	0.0262	0.0000	0.0068	0.1879	0.0213
0.0038	0.0014	0.0016	0.0012	0.0041	0.0224	0.0026	0.0000
0.0004	0.0000	0.0788	0.0012	0.0021	0.0076	0.0043	0.0056
0.0004	0.0706	0.0440	0.0002	0.0037			
2.8850	0.0000	0.0107	0.0007	0.0010	0.0010	0.1671	0.0878
0.0604	0.0014	0.0042	0.0010	0.0028	0.0011	0.0001	0.0000
0.0000	0.0097	0.0587	0.0014	0.0011	0.0000	0.0246	0.1079
0.0025	0.0164	0.0444	0.0000	0.0002			
2.9108	0.0000	0.0838	0.0317	0.0043	0.0005	0.0101	0.0235
0.0291	0.0001	0.0075	0.0002	0.0004	0.0010	0.0263	0.0000
0.0000	0.1246	0.0080	0.0001	0.0005	0.0206	0.0183	0.1363
0.0311	0.0269	0.0050	0.0000	0.0009			
2.9851	0.0000	0.0035	0.0057	0.0029	0.0068	0.0121	0.0245
0.0312	0.0374	0.0002	0.0000	0.0002	0.0046	0.1213	0.0000
0.0000	0.0007	0.1405	0.0074	0.0034	0.0002	0.0014	0.0768
0.0869	0.0651	0.0020	0.0000	0.0016			

Fortsetzung Anhang B.2.1

3.0487	0.0000	0.0000	0.0040	0.0040	0.0000	0.0047	0.0009
0.0363	0.0001	0.0038	0.0001	0.0007	0.0257	0.0153	0.0001
0.0007	0.3363	0.0034	0.0000	0.0028	0.0031	0.0612	0.0061
0.1058	0.0598	0.0050	0.0001	0.0006			
3.1188	0.0000	0.0045	0.0420	0.0000	0.0062	0.1302	0.0186
0.0169	0.0242	0.0000	0.0002	0.0008	0.0291	0.1791	0.0000
0.0000	0.0002	0.0000	0.0000	0.0021	0.0161	0.0478	0.1085
0.0437	0.0000	0.0206	0.0000	0.0007			
3.2341	0.0000	0.0190	0.0037	0.0001	0.0040	0.0120	0.2692
0.0140	0.1289	0.0013	0.0000	0.0001	0.0184	0.1601	0.0000
0.0000	0.0556	0.0004	0.0017	0.0011	0.0040	0.0006	0.0566
0.0127	0.0764	0.0052	0.0002	0.0013			
3.3392	0.0000	0.0031	0.0061	0.0006	0.0149	0.1258	0.0930
0.0002	0.0135	0.0013	0.0000	0.0002	0.0277	0.1680	0.0000
0.0000	0.0028	0.0758	0.0005	0.0027	0.0108	0.1204	0.0016
0.0088	0.1239	0.0232	0.0000	0.0036			
3.6745	0.0000	0.0640	0.0382	0.0018	0.0332	0.0006	0.0026
0.0019	0.0094	0.0135	0.0016	0.0048	0.1348	0.0707	0.0002
0.0025	0.0105	0.0717	0.0070	0.0004	0.0220	0.0610	0.0158
0.0005	0.0224	0.0675	0.0000	0.0000			
3.8264	0.0000	0.0290	0.1557	0.0192	0.0033	0.0177	0.0859
0.0002	0.1886	0.0019	0.0003	0.0008	0.0226	0.0083	0.0002
0.0012	0.0012	0.0986	0.0000	0.0000	0.0287	0.0168	0.0310
0.0153	0.0628	0.1724	0.0001	0.0012			
4.0286	0.0000	0.0100	0.1785	0.0013	0.0017	0.0068	0.0793
0.0242	0.0734	0.0017	0.0004	0.0014	0.0436	0.0046	0.0001
0.0011	0.0632	0.0002	0.0006	0.0045	0.0063	0.0001	0.0065
0.0096	0.2541	0.3731	0.0001	0.0010			
4.3489	0.0001	0.3993	0.0587	0.0158	0.0467	0.0443	0.0038
0.0351	0.0249	0.0370	0.0007	0.0040	0.0404	0.0483	0.0000
0.0000	0.0084	0.0001	0.0052	0.0102	0.0024	0.0166	0.0251
0.0064	0.0081	0.0375	0.0007	0.0617			
4.7738	0.0000	0.0078	0.0509	0.0185	0.0219	0.0047	0.0187
0.0453	0.0101	0.0105	0.0038	0.0173	0.0150	0.0143	0.0054
0.0424	0.0138	0.0039	0.0479	0.0379	0.0014	0.0025	0.0022
0.0040	0.0011	0.0217	0.0001	0.0053			
4.9257	0.0007	0.0671	0.0009	0.0093	0.3107	0.0439	0.0406
0.0139	0.0222	0.0006	0.0001	0.0000	0.0059	0.0679	0.0000
0.0022	0.0573	0.0089	0.0268	0.0001	0.0245	0.0260	0.0001
0.0076	0.0059	0.0531	0.0026	0.1631			
5.1974	0.0000	0.0014	0.0019	0.1229	0.2155	0.1032	0.0028
0.2003	0.0005	0.0011	0.0007	0.0016	0.0022	0.0013	0.0008
0.0055	0.0001	0.0131	0.0661	0.3282	0.0008	0.0074	0.0039
0.0002	0.0096	0.0135	0.0000	0.0091			

Fortsetzung Anhang B.2.1							
6.8392	0.0000	0.0102	0.0025	0.0100	0.0068	0.0065	0.0082
0.0007	0.0073	0.0655	0.0001	0.0009	0.0417	0.0215	0.0000
0.0018	0.0200	0.0005	0.0063	0.0005	0.5148	0.3601	0.3164
0.3981	0.0038	0.0007	0.0004	0.1589			
7.4638	0.0001	0.1622	0.0652	0.2559	0.2466	0.0209	0.0110
0.0244	0.0000	0.0138	0.0001	0.0006	0.0016	0.0000	0.0001
0.0000	0.0189	0.1984	0.7515	0.2173	0.0000	0.0046	0.0019
0.0003	0.0018	0.0029	0.0013	0.0020			
7.8262	0.0002	0.0215	0.1481	0.4576	0.0033	0.0261	0.0056
0.1863	0.2827	0.7331	0.0001	0.0019	0.0148	0.0000	0.0000
0.0001	0.0048	0.0232	0.0397	0.3142	0.0152	0.0347	0.0125
0.0459	0.0171	0.0002	0.0046	0.0075			
10.3096	0.0091	0.0171	0.0060	0.0002	0.0393	0.0050	0.0198
0.0468	0.0086	0.0491	0.0115	0.0377	0.2127	0.0027	0.0011
0.0306	0.0253	0.0276	0.0049	0.0070	0.1520	0.0621	0.0308
0.0641	0.0108	0.0009	0.3148	0.2549			
16.8197	0.0365	0.0000	0.0002	0.0020	0.0002	0.0009	0.0000
0.0009	0.0091	0.0007	0.4035	0.4662	0.0015	0.0002	0.0236
0.0354	0.0044	0.0204	0.0026	0.0025	0.0197	0.0036	0.0047
0.0160	0.0000	0.0144	0.4088	0.0022			
23.5874	0.1441	0.0095	0.0032	0.0212	0.0047	0.0007	0.0019
0.0079	0.0000	0.0003	**0.5024**	**0.4088**	0.0808	0.0124	0.2720
0.3499	0.0011	0.0380	0.0023	0.0008	0.0635	0.0147	0.0161
0.0335	0.0138	0.0406	0.1640	0.0960			
34.0380	**0.8087**	0.0102	0.0004	0.0054	0.0024	0.0013	0.0122
0.0077	0.0000	0.0067	0.0690	0.0340	0.2331	0.0059	**0.6959**
0.5241	0.0029	0.0263	0.0106	0.0010	0.0524	0.0141	0.0047
0.0176	0.0100	0.0292	0.1011	0.2185			

B.2.2 Verheiratete Frauen mit ausländischer Staatsbürgerschaft

VARIANCE-INFLATION-FACTORS

	mit $\hat{\beta}_1$	ohne $\hat{\beta}_1$
Variable	VIF	VIF
$\hat{\beta}_1$	**143.235**	–
VE	**45.484**	**12.633**
VE2	**17.175**	**9.801**
TE	2.106	1.691
MA	1.866	1.668
H	**547.871**	**24.955**
H2	**204.087**	**24.013**
SEL	1.047	1.033
ANG	1.216	1.068
BEA	1.456	1.440
AREG	**15.901**	1.112
RE2	1.251	1.109
RE3	1.358	1.074
$\hat{\lambda}$	9.480	2.859

CI	$\hat{\beta}_1$	VE	VE2	TE	MA	H	H2
SEL	ANG	BEA	RE2	RE3	AREG	$\hat{\lambda}$	
1.0000	0.0002	0.0004	0.0007	0.0018	0.0021	0.0000	0.0001
0.0004	0.0025	0.0002	0.0023	0.0038	0.0013	0.0016	
2.3881	0.0000	0.0013	0.0070	0.0527	0.0266	0.0000	0.0000
0.0597	0.0141	0.1038	0.1307	0.0317	0.0000	0.0086	
2.5028	0.0000	0.0001	0.0003	0.0751	0.0002	0.0000	0.0000
0.0186	0.1246	0.3800	0.0241	0.0008	0.0000	0.0024	
2.5619	0.0000	0.0000	0.0001	0.0054	0.0214	0.0000	0.0000
0.5881	0.1957	0.0308	0.0271	0.0002	0.0001	0.0000	
2.5922	0.0000	0.0009	0.0043	0.0272	0.1506	0.0000	0.0000
0.0857	0.0019	0.0066	0.1947	0.1256	0.0001	0.0047	
2.6830	0.0000	0.0001	0.0007	0.0077	0.1632	0.0000	0.0000
0.1433	0.1323	0.0528	0.1035	0.1589	0.0007	0.0000	
2.8727	0.0000	0.0001	0.0005	0.2189	0.1041	0.0000	0.0000
0.0332	0.2590	0.0018	0.0559	0.0916	0.0001	0.0026	
3.1501	0.0000	0.0015	0.0116	0.0930	0.0025	0.0000	0.0000
0.0002	0.0968	0.0072	0.2509	0.4268	0.0000	0.0004	
3.3810	0.0003	0.0013	0.0172	0.0614	0.1042	0.0001	0.0005
0.0478	0.1097	0.0741	0.1315	0.0649	0.0060	0.0202	
7.5938	0.0001	0.0000	0.0500	0.0016	0.1442	0.0016	0.0123
0.0013	0.0115	0.2336	0.0274	0.0674	0.0045	0.3833	
9.6967	0.0014	0.0026	0.0227	0.0758	0.1121	0.0006	0.0095
0.0076	0.0149	0.0171	0.0199	0.0056	0.5489	0.2150	
15.9865	0.0932	0.1974	0.2923	0.0405	0.0006	0.0002	0.0228
0.0000	0.0040	0.0048	0.0009	0.0191	0.3990	0.0100	
23.3949	0.1932	**0.7940**	**0.5923**	0.3161	0.1681	0.0043	0.0074
0.0006	0.0136	0.0863	0.0308	0.0037	0.0389	0.3351	
74.4875	**0.7115**	0.0002	0.0002	0.0229	0.0001	**0.9930**	**0.9473**
0.0135	0.0194	0.0010	0.0001	0.0000	0.0004	0.0159	

B.3 Kollinearitätsdiagnose der Stundenangebotsfunktionen für verheiratete Frauen mit deutscher Staatsangehörigkeit

B.3.1 Diagnose auf Basis der erwerbstätigen Frauen

OLS- und HECKMANN-Modell

VARIANCE-INFLATION-FACTORS

Variable	mit $\hat{\beta}_1$ VIF	ohne $\hat{\beta}_1$ VIF
$\hat{\beta}_1$	**826.17**	–
R	2.25	1.70
FH	1.57	1.54
A	3.65	3.38
L	2.79	1.51
SG	1.52	1.44
MS	1.23	1.19
B	1.77	1.74
FA	1.76	1.72
UA	5.41	5.13
VE	**73.66**	**29.37**
VE2	**17.22**	**11.90**
TE	**31.23**	**19.81**
MA	2.44	2.18
ARB	**98.90**	**68.52**
SEL	**19.07**	**17.93**
ANG	**187.45**	**80.06**
BEA	**19.45**	**18.39**
AL	**1641.20**	**96.69**
AL2	**779.82**	**144.33**
ZE	**14.82**	1.37
ZH	**19.81**	1.79
AS	1.21	1.14
CB	1.79	1.32
ARBV	3.71	2.04
ANGV	1.91	1.67
BEAV	1.55	1.43
SELV	2.11	1.76
ARBM	2.82	1.59
SELM	1.53	1.40
BEAM	1.65	1.44
ALOS	1.34	1.32
K06	6.39	5.53
K710	2.80	2.40
K1116	2.15	1.58
PPH	1.15	1.14
NM	7.25	1.63
WR	1.10	1.09
ZD	1.16	1.13
RE2	1.28	1.15
RE3	2.06	1.43
AREG	**22.01**	1.23
$ln(w)$	**38.11**	1.44
λ	**68.59**	**22.38**

CONDITION-Indices und Varianzproportionentabelle

CI B SEL CB ALOS RE2	$\hat{\beta}_1$ FA ANG ARBV K06 RE3	R UA BEA ANGV K710 AREG	FH VE AL BEAV K1116 $ln(w)$	A VE2 AL2 SELV PPH $\hat{\lambda}$	L TE ZE ARBM NM	SG MA ZH SELM WR	MS ARB AS BEAM ZD
1.0000	0.0000	0.0005	0.0001	0.0001	0.0008	0.0002	0.0001
0.0001	0.0001	0.0000	0.0000	0.0001	0.0001	0.0002	0.0000
0.0000	0.0000	0.0000	0.0000	0.0000	0.0003	0.0002	0.0003
0.0008	0.0006	0.0003	0.0002	0.0004	0.0007	0.0003	0.0004
0.0001	0.0001	0.0003	0.0006	0.0001	0.0005	0.0000	0.0001
0.0004	0.0008	0.0002	0.0001	0.0000			
2.2631	0.0000	0.0000	0.0020	0.0208	0.0020	0.0000	0.0001
0.0109	0.0033	0.0143	0.0000	0.0001	0.0001	0.0002	0.0001
0.0001	0.0000	0.0039	0.0000	0.0000	0.0000	0.0000	0.0004
0.0014	0.0018	0.0037	0.0048	0.0002	0.0039	0.0001	0.0143
0.0008	0.0008	0.0014	0.0004	0.0002	0.0001	0.0001	0.0008
0.0002	0.0000	0.0000	0.0000	0.0000			
2.8718	0.0000	0.0371	0.0198	0.0027	0.0038	0.0149	0.0340
0.0044	0.0037	0.0020	0.0002	0.0015	0.0001	0.0040	0.0009
0.0000	0.0003	0.0009	0.0000	0.0000	0.0000	0.0000	0.0016
0.0004	0.0018	0.0291	0.0000	0.0001	0.0058	0.0038	0.0000
0.0022	0.0027	0.0008	0.0000	0.0000	0.0005	0.0001	0.0023
0.0006	0.0023	0.0000	0.0000	0.0000			
2.9363	0.0000	0.0016	0.0169	0.0005	0.0041	0.0002	0.0015
0.0000	0.0239	0.0015	0.0003	0.0032	0.0003	0.0042	0.0000
0.0051	0.0000	0.0001	0.0000	0.0000	0.0000	0.0000	0.0002
0.0010	0.0058	0.0000	0.0017	0.0195	0.0053	0.0713	0.0011
0.0046	0.0014	0.0034	0.0002	0.0178	0.0000	0.0208	0.0091
0.0013	0.0051	0.0001	0.0000	0.0000			
3.1066	0.0000	0.0001	0.0396	0.0012	0.0000	0.0089	0.0432
0.0184	0.0457	0.0014	0.0001	0.0008	0.0000	0.0037	0.0000
0.0027	0.0000	0.0005	0.0000	0.0000	0.0000	0.0000	0.0322
0.0137	0.0000	0.0000	0.0003	0.0002	0.0001	0.0376	0.0076
0.0001	0.0043	0.0262	0.0025	0.0041	0.0001	0.0091	0.0150
0.0065	0.0112	0.0000	0.0000	0.0001			
3.2219	0.0000	0.0169	0.1021	0.0004	0.0076	0.0000	0.0034
0.0006	0.0398	0.0001	0.0002	0.0018	0.0000	0.0084	0.0005
0.0001	0.0001	0.0000	0.0000	0.0000	0.0000	0.0000	0.0261
0.0022	0.0013	0.0000	0.0119	0.0002	0.0083	0.0024	0.0120
0.0046	0.0106	0.0062	0.0001	0.0156	0.0001	0.0032	0.0153
0.0092	0.0037	0.0000	0.0000	0.0003			
3.4217	0.0000	0.0002	0.0008	0.0000	0.0009	0.0027	0.0015
0.0019	0.0083	0.0001	0.0005	0.0042	0.0011	0.0053	0.0000
0.0001	0.0000	0.0000	0.0000	0.0000	0.0000	0.0000	0.0081
0.0118	0.0008	0.0021	0.0002	0.0090	0.0001	0.0078	0.0143
0.0121	0.0027	0.0026	0.0156	0.1607	0.0001	0.2316	0.0149
0.0002	0.0001	0.0000	0.0000	0.0000			
3.5043	0.0000	0.0018	0.0000	0.0120	0.0091	0.0426	0.0010
0.1036	0.0018	0.0057	0.0000	0.0000	0.0007	0.0085	0.0002
0.0032	0.0000	0.0003	0.0000	0.0000	0.0001	0.0000	0.0121
0.0028	0.0074	0.0281	0.0003	0.0115	0.0024	0.0040	0.0125
0.0066	0.0107	0.0010	0.0028	0.0024	0.0000	0.0025	0.0366
0.0188	0.0121	0.0000	0.0000	0.0002			

Fortsetzung Anhang B.3.1

3.5340	0.0000	0.0096	0.0078	0.0000	0.0000	0.0350	0.0663
0.0022	0.0033	0.0003	0.0003	0.0019	0.0017	0.0045	0.0001
0.0012	0.0000	0.0002	0.0000	0.0000	0.0000	0.0000	0.0038
0.0259	0.0000	0.0220	0.0115	0.0032	0.0004	0.0001	0.0001
0.0271	0.0025	0.0016	0.0092	0.0967	0.0010	0.0169	0.0051
0.1164	0.0182	0.0000	0.0000	0.0000			
3.6299	0.0000	0.0026	0.0001	0.0040	0.0012	0.0874	0.0702
0.0879	0.0023	0.0065	0.0000	0.0001	0.0000	0.0077	0.0000
0.0004	0.0000	0.0012	0.0000	0.0000	0.0001	0.0000	0.0005
0.0071	0.0040	0.0079	0.1178	0.0001	0.0017	0.0006	0.0013
0.0837	0.0012	0.0012	0.0054	0.0004	0.0005	0.0099	0.0177
0.0017	0.0061	0.0000	0.0000	0.0001			
3.6813	0.0000	0.0114	0.0001	0.0001	0.0005	0.0089	0.0271
0.0055	0.0010	0.0007	0.0000	0.0002	0.0000	0.0653	0.0000
0.0002	0.0000	0.0001	0.0000	0.0000	0.0001	0.0001	0.1703
0.0092	0.0001	0.0105	0.0218	0.0254	0.0032	0.0026	0.0006
0.0610	0.0000	0.0056	0.0051	0.0181	0.0001	0.0072	0.0103
0.0964	0.0241	0.0000	0.0000	0.0001			
3.7552	0.0000	0.0117	0.0040	0.0021	0.0007	0.0043	0.0124
0.0003	0.0293	0.0039	0.0003	0.0026	0.0015	0.0040	0.0001
0.0000	0.0000	0.0000	0.0000	0.0000	0.0000	0.0001	0.0734
0.0085	0.0067	0.0423	0.0560	0.0607	0.0019	0.0048	0.0151
0.0059	0.0001	0.0085	0.0177	0.0307	0.0005	0.0845	0.0230
0.0082	0.0032	0.0000	0.0000	0.0000			
3.8185	0.0000	0.0000	0.0001	0.0008	0.0182	0.0700	0.0747
0.0018	0.0267	0.0000	0.0001	0.0009	0.0004	0.0041	0.0002
0.0004	0.0001	0.0001	0.0000	0.0000	0.0000	0.0000	0.0035
0.0006	0.0019	0.0017	0.0902	0.0041	0.0034	0.0033	0.0002
0.2360	0.0013	0.0015	0.0001	0.0001	0.0002	0.0006	0.0886
0.0036	0.0006	0.0000	0.0000	0.0000			
3.8666	0.0000	0.0000	0.0000	0.0044	0.0090	0.0172	0.0038
0.0737	0.0109	0.0023	0.0001	0.0007	0.0013	0.0018	0.0002
0.0022	0.0002	0.0000	0.0000	0.0000	0.0002	0.0001	0.0004
0.0109	0.0061	0.0194	0.0343	0.0182	0.0001	0.0023	0.0010
0.0826	0.0006	0.0049	0.0107	0.0138	0.0000	0.0083	0.1006
0.1123	0.0083	0.0000	0.0000	0.0000			
3.9202	0.0000	0.0033	0.0110	0.0030	0.0001	0.0747	0.1041
0.0076	0.0249	0.0015	0.0001	0.0003	0.0018	0.0118	0.0003
0.0012	0.0000	0.0001	0.0000	0.0000	0.0000	0.0000	0.0493
0.0116	0.0024	0.0001	0.0060	0.0435	0.0002	0.0299	0.0144
0.0113	0.0012	0.0000	0.0006	0.0179	0.0000	0.0020	0.2092
0.0001	0.0001	0.0000	0.0000	0.0002			
3.9939	0.0000	0.0042	0.0064	0.0000	0.0082	0.0915	0.0116
0.0008	0.0056	0.0002	0.0000	0.0000	0.0000	0.0017	0.0000
0.0005	0.0000	0.0002	0.0000	0.0000	0.0003	0.0001	0.1058
0.0190	0.0195	0.0044	0.0118	0.1265	0.0010	0.0030	0.0037
0.1041	0.0109	0.0010	0.0004	0.0114	0.0009	0.0034	0.0055
0.0608	0.0054	0.0000	0.0000	0.0000			
4.0085	0.0000	0.0046	0.0005	0.0001	0.0010	0.0087	0.0292
0.0007	0.0444	0.0010	0.0000	0.0002	0.0001	0.0026	0.0000
0.0060	0.0000	0.0007	0.0000	0.0000	0.0000	0.0000	0.0290
0.0059	0.0003	0.0146	0.1207	0.0054	0.0047	0.0034	0.1018
0.0309	0.0022	0.0012	0.0017	0.0060	0.0000	0.0480	0.1348
0.0580	0.0000	0.0000	0.0000	0.0001			

Fortsetzung Anhang B.3.1

4.0959	0.0000	0.0033	0.0568	0.0023	0.0000	0.0048	0.0139
0.0017	0.0155	0.0005	0.0001	0.0003	0.0003	0.0817	0.0000
0.0002	0.0000	0.0003	0.0000	0.0000	0.0001	0.0000	0.0654
0.0084	0.0127	0.0627	0.0150	0.0019	0.0019	0.0019	0.0105
0.0031	0.0002	0.0176	0.0013	0.1208	0.0000	0.1560	0.0760
0.0040	0.0002	0.0000	0.0000	0.0000			
4.3018	0.0000	0.0082	0.0006	0.0001	0.0033	0.0449	0.0289
0.0119	0.0086	0.0000	0.0000	0.0002	0.0017	0.0085	0.0002
0.0002	0.0000	0.0002	0.0000	0.0000	0.0000	0.0000	0.0235
0.0004	0.0180	0.0807	0.0010	0.0000	0.0000	0.0280	0.0601
0.0069	0.0014	0.0122	0.0516	0.2041	0.0000	0.1584	0.0215
0.0037	0.0002	0.0000	0.0000	0.0000			
4.4115	0.0000	0.0050	0.0004	0.0015	0.0001	0.0133	0.0001
0.0021	0.0003	0.0004	0.0001	0.0006	0.0033	0.0014	0.0000
0.0029	0.0000	0.0001	0.0000	0.0000	0.0002	0.0002	0.0281
0.0371	0.0095	0.0293	0.0111	0.0011	0.0007	0.0110	0.0001
0.0343	0.0132	0.0329	0.2466	0.0223	0.0000	0.0226	0.0458
0.0006	0.0111	0.0000	0.0000	0.0001			
4.4876	0.0000	0.0015	0.0212	0.0031	0.0012	0.0188	0.0785
0.0162	0.0001	0.0008	0.0000	0.0000	0.0006	0.0348	0.0000
0.0012	0.0000	0.0025	0.0000	0.0000	0.0002	0.0000	0.0094
0.0002	0.0000	0.0005	0.0097	0.0094	0.0001	0.0817	0.0451
0.0001	0.0040	0.1444	0.0328	0.0261	0.0000	0.0256	0.0416
0.0536	0.0360	0.0000	0.0000	0.0002			
4.5316	0.0000	0.0003	0.0007	0.0000	0.0043	0.0401	0.0059
0.0048	0.0085	0.0003	0.0000	0.0000	0.0019	0.1672	0.0000
0.0008	0.0000	0.0002	0.0000	0.0000	0.0000	0.0000	0.0453
0.0315	0.0008	0.0468	0.0050	0.0013	0.0188	0.0001	0.0010
0.0124	0.0368	0.0273	0.0082	0.0460	0.0000	0.0160	0.0047
0.0945	0.0000	0.0000	0.0000	0.0001			
4.7126	0.0000	0.0134	0.0120	0.0095	0.0053	0.0007	0.0531
0.0364	0.0546	0.0064	0.0000	0.0001	0.0000	0.0068	0.0012
0.0001	0.0003	0.0011	0.0000	0.0000	0.0000	0.0000	0.0281
0.0006	0.0108	0.0392	0.0055	0.0148	0.0290	0.0195	0.2031
0.0003	0.0003	0.0666	0.0424	0.0002	0.0001	0.0147	0.0000
0.0024	0.0001	0.0000	0.0000	0.0004			
4.9033	0.0000	0.0065	0.0032	0.0009	0.0106	0.0068	0.0174
0.0001	0.0182	0.0001	0.0000	0.0000	0.0007	0.0054	0.0007
0.0118	0.0000	0.0000	0.0000	0.0000	0.0001	0.0000	0.0093
0.0825	0.0088	0.0030	0.0098	0.0060	0.0512	0.2497	0.0360
0.0000	0.0081	0.0538	0.0010	0.0201	0.0008	0.0275	0.0035
0.0356	0.0360	0.0000	0.0000	0.0001			
5.0044	0.0000	0.0001	0.2412	0.0083	0.0080	0.0012	0.0701
0.0116	0.0665	0.0006	0.0001	0.0005	0.0013	0.0074	0.0000
0.0008	0.0000	0.0004	0.0000	0.0000	0.0002	0.0001	0.0088
0.1934	0.0128	0.0014	0.0251	0.0370	0.0053	0.0493	0.0001
0.0003	0.0072	0.0067	0.0221	0.0684	0.0006	0.0704	0.0000
0.0347	0.0050	0.0000	0.0000	0.0004			
5.1832	0.0000	0.0274	0.0603	0.0127	0.0054	0.0000	0.0440
0.0017	0.0850	0.0017	0.0000	0.0006	0.0000	0.0011	0.0001
0.0150	0.0002	0.0003	0.0000	0.0000	0.0004	0.0001	0.0499
0.1395	0.0095	0.0009	0.0031	0.0006	0.0083	0.0205	0.0211
0.0022	0.0016	0.0003	0.0133	0.0160	0.0004	0.0026	0.0027
0.1013	0.2027	0.0002	0.0001	0.0002			

Fortsetzung Anhang B.3.1

5.3910	0.0000	0.0723	0.0176	0.0000	0.0073	0.0020	0.0633
0.0190	0.0180	0.0014	0.0002	0.0010	0.0002	0.0262	0.0000
0.0000	0.0000	0.0008	0.0000	0.0000	0.0000	0.0000	0.1645
0.1150	0.0071	0.0023	0.0009	0.0037	0.0144	0.0120	0.0005
0.0030	0.0135	0.0063	0.0278	0.0027	0.0010	0.0207	0.0080
0.0622	0.3106	0.0000	0.0000	0.0012			
5.6312	0.0000	0.3573	0.1005	0.0048	0.0343	0.0112	0.0437
0.0144	0.0507	0.0286	0.0000	0.0000	0.0039	0.0015	0.0009
0.0002	0.0003	0.0004	0.0000	0.0000	0.0002	0.0000	0.0096
0.0605	0.0155	0.0138	0.0203	0.0001	0.0268	0.0000	0.0277
0.0029	0.0078	0.0003	0.0131	0.0036	0.0022	0.0004	0.0129
0.0005	0.0089	0.0000	0.0000	0.0000			
5.8745	0.0000	0.0249	0.0030	0.0096	0.0774	0.0614	0.0001
0.0064	0.0000	0.0004	0.0011	0.0111	0.0181	0.0012	0.0012
0.0000	0.0001	0.0011	0.0000	0.0000	0.0007	0.0008	0.0013
0.0051	0.0010	0.0036	0.0192	0.0142	0.0072	0.0594	0.0047
0.0013	0.0513	0.0087	0.0927	0.0055	0.0006	0.0004	0.0001
0.0018	0.0006	0.0009	0.0001	0.0021			
6.5209	0.0000	0.0005	0.0010	0.0730	0.2658	0.0575	0.0101
0.1473	0.0046	0.0016	0.0002	0.0007	0.0001	0.0056	0.0002
0.0009	0.0012	0.0353	0.0000	0.0000	0.0010	0.0018	0.0003
0.0050	0.0003	0.0003	0.0023	0.0019	0.0341	0.0105	0.0229
0.0000	0.0027	0.0029	0.0177	0.0052	0.0001	0.0009	0.0081
0.0256	0.0314	0.0001	0.0000	0.0019			
7.0198	0.0000	0.0326	0.0125	0.0010	0.0660	0.0324	0.0165
0.0041	0.0007	0.0044	0.0000	0.0000	0.0000	0.0029	0.0001
0.0003	0.0001	0.0061	0.0000	0.0000	0.0025	0.0010	0.0078
0.0335	0.0064	0.0005	0.0021	0.0033	0.5552	0.2520	0.3066
0.0001	0.0001	0.0046	0.0005	0.0001	0.0069	0.0078	0.0009
0.0283	0.0516	0.0000	0.0001	0.0003			
7.6036	0.0000	0.0266	0.0048	0.1316	0.1718	0.0030	0.0076
0.1295	0.0348	0.0015	0.0004	0.0031	0.0001	0.0005	0.0045
0.0009	0.0001	0.0380	0.0000	0.0002	0.0004	0.0011	0.0003
0.0069	0.0003	0.0042	0.0002	0.0004	0.0277	0.0012	0.0001
0.0004	0.0163	0.0135	0.0286	0.0029	0.0020	0.0174	0.0082
0.0002	0.0009	0.0001	0.0001	0.0112			
8.3619	0.0000	0.0608	0.0094	0.0071	0.1570	0.0209	0.0333
0.0189	0.0019	0.0421	0.0001	0.0005	0.0008	0.0030	0.0000
0.0004	0.0001	0.0015	0.0001	0.0005	0.0070	0.0002	0.0029
0.0306	0.2662	0.2546	0.1957	0.2192	0.0032	0.0000	0.0114
0.0171	0.0018	0.0002	0.0002	0.0056	0.0139	0.0001	0.0009
0.0098	0.0093	0.0011	0.0001	0.0100			
8.8174	0.0000	0.0334	0.0180	0.0121	0.0189	0.0017	0.0000
0.0003	0.0093	0.0050	0.0001	0.0003	0.0013	0.0001	0.0000
0.0000	0.0000	0.0012	0.0000	0.0002	0.0119	0.0009	0.0015
0.0000	0.2007	0.1119	0.0728	0.0897	0.0070	0.0002	0.0021
0.0440	0.0004	0.0024	0.0061	0.0084	0.4327	0.0005	0.0000
0.0009	0.0000	0.0006	0.0000	0.0021			
10.1682	0.0000	0.0445	0.1828	0.5960	0.0002	0.0142	0.0051
0.1500	0.2261	0.5582	0.0000	0.0008	0.0006	0.0000	0.0000
0.0000	0.0002	0.0231	0.0000	0.0000	0.0010	0.0001	0.0027
0.0017	0.0194	0.0367	0.0138	0.0409	0.0039	0.0024	0.0084
0.0005	0.0003	0.0004	0.0005	0.0013	0.0068	0.0002	0.0018
0.0118	0.0000	0.0004	0.0001	0.0001			

Fortsetzung Anhang B.3.1							
10.7049	0.0001	0.0131	0.0000	0.0228	0.0225	0.0000	0.0011
0.0217	0.0030	0.0015	0.0001	0.0038	0.0017	0.0005	0.0002
0.0033	0.0003	0.0028	0.0000	0.0004	0.0516	0.1099	0.0003
0.0018	0.1990	0.0511	0.0494	0.1026	0.0270	0.0003	0.0026
0.0109	0.0006	0.0000	0.0136	0.0017	0.2544	0.0004	0.0056
0.0069	0.0108	0.0189	0.0053	0.0037			
13.7487	0.0006	0.0162	0.0010	0.0030	0.0345	0.0078	0.0133
0.0105	0.0008	0.0152	0.0016	0.0296	0.0055	0.0015	0.0014
0.0046	0.0022	0.0053	0.0002	0.0001	0.1349	0.1293	0.0039
0.0151	0.0310	0.0434	0.0063	0.0232	0.0280	0.0036	0.0109
0.0228	0.0000	0.0000	0.0086	0.0006	0.0019	0.0008	0.0000
0.0000	0.0018	0.2048	0.0199	0.0039			
15.9206	0.0000	0.0063	0.0003	0.0068	0.0000	0.0038	0.0018
0.0006	0.0001	0.0000	0.0006	0.0232	0.0023	0.0027	0.0002
0.0008	0.0000	0.0003	0.0001	0.0003	0.5607	0.3063	0.0001
0.0020	0.0186	0.0062	0.0031	0.0089	0.0031	0.0016	0.0002
0.0012	0.0026	0.0000	0.0007	0.0028	0.0594	0.0006	0.0011
0.0001	0.0008	0.0436	0.0190	0.0006			
18.7903	0.0005	0.0067	0.0007	0.0001	0.0040	0.0046	0.0008
0.0000	0.0121	0.0029	0.0206	0.0924	0.0017	0.0005	0.0025
0.0081	0.0025	0.0018	0.0001	0.0000	0.1891	0.0282	0.0027
0.0000	0.0024	0.0010	0.0000	0.0058	0.0020	0.0061	0.0000
0.0000	0.0000	0.0004	0.0079	0.0001	0.0055	0.0039	0.0060
0.0005	0.0102	0.4400	0.1745	0.0018			
24.0334	0.0007	0.0096	0.0070	0.0276	0.0166	0.0028	0.0043
0.0006	0.0008	0.0008	0.1590	0.6341	0.0157	0.0104	0.0005
0.0001	0.0002	0.0003	0.0005	0.0040	0.0038	0.0376	0.0002
0.0006	0.0043	0.0057	0.0017	0.0001	0.0060	0.0012	0.0000
0.0079	0.0290	0.0155	0.0042	0.0002	0.0001	0.0005	0.0044
0.0031	0.0001	0.0006	0.2645	0.0151			
30.7113	0.0144	0.0001	0.0049	0.0037	0.0002	0.0001	0.0013
0.0040	0.0107	0.0042	0.0470	0.0509	0.0079	0.0059	0.0739
0.0772	0.0806	0.0935	0.0009	0.0001	0.0034	0.0138	0.0049
0.0002	0.0405	0.0128	0.0116	0.0266	0.0147	0.0033	0.0005
0.0000	0.0018	0.0006	0.0016	0.0002	0.0064	0.0014	0.0011
0.0024	0.0348	0.1848	**0.4404**	0.0053			
46.9322	0.0323	0.0210	0.0078	0.0002	0.0058	0.0712	0.0002
0.0197	0.0156	0.1105	**0.4172**	0.0425	**0.3713**	0.1769	0.0115
0.0201	0.0091	0.0111	0.0025	0.0554	0.0017	0.2043	0.0015
0.0257	0.0002	0.0013	0.0116	0.0077	0.0660	0.0007	0.0064
0.0662	**0.2819**	0.1764	0.0595	0.0090	0.0627	0.0010	0.0153
0.0019	0.0237	0.0011	0.0682	**0.3169**			
95.2029	0.2044	0.0481	0.0195	0.0040	0.0033	0.0561	0.0000
0.0241	0.0573	0.1268	0.3105	0.0076	**0.3803**	0.1812	**0.7393**
0.7013	**0.7408**	**0.6400**	0.0952	0.0001	0.0234	0.1102	0.0053
0.0408	0.0099	0.0001	0.0066	0.0363	0.0041	0.0030	0.0093
0.0544	0.2828	0.1564	0.0003	0.0101	0.0123	0.0010	0.0340
0.0115	0.0576	0.0858	0.0064	**0.3702**			
204.2217	**0.7469**	0.0546	0.0013	0.0060	0.0089	0.0514	0.0014
0.0219	0.0214	0.0423	0.0385	0.0775	0.1694	0.1270	0.1588
0.1254	0.1606	0.1240	**0.9003**	**0.9383**	0.0044	0.0533	0.0055
0.0292	0.0340	0.0000	0.0075	0.0151	0.0108	0.0037	0.0083
0.0339	0.1810	0.1822	0.2238	0.0199	0.1244	0.0000	0.0072
0.0071	0.0545	0.0166	0.0009	**0.2507**			

B.3.2 Diagnose auf Basis aller Frauen

TOBIT-und MULTINOMIALES-LOGIT-Modell

VARIANCE-INFLATION-FACTORS

Variable	mit $\hat{\beta}_1$ VIF	ohne $\hat{\beta}_1$ VIF
$\hat{\beta}_1$	**383.76**	–
R	1.82	1.44
FH	1.42	1.39
A	2.30	2.18
L	2.56	1.43
SG	1.19	1.15
MS	1.14	1.11
B	1.52	1.49
FA	1.52	1.48
UA	2.38	2.31
VE	**23.17**	**10.76**
VE2	**12.72**	**9.64**
TE	1.61	1.23
MA	1.21	1.08
ARB	5.09	3.52
SEL	1.85	1.75
ANG	8.94	4.46
BEA	2.83	2.74
AL	**1371.39**	**94.16**
AL2	**449.80**	**93.87**
ZE	**12.05**	1.31
ZH	**14.40**	1.16
AS	1.25	1.16
CB	1.71	1.20
ARBV	3.34	1.88
ANGV	1.69	1.51
BEAV	1.48	1.36
SELV	1.98	1.63
ARBM	2.80	1.57
SELM	1.43	1.31
BEAM	1.49	1.28
ALOS	1.14	1.11
K06	1.80	1.47
K710	1.40	1.16
K1116	1.77	1.33
PPH	1.07	1.04
NM	5.15	1.58
WR	1.02	1.02
ZD	1.08	1.05
RE2	1.22	1.08
RE3	1.73	1.20
AREG	**21.20**	1.10
$ln(w)$	**85.51**	2.08

CONDITION-Indices und Varianzproportionentabelle

CI	$\hat{\beta}_1$	R	FH	A	L	SG	MS
B	FA	UA	VE	VE2	TE	MA	ARB
SEL	ANG	BEA	AL	AL2	ZE	ZH	AS
CB	ARBV	ANGV	BEAV	SELV	ARBM	SELM	BEAM
ALOS	K06	K710	K1116	PPH	NM	WR	ZD
RE2	RE3	AREG	$ln(w)$				
1.0000	0.0000	0.0007	0.0001	0.0001	0.0010	0.0002	0.0002
0.0001	0.0001	0.0001	0.0001	0.0001	0.0009	0.0006	0.0003
0.0002	0.0003	0.0001	0.0000	0.0000	0.0004	0.0004	0.0004
0.0011	0.0007	0.0004	0.0003	0.0005	0.0008	0.0004	0.0006
0.0001	0.0006	0.0007	0.0008	0.0002	0.0008	0.0000	0.0002
0.0006	0.0010	0.0003	0.0001				
2.2781	0.0000	0.0005	0.0039	0.0338	0.0011	0.0003	0.0003
0.0168	0.0110	0.0290	0.0001	0.0002	0.0009	0.0004	0.0030
0.0004	0.0000	0.0289	0.0000	0.0000	0.0000	0.0000	0.0009
0.0015	0.0027	0.0066	0.0054	0.0001	0.0055	0.0002	0.0132
0.0014	0.0023	0.0023	0.0001	0.0008	0.0006	0.0002	0.0015
0.0004	0.0000	0.0000	0.0000				
2.7354	0.0000	0.0346	0.0054	0.0069	0.0100	0.0183	0.0130
0.0066	0.0000	0.0084	0.0010	0.0036	0.0012	0.0049	0.0086
0.0043	0.0074	0.0101	0.0000	0.0000	0.0000	0.0000	0.0113
0.0045	0.0000	0.0136	0.0006	0.0028	0.0026	0.0006	0.0016
0.0022	0.0249	0.0111	0.0008	0.0007	0.0022	0.0028	0.0001
0.0001	0.0005	0.0000	0.0000				
2.8714	0.0000	0.0035	0.0157	0.0021	0.0014	0.0051	0.0176
0.0048	0.0120	0.0042	0.0005	0.0023	0.0001	0.0012	0.0058
0.0569	0.0000	0.0061	0.0000	0.0000	0.0000	0.0001	0.0005
0.0008	0.0122	0.0016	0.0001	0.0219	0.0129	0.0853	0.0004
0.0012	0.0059	0.0146	0.0000	0.0016	0.0000	0.0037	0.0291
0.0012	0.0003	0.0001	0.0000				
3.0987	0.0000	0.0184	0.1993	0.0009	0.0050	0.0017	0.0054
0.0007	0.1314	0.0033	0.0001	0.0002	0.0001	0.0217	0.0033
0.0006	0.0009	0.0003	0.0000	0.0000	0.0000	0.0000	0.0032
0.0000	0.0015	0.0007	0.0095	0.0018	0.0037	0.0011	0.0072
0.0192	0.0068	0.0005	0.0006	0.0129	0.0003	0.0001	0.0112
0.0020	0.0003	0.0000	0.0000				
3.1795	0.0000	0.0078	0.0078	0.0048	0.0009	0.0060	0.0219
0.0157	0.0062	0.0043	0.0007	0.0021	0.0025	0.0017	0.0035
0.0311	0.0025	0.0013	0.0000	0.0000	0.0000	0.0000	0.1214
0.0351	0.0017	0.0023	0.0022	0.0013	0.0017	0.0434	0.0138
0.0059	0.0106	0.0255	0.0123	0.0005	0.0006	0.0118	0.0256
0.0022	0.0271	0.0000	0.0000				
3.3178	0.0000	0.0004	0.0035	0.0001	0.0014	0.0002	0.0037
0.0024	0.0001	0.0001	0.0042	0.0132	0.0534	0.0687	0.0006
0.0001	0.0004	0.0006	0.0000	0.0000	0.0001	0.0001	0.0159
0.0128	0.0051	0.0004	0.0001	0.0186	0.0000	0.0097	0.0119
0.0098	0.0205	0.0023	0.0338	0.0625	0.0005	0.0390	0.0030
0.0006	0.0031	0.0000	0.0000				
3.3826	0.0000	0.0063	0.0001	0.0245	0.0004	0.0038	0.0179
0.1417	0.0136	0.0480	0.0000	0.0001	0.0029	0.0430	0.0001
0.0022	0.0002	0.0077	0.0000	0.0000	0.0000	0.0000	0.0146
0.0026	0.0005	0.0015	0.0042	0.0000	0.0003	0.0019	0.0095
0.0004	0.0005	0.0032	0.0184	0.0382	0.0004	0.0079	0.0528
0.0556	0.0373	0.0000	0.0000				

Fortsetzung Anhang B.3.2

3.4913	0.0000	0.0118	0.0004	0.0028	0.0040	0.0413	0.0174
0.0513	0.0295	0.0017	0.0001	0.0001	0.0013	0.0199	0.0004
0.0157	0.0007	0.0015	0.0000	0.0000	0.0004	0.0001	0.0199
0.0054	0.0001	0.0399	0.0424	0.0001	0.0001	0.0012	0.0006
0.1124	0.0282	0.0084	0.0187	0.1460	0.0028	0.0201	0.0001
0.0011	0.0100	0.0000	0.0000				
3.5425	0.0000	0.0001	0.0000	0.0049	0.0120	0.0951	0.0019
0.0263	0.0003	0.0083	0.0000	0.0001	0.0033	0.0018	0.0052
0.0024	0.0019	0.0014	0.0000	0.0000	0.0000	0.0000	0.0038
0.0068	0.0002	0.0053	0.0009	0.0003	0.0001	0.0014	0.0011
0.2003	0.0025	0.0179	0.0003	0.0739	0.0008	0.1286	0.0263
0.1058	0.0013	0.0000	0.0000				
3.5748	0.0000	0.0037	0.0028	0.0002	0.0023	0.1222	0.0825
0.0116	0.0180	0.0000	0.0002	0.0005	0.0047	0.0582	0.0000
0.0010	0.0003	0.0006	0.0000	0.0000	0.0000	0.0000	0.0220
0.0000	0.0031	0.0045	0.1738	0.0117	0.0003	0.0003	0.0041
0.0449	0.0111	0.0006	0.0028	0.0217	0.0002	0.0095	0.0403
0.0415	0.0144	0.0000	0.0000				
3.6373	0.0000	0.0012	0.0021	0.0041	0.0038	0.2135	0.0515
0.0016	0.0029	0.0002	0.0001	0.0005	0.0002	0.0006	0.0007
0.0011	0.0003	0.0010	0.0000	0.0000	0.0000	0.0000	0.0268
0.0001	0.0001	0.1280	0.1447	0.0020	0.0047	0.0002	0.0324
0.0010	0.0001	0.0023	0.0011	0.0141	0.0004	0.0468	0.0089
0.0148	0.0001	0.0000	0.0000				
3.6570	0.0000	0.0001	0.0014	0.0000	0.0012	0.0000	0.0590
0.0001	0.0023	0.0002	0.0004	0.0012	0.0620	0.0001	0.0004
0.0340	0.0000	0.0006	0.0000	0.0000	0.0000	0.0000	0.0514
0.0229	0.0039	0.0032	0.0160	0.0696	0.0001	0.0167	0.0080
0.0037	0.0007	0.0009	0.0047	0.0000	0.0000	0.2768	0.0002
0.0820	0.0112	0.0000	0.0000				
3.7168	0.0000	0.0009	0.0001	0.0027	0.0137	0.0404	0.0940
0.0241	0.0040	0.0016	0.0001	0.0004	0.0085	0.0224	0.0046
0.0043	0.0006	0.0008	0.0000	0.0000	0.0000	0.0000	0.0038
0.0011	0.0127	0.0003	0.0002	0.0543	0.0044	0.0197	0.0001
0.0190	0.0045	0.0009	0.0000	0.0155	0.0001	0.2427	0.0604
0.0651	0.0391	0.0000	0.0000				
3.7584	0.0000	0.0070	0.0008	0.0013	0.0045	0.0036	0.1465
0.0414	0.0098	0.0023	0.0000	0.0000	0.0130	0.0000	0.0055
0.0024	0.0011	0.0016	0.0000	0.0000	0.0000	0.0000	0.0468
0.0041	0.0006	0.0965	0.0184	0.0685	0.0034	0.0015	0.0189
0.0221	0.0203	0.0442	0.0224	0.0002	0.0001	0.0006	0.1044
0.0004	0.0004	0.0000	0.0000				
3.7973	0.0000	0.0019	0.0013	0.0006	0.0013	0.0018	0.0936
0.0117	0.0045	0.0024	0.0004	0.0015	0.0003	0.0001	0.0015
0.0230	0.0014	0.0005	0.0000	0.0000	0.0000	0.0000	0.0021
0.0025	0.0000	0.0108	0.0329	0.0441	0.0007	0.0028	0.0040
0.2379	0.0047	0.0197	0.0024	0.0045	0.0001	0.0871	0.2354
0.0016	0.0035	0.0000	0.0000				
3.8510	0.0000	0.0000	0.0039	0.0001	0.0000	0.0002	0.0203
0.0203	0.0114	0.0006	0.0007	0.0021	0.0097	0.0032	0.0002
0.0806	0.0024	0.0001	0.0000	0.0000	0.0001	0.0000	0.0136
0.0069	0.0000	0.0133	0.0341	0.0020	0.0000	0.0132	0.0001
0.0377	0.0133	0.0001	0.0000	0.1245	0.0000	0.0264	0.0814
0.2607	0.0230	0.0000	0.0000				

Fortsetzung Anhang B.3.2

3.8943	0.0000	0.0047	0.0004	0.0000	0.0103	0.0384	0.0158
0.0079	0.0066	0.0009	0.0004	0.0014	0.0097	0.0272	0.0019
0.0172	0.0002	0.0011	0.0000	0.0000	0.0000	0.0000	0.0487
0.0214	0.0001	0.0319	0.0084	0.0128	0.0073	0.0003	0.0771
0.0654	0.0062	0.0028	0.0030	0.3150	0.0001	0.0482	0.0659
0.0125	0.0002	0.0000	0.0000				
4.0606	0.0000	0.0447	0.0250	0.0000	0.0012	0.0559	0.0725
0.0056	0.0120	0.0052	0.0002	0.0004	0.0324	0.0136	0.0024
0.0012	0.0003	0.0008	0.0000	0.0000	0.0001	0.0001	0.0409
0.0042	0.0230	0.0142	0.0145	0.0400	0.0028	0.0000	0.0321
0.0250	0.0529	0.1181	0.0889	0.0351	0.0004	0.0006	0.0183
0.0030	0.0002	0.0000	0.0000				
4.1070	0.0000	0.0001	0.0000	0.0020	0.0045	0.0692	0.0011
0.0031	0.0001	0.0001	0.0001	0.0003	0.0839	0.1239	0.0008
0.0261	0.0009	0.0023	0.0000	0.0000	0.0000	0.0000	0.0410
0.0008	0.0008	0.0003	0.0104	0.0028	0.0044	0.0953	0.2671
0.0070	0.0048	0.0302	0.0259	0.0488	0.0003	0.0082	0.0013
0.0034	0.0031	0.0000	0.0000				
4.2019	0.0000	0.0009	0.0004	0.0022	0.0005	0.0160	0.0278
0.0117	0.0091	0.0075	0.0000	0.0000	0.0637	0.1268	0.0111
0.0125	0.0044	0.0110	0.0000	0.0000	0.0000	0.0000	0.0266
0.0097	0.0089	0.0786	0.0128	0.0041	0.0020	0.0473	0.0423
0.0002	0.0561	0.0396	0.0290	0.0128	0.0001	0.0129	0.1705
0.0033	0.0084	0.0000	0.0000				
4.2519	0.0000	0.0007	0.0026	0.0064	0.0000	0.0061	0.0774
0.0009	0.0182	0.0003	0.0000	0.0001	0.0088	0.3364	0.0087
0.0065	0.0020	0.0006	0.0000	0.0000	0.0003	0.0002	0.0238
0.0019	0.0587	0.0529	0.0321	0.0138	0.0063	0.0025	0.0034
0.0048	0.0191	0.0541	0.0804	0.0013	0.0008	0.0010	0.0196
0.0001	0.0001	0.0000	0.0000				
4.4486	0.0000	0.0176	0.0632	0.0032	0.0002	0.0128	0.0079
0.0007	0.0734	0.0053	0.0001	0.0005	0.0210	0.0055	0.0110
0.0770	0.0005	0.0015	0.0000	0.0000	0.0000	0.0000	0.0152
0.0008	0.0048	0.0000	0.0075	0.0124	0.0154	0.1821	0.0571
0.0023	0.0633	0.2353	0.0000	0.0091	0.0005	0.0032	0.0026
0.0001	0.0163	0.0000	0.0000				
4.4973	0.0000	0.0010	0.0084	0.0105	0.0025	0.0060	0.0078
0.0000	0.0219	0.0000	0.0001	0.0003	0.1301	0.0350	0.0052
0.0829	0.0000	0.0011	0.0000	0.0000	0.0001	0.0000	0.0081
0.0040	0.0016	0.0087	0.0078	0.0013	0.0252	0.0833	0.0044
0.0284	0.0136	0.2404	0.1751	0.0006	0.0001	0.0033	0.0008
0.0054	0.0076	0.0000	0.0000				
4.6958	0.0000	0.1067	0.2406	0.0074	0.0224	0.0003	0.0180
0.0616	0.2157	0.0055	0.0001	0.0005	0.0019	0.0113	0.0144
0.0178	0.0033	0.0004	0.0000	0.0000	0.0001	0.0001	0.0693
0.0092	0.0088	0.0021	0.0075	0.0198	0.0120	0.0656	0.0355
0.0240	0.0000	0.0002	0.0127	0.0078	0.0000	0.0009	0.0068
0.0001	0.0002	0.0000	0.0000				
4.8881	0.0000	0.2836	0.0719	0.0693	0.0067	0.0368	0.0179
0.0474	0.0155	0.1027	0.0000	0.0005	0.0001	0.0015	0.0006
0.0006	0.0006	0.0218	0.0000	0.0000	0.0003	0.0005	0.0029
0.0001	0.0017	0.0035	0.0199	0.0040	0.0024	0.0092	0.0082
0.0018	0.0144	0.0001	0.0006	0.0075	0.0008	0.0009	0.0013
0.0853	0.1521	0.0003	0.0000				

Fortsetzung Anhang B.3.2

4.9882	0.0000	0.0120	0.0032	0.0004	0.0018	0.0027	0.0021
0.0005	0.0000	0.0003	0.0012	0.0039	0.1520	0.0082	0.0005
0.0012	0.0012	0.0004	0.0000	0.0000	0.0001	0.0002	0.2814
0.5310	0.0037	0.0004	0.0099	0.0004	0.0079	0.0104	0.0005
0.0015	0.0401	0.0002	0.0263	0.0002	0.0006	0.0013	0.0010
0.0032	0.0017	0.0002	0.0000				
5.0850	0.0000	0.0802	0.0426	0.0144	0.0006	0.0007	0.0132
0.0009	0.0153	0.0165	0.0007	0.0010	0.0019	0.0176	0.0260
0.0339	0.0060	0.0006	0.0000	0.0000	0.0001	0.0000	0.0020
0.0003	0.0038	0.0096	0.0071	0.0027	0.0123	0.0175	0.0012
0.0010	0.0644	0.0005	0.0440	0.0090	0.0083	0.0002	0.0000
0.1753	0.4282	0.0001	0.0000				
5.3851	0.0000	0.0251	0.0305	0.0008	0.0113	0.0029	0.0003
0.0037	0.0020	0.0006	0.0024	0.0095	0.1744	0.0081	0.0034
0.0432	0.0034	0.0049	0.0000	0.0001	0.0029	0.0020	0.0445
0.2284	0.0047	0.0010	0.0113	0.0006	0.0228	0.0019	0.0001
0.0002	0.2180	0.0015	0.1296	0.0097	0.0008	0.0014	0.0132
0.0270	0.0262	0.0015	0.0001				
5.8845	0.0000	0.0408	0.0222	0.1286	0.3265	0.1136	0.0320
0.1162	0.0132	0.0001	0.0000	0.0002	0.0000	0.0000	0.0017
0.0003	0.0099	0.2777	0.0000	0.0000	0.0004	0.0001	0.0000
0.0013	0.0059	0.0020	0.0031	0.0019	0.0048	0.0083	0.0009
0.0008	0.0002	0.0054	0.0024	0.0006	0.0006	0.0000	0.0066
0.0025	0.0018	0.0001	0.0000				
6.3492	0.0000	0.0291	0.0257	0.1751	0.2795	0.0250	0.0070
0.0328	0.0015	0.0023	0.0005	0.0009	0.0049	0.0088	0.0725
0.0000	0.0029	0.0436	0.0000	0.0001	0.0003	0.0008	0.0027
0.0010	0.0004	0.0197	0.0133	0.0013	0.1794	0.0636	0.0815
0.0014	0.0215	0.0015	0.0036	0.0005	0.0060	0.0054	0.0001
0.0266	0.0914	0.0006	0.0000				
6.6986	0.0000	0.0718	0.0219	0.0556	0.0795	0.0000	0.0005
0.0369	0.0028	0.0140	0.0000	0.0012	0.0096	0.0034	0.0067
0.0085	0.0003	0.0538	0.0000	0.0002	0.0141	0.0037	0.0184
0.0310	0.0173	0.0077	0.0139	0.0000	0.4158	0.1761	0.2275
0.0049	0.0043	0.0056	0.0043	0.0021	0.0346	0.0002	0.0012
0.0061	0.0197	0.0005	0.0000				
7.6763	0.0000	0.0570	0.1308	0.2546	0.0004	0.0130	0.0149
0.1636	0.1844	0.4111	0.0000	0.0000	0.0009	0.0002	0.0011
0.0003	0.0021	0.1254	0.0000	0.0000	0.0016	0.0000	0.0000
0.0000	0.1292	0.0411	0.0390	0.0534	0.0059	0.0001	0.0059
0.0304	0.0000	0.0054	0.0286	0.0054	0.1597	0.0007	0.0012
0.0001	0.0012	0.0000	0.0000				
7.7711	0.0000	0.0033	0.0303	0.0946	0.0293	0.0249	0.0052
0.1058	0.0967	0.2454	0.0002	0.0014	0.0051	0.0001	0.0063
0.0000	0.0014	0.0689	0.0000	0.0004	0.0004	0.0007	0.0046
0.0037	0.0478	0.0486	0.0154	0.0428	0.0866	0.0036	0.0127
0.0266	0.0134	0.0225	0.0370	0.0023	0.3881	0.0022	0.0006
0.0016	0.0005	0.0000	0.0000				
8.5585	0.0000	0.0132	0.0179	0.0275	0.0079	0.0000	0.0002
0.0111	0.0197	0.0164	0.0004	0.0013	0.0091	0.0015	0.0026
0.0002	0.0017	0.0107	0.0002	0.0012	0.0060	0.0160	0.0003
0.0070	0.5145	0.2943	0.2527	0.4416	0.0074	0.0000	0.0021
0.0076	0.0584	0.0114	0.0275	0.0065	0.0744	0.0022	0.0011
0.0010	0.0028	0.0018	0.0002				

Fortsetzung Anhang B.3.2							
10.8147	0.0001	0.0182	0.0052	0.0137	0.0998	0.0034	0.0045
0.0066	0.0029	0.0036	0.0048	0.0092	0.0029	0.0020	0.1640
0.1170	0.1971	0.0552	0.0004	0.0049	0.0548	0.0351	0.0040
0.0072	0.0451	0.0152	0.0050	0.0042	0.0088	0.0063	0.0012
0.0015	0.0820	0.0296	0.0150	0.0025	0.1100	0.0006	0.0009
0.0001	0.0000	0.0028	0.0021				
11.8235	0.0001	0.0140	0.0000	0.0016	0.0174	0.0038	0.0003
0.0027	0.0061	0.0079	0.0063	0.0350	0.0420	0.0041	0.1581
0.1120	0.2269	0.0851	0.0002	0.0012	0.2629	0.1329	0.0036
0.0231	0.0101	0.0110	0.0037	0.0038	0.0070	0.0039	0.0033
0.0080	0.0000	0.0000	0.0098	0.0007	0.0126	0.0001	0.0000
0.0009	0.0016	0.0067	0.0023				
14.7877	0.0004	0.0001	0.0010	0.0048	0.0055	0.0006	0.0002
0.0000	0.0031	0.0032	0.0006	0.0098	0.0125	0.0072	0.0530
0.0218	0.0379	0.0074	0.0000	0.0014	0.5195	0.3237	0.0001
0.0039	0.0005	0.0002	0.0000	0.0004	0.0484	0.0092	0.0011
0.0158	0.0244	0.0035	0.0020	0.0015	0.0039	0.0007	0.0033
0.0010	0.0011	0.1704	0.0001				
15.9657	0.0005	0.0026	0.0004	0.0019	0.0003	0.0009	0.0010
0.0000	0.0008	0.0021	0.0031	0.0137	0.0126	0.0039	0.0477
0.0342	0.0598	0.0150	0.0000	0.0010	0.0982	0.3906	0.0013
0.0001	0.0092	0.0082	0.0005	0.0008	0.0090	0.0020	0.0013
0.0105	0.0040	0.0000	0.0002	0.0018	0.0533	0.0002	0.0012
0.0001	0.0139	0.4790	0.0003				
20.5456	0.0008	0.0000	0.0002	0.0002	0.0006	0.0004	0.0061
0.0017	0.0023	0.0000	**0.6644**	**0.6380**	0.0102	0.0008	0.3005
0.1081	0.3238	0.1018	0.0000	0.0009	0.0003	0.0043	0.0002
0.0005	0.0007	0.0001	0.0002	0.0002	0.0000	0.0006	0.0005
0.0028	0.0007	0.0002	0.0010	0.0008	0.0088	0.0003	0.0005
0.0006	0.0005	0.0097	0.0276				
24.5777	0.0238	0.0399	0.0066	0.0274	0.0151	0.0028	0.0023
0.0000	0.0034	0.0071	0.2085	0.1870	0.0026	0.0001	0.0513
0.0147	0.0783	0.0211	0.0002	0.0036	0.0307	0.0531	0.0005
0.0007	0.0109	0.0110	0.0020	0.0140	0.0385	0.0017	0.0039
0.0068	0.0404	0.0133	0.0133	0.0007	0.0132	0.0009	0.0009
0.0011	0.0095	0.2103	0.2357				
48.3607	**0.2449**	0.0273	0.0001	0.0050	0.0117	0.0099	0.0172
0.0009	0.0157	0.0254	0.0303	0.0147	0.0003	0.0000	0.0002
0.0002	0.0092	0.0238	0.0067	0.0142	0.0033	0.0310	0.0013
0.0001	0.0221	0.0045	0.0138	0.0167	0.0233	0.0072	0.0016
0.0021	0.0110	0.0113	0.0093	0.0001	0.0267	0.0003	0.0004
0.0029	0.0390	0.1146	**0.7309**				
165.9118	**0.7293**	0.0065	0.0003	0.0028	0.0001	0.0002	0.0005
0.0004	0.0003	0.0018	0.0666	0.0408	0.0426	0.0043	0.0049
0.0020	0.0056	0.0003	**0.9920**	**0.9707**	0.0020	0.0037	0.0005
0.0001	0.0207	0.0044	0.0019	0.0045	0.0030	0.0025	0.0001
0.0001	0.0292	0.0120	0.1113	0.0000	0.0854	0.0000	0.0001
0.0011	0.0000	0.0008	0.0005				

Anhang C

Kennzeichen ausgewählter Untersuchungen zum Arbeitsangebot von Frauen in der Bundesrepublik Deutschland

(a) FRANZ, W. (1981):	*Schätzung regionaler Arbeitsangebotsfunktionen mit Hilfe der TOBIT-Methode und des PROBIT-Verfahrens unter Berücksichtigung des sogenannten 'sample selection bias'.* In: Jahrbuch für Regionalwissenschaft, S. 88 - 108.
(b) FRANZ, W. KAWASAKI, S. (1981):	*Labor Supply of Married Women in the Federal Republic of Germany Theory and Empirical Results from a New Estimation Procedure.* In: Empirical Economics, Vol. 6, S. 129 - 143
Stichprobenkennzeichen:	Mikrozensus 1976 für Baden-Württemberg n = 16297 verheiratete Frauen n_1 = 7251 erwerbstätige Frauen Anteil erwerbstätiger Frauen in der Stichprobe: 27.57 %
Untersuchungsgegenstand und Analysemethoden :	1. Erwerbsbeteiligung – PROBIT 2. Marktlohngleichung – HECKMANN 3. Arbeitsstundenschätzung HECKMANN TOBIT[1]

1.) Ist nur in der unter (a) veröffentlichten Untersuchung enthalten.

HÜBLER, O. (1983):	*Ökonometrische Untersuchungen zum Arbeitsangebotsverhalten von Frauen.* In: MittAB, Vol. 16, S. 301 - 311.
Stichprobenkennzeichen	(a) Stichprobe 50-jähriger Hannoveraner Frauen aus dem Jahr 1970 $n = 772$ $n_1 = 430$ Anteil erwerbstätiger Frauen in der Stichprobe: 55.67 % (b) Stichprobe 16 - 44-jähriger Müttter, in Niedersachen leben aus dem Jahr 1978 $n = 888$ $n_1 = 344$ Anteil erwerbstätiger Frauen in der Stichprobe: 38.37 %
Untersuchungsgegenstand und Analysemethoden:	zu (a): 1. Erwerbsbeteiligung - LOGIT 2. Stundenangebot[1] - OLS, LOGIT zu (b): 1. Stundenangebot[1] - LOGIT

1.) Das Stundenangebot der Erwerbstätigen Frauen ist klassifiziert nach (1) vollzeitbeschäftigt und (2) teilzeitbeschäftigt und wird wie eine nominalskalierte endogene Variable behandelt.

MERZ, J. (1987):	*Das Arbeitsangebot verheirateter Frauen in der Bundesrepublik Deutschland – Eine mikroökonometrische Analyse unter Berücksichtigung des 'sample selectivity bias'.* In: KRUPP, H.-J., HANEFELD U. (HRSG.) *Lebenslagen im Wandel: Analysen 1987* Frankfurt, New York, S. 126 - 157.
Stichprobenkennzeichen:	Sozio-ökonomisches Panel 1984 n = 3923 verheiratete Frauen n_1 = 1353 erwerbstätige Frauen Anteil erwerbstätiger Frauen in der Stichprobe: 34.40 %
Untersuchungsgegenstand: und Analysemethoden:	1. Erwerbsbeteiligung – PROBIT 2. Marktlohngleichung – HECKMANN 3. Arbeitsstundenschätzung HECKMANN TOBIT
MERZ, J. (1990):	*Female Labor Supply: Labor Force, Participation , Market Wage Rate and Hour of Married and Unmarried Women in the Federal Republic of Germany.* In: Jahrbücher für Nationalökonomie und Statistik Vol 207, S. 240 - 270.
Stichprobenkennzeichen:	Sozio-ökonomisches Panel 1984 (a) n = 3923 verheiratete Frauen n_1 = 1353 erwerbstätige Frauen Anteil erwerbstätiger Frauen in der Stichprobe: 34.40 % (b) n = 2176 ledige Frauen n_1 = 820 erwerbstätige Frauen Anteil erwerbstätiger Frauen in der Stichprobe: 37.68 %
Untersuchungsgegenstand: und Analysemethoden :	1. Erwerbsbeteiligung – PROBIT 2. Marktlohngleichung – HECKMANN 3. Arbeitsstundenschätzung – HECKMANN

Literaturverzeichnis

[1] AMEMIYA, T. (1973): *Regression Analysis when the dependent Variable is truncated normal.* In: Econometrica, Vol. 41, S. 997 - 1016.

[2] AMEMIYA, T. (1981): *Qualitative Response Models: A Survey.* In: Journal of Economic Literature, Vol. 19, S. 1483 - 1536.

[3] AMEMIYA, T. (1984): *Tobit Models: A Survey.* In: Journal of Econometrics, Vol. 24, S. 3 - 61.

[4] AMEMIYA, T. (1985): *Advanced Econometrics.* Oxford.

[5] ANDERSON, O., M. SCHAFFRANEK, H. STENGER, K. SZAMEITAT (1983): *Bevölkerungsprognosen und Wirtschaftsstatistik.* Berlin Heidelberg New York.

[6] APTECH SYSTEMS, INC. (1988): *GAUSS System Version 2.0.* Kent.

[7] ASHENFELTER, O., R. LAYARD (Eds., 1986): *Handbook of Labor Economics.* Vol. 1 & 2, Amsterdam u.a.O..

[8] ASHENFELTER, O., J. HECKMANN (1973): *Estimating Labor Supply Functions.* In: CAIN, G. G., H. W. WAITS (EDS.), S. 265 - 278.

[9] BECKER, G. S. (1965): *A Theory of the Allocation of Time.* In: Economic Journal, Vol. 75, S. 495 - 517.

[10] BELLMANN, L., K. GERLACH (1984): *Einkommensfunktionen für Frauen und Männer mit individuellen und strukturellen Bestimmungsfaktoren.* In: BELLMANN, L., ET. AL. (HRSG.), S. 190 - 295.

[11] BELLMANN, L., K. GERLACH, O. HÜBLER (Hrsg., 1984): *Lohnstruktur in der Bundesrepublik Deutschland – Zur Theorie und Empirie der Arbeitseinkommen.* Frankfurt a.M., New York.

[12] BENDER, D. (1976): *Angebot des Haushalts: I Arbeitsangebot.* In: Handwörterbuch der Wirtschaftswissenschaften, Bd. 1, Stuttgart u.a.O., S. 223 - 232.

[13] BELSLEY, D. A., E. KUH, R. E. WELSH (1980): *Regression Diagnostics.* New York.

[14] BLINDER, A. S. (1976): *On Dogmatism in Human Capital Theory.* In: Journal of Human Resources, Vol. 11, S. 8 - 22.

[15] BLOSSFELD, H. P., A. HAMERLE, K. U. MAYER (1986): *Ereignisanalyse – Statistische Theorie und Anwendung in den Wirtschafts- und Sozialwissenschaften.* Frankfurt a.M., New York.

[16] BÖVENTER, E. VON (1989): *Einführung in die Mikroökonomie.* 6. Aufl., München.

[17] BODENHÖFER, H. J. (Hrsg., 1988): *Bildung, Beruf und Arbeitsmarkt.* Schriften des Vereins für Socialpolitik, NF Band 174, Berlin.

[18] BRINKMANN, G. (1981): *Die Einkommensfunktion und ihre Testbarkeit.* In: CLEMENT, W. (HRSG.), S. 87 - 116.

[19] BRINKMANN, C., H. KOHLER, L. REYHER (1986): *Teilzeitarbeit und Arbeitsvolumen.* In: MittAB, Vol. 19, S. 362 - 365.

[20] BUCHEGGER, R. (1986): *Korreferat zu Leu & Kugler, Mordasini.* In: SCHELBERT-SYFRIG, H., ET.AL. (HRSG.), S. 279 - 287.

[21] CAIN, G. G., H. W. WATTS (Eds., 1973): *Income Maintenance and Labor Supply.* New York.

[22] CHOW, G. C. (1983): *Econometrics.* Auckland u.a.O..

[23] CLEMENT, W. (Hrsg., 1981): *Konzept und Kritik des Humankapitalansatzes.* Schriften des Vereins für Socialpolitik, NF Band 113, Berlin.

[24] COGAN, J. (1981): *Married womens's labor supply: A comparison of alternative estimation procedures.* In: SMITH J. P. (EDS.), S. 90 - 165.

[25] CORMETZ, W. (1986): *Theorie und Empirie des Arbeitsangebots – Über die Bestimmungsgründe und den Wandel des geschlechtsspezifischen Erwerbsverhaltens.* In: MittAB, Vol. 19, S. 422 - 438.

[26] CREMER, R. (1981): *Arbeitsangebot erwerbsfähiger Frauen – Ökonometrische Analyse der Determinanten gruppenspezifischer Erwerbsquoten.* In: KLAUDER, W., G. KÜHLEWIND (HRSG.), S. 48 - 68.

[27] DEATON, A., J. MUELLBAUER (1980): *Economics and Consumer Behavior.* Cambridge u.a.O..

[28] DHRYMES, P. J. (1986): *Limited Dependent Variables.* In: GRILICHES, Z., M. D. INTRILIGATOR (EDS.), S. 1567 - 1631.

[29] DHRYMES, P. J. (1978): *Introductory Econometrics.* New York Heidelberg.

[30] DICHTL, E., O. ISSING (1987, HRSG.): *Vahlens Großes Wirtschaftslexikon, Bd. 1 und 2.* München.

[31] EHRENBERG, R. G., R. S. SMITH (1982): *Modern Labor Economics – Theory and Public Policy.* Glenview, Illinois.

[32] FOMBY, T. B., R. C. HILL, S. R. JOHNSON (1984): *Advanced Econometric Methods.* New York u.a.O..

[33] FRANKE, J. (1988): *Grundzüge der Mikroökonomik.* 4. Aufl., München Wien.

[34] FRANZ, W. (1981): *Schätzung regionaler Arbeitsangebotsfunktionen mit Hilfe der TOBIT- Methode und des PROBIT-Verfahrens unter Berücksichtigung des sogenannten 'sample selection bias'.* In: Jahrbuch für Regionalwissenschaft, Vol. 2, S. 88 - 108.

[35] FRANZ, W., S. KAWASAKI (1981): *Labour Supply of married women in the Federal Republic of Germany: Theory and empirical results from a new estimation procedure.* In: Empirical Economics, Vol. 6, S. 129 - 143.

[36] FROHN, J. (Hrsg, 1984): *Zur Spezifikation und Analyse ökonometrischer Modelle.* Sonderhefte zum Allgemeinen Statistischen Archiv, Heft 23, Göttingen.

[37] GOLDBERGER, A. S. (1964): *Econometric Theory.* New York.

[38] GREENE, W. H. (1990): *Econometric Analysis.* New York London.

[39] GREENE, W. H. (1983): *Estimation of Limited Dependent Variable Models by Ordinary Least Squares and the Method of Moments.* in: Journal of Econometrics, Vol. 21, S. 195 - 212.

[40] GREENE, W. H. (1981): *On the asymptotic bias of the Ordinary Least Squares Estimator for the Tobit Model.* In: Econometrica, Vol. 49, S. 505 - 513.

[41] GRILICHES, Z., M. D. INTRILIGATOR (1986, EDS): *Handbook of Econometrics, Vol. III.* Amsterdam u. a. O.

[42] GROHMANN, H. (1980): *Rentenversicherung und Bevölkerungsprognosen.* Frankfurt a.M New York.

[43] GÜLICHER, H. (1986): *Ökonometrie für Volkswirte.* Als Manuskript vervielfältigt, Münster.

[44] HANEFELD, U. (1986): *Das Sozio-ökonomische Panel – Konzeption und ausgewählte erhebungsmethodische Ergebnisse.* In: Allgemeines Statistisches Archiv, Vol. 69, S. 399 - 410.

[45] HANEFELD, U. (1987): *Das Sozio-ökonomische Panel.* Frankfurt a.M. New York.

[46] HANUSHEK, E. A., J. E. JACKSON (1977): *Statistical Methods for Social Scientists.* New York.

[47] HECKMANN, J. J. (1979): *Sample Selection Bias as a Specification Error.* In: Econometrica, Vol. 47, S. 153 - 161.

[48] HECKMANN, J. J., T. E. MACURDY (1981): *New methods for estimating labour supply functions: A survey.* In: Research in Labor Supply, Vol. 4, S. 65 -102.

[49] HEIDENREICH, H.-J. (1989): *Erwerbstätigkeit im April 1989 – Ergebnisse des Mikrozensus.* In: Wirtschaft und Statistik, S. 451 - 465.

[50] HELBERGER, C. (1988): *Eine Überprüfung der Linearitätsannahme der Humankapitaltheorie.* In: BODENHÖFER, H.-J. (HRSG.), S. 151 - 170.

[51] HENSHER, D. A., P. R. STOPHER (Eds., 1986): *Behavioral Travel Modelling.* London.

[52] HOCKING, R. R., O. J. PENDLETON (1983): *The Regression Dilemma.* In: Communications in Statistics, A12, S. 497 - 527.

[53] HOFBAUER, H. (1981): *Zur Struktur der Teilzeiterwerbstätigkeit bei Frauen.* In: KLAUDER, K., G. KÜHLEWIND (HRSG.), S. 107 - 120.

[54] HORNSTEIN, Z., J. GRICE, A. WEBB (Eds., 1981): *The Economics of Labour Supply.* London.

[55] HOYER, W., R. RETTIG (1984): *Grundlagen der mikroökonomischen Theorie.* 2. Aufl., Düsseldorf.

[56] HÜBLER, O. (1982): *Arbeitsmarktpolitik und Beschäftigung – Ökonometrische Methoden und Modelle.* Frankfurt a.M..

[57] HÜBLER, O. (1983): *Spezifikation und Schätzung von mikroökonomischen Arbeitsangebotsfunktionen.* Diskussionspapiere Universität Hannover, Serie B, Nr. 12.

[58] HÜBLER, O. (1984): *Zur empirischen Überprüfung alternativer Theorien der Einkommensverteilung – Ökonometrische Ein- und Mehrgleichungsmodelle.* In: BELLMANN L., ET. AL. (HRSG.), S. 17 - 189.

[59] INFRATEST SOZIALFORSCHUNG (Hrsg., 1985): *Das Sozio-ökonomische Panel – Welle 1 Methodenbericht zur Haupterhebung.* München.

[60] INFRATEST SOZIALFORSCHUNG (Hrsg., 1986): *Das Sozio-ökonomische Panel Welle 2 – Methodenbericht zur Haupterhebung.* München.

[61] INFRATEST SOZIALFORSCHUNG (Hrsg., 1987): *Das Sozio-ökonomische Panel Welle 3 – Methodenbericht zur Haupterhebung.* München.

[62] JUDGE, G. G., W. E. GRIFFITHS, R. C. HILL, T.-C. LEE (1980): *The Theory and Practice of Econometrics.* New York.

[63] JUDGE, G. G., W. E. GRIFFITHS, R. C. HILL, H. LÜTKEPOHL, T.-C. LEE (1985): *The Theory and Practice of Econometrics.* 2nd Edition, New York.

[64] JUGDE, G. G., R. C. HILL, W. E. GRIFFITHS, H. LÜTKEPOHL, T.-C. LEE (1988): *Introduction to the theory and practice of Econometrics.* 2nd Edition, New York.

[65] KEELEY, M. C. (1981): *Labor Supply and Public Policy.* New York u.a.O..

[66] KILLINGSWORTH, M. R. (1981): *A Survey of Labor Supply Models: Theoretical analysis and First-Generation empirical results.* In: Research in Labor Economics, Vol. 4, S. 1 - 64.

[67] KILLINGSWORTH, M. R. (1983): *Labor Supply.* Cambridge u.a.O..

[68] Killingsworth, M. R., J. J. Heckmann (1986): *Female Labor Supply: A Survey.* In: Ashenfelter O., R. Layard (Eds.), S. 103 - 204.

[69] Killingsworth, M. R., J. J. Heckmann, T. MaCurdy (1981): *Empirical Evidence on Static Labour Supply.* In: Hornstein, Z., et. al. (Eds.), S. 73 -122.

[70] Klauder, W., G. Kühlewind (Hrsg, 1981): *Probleme der Messung und Vorausschätzung des Frauenerwerbspotentials.* Beiträge zur Arbeits- und Berufsmarktforschung Band 56, Nürnberg.

[71] Krupp, H.-J., U. Hanefeld (Hrsg., 1987): *Lebenslagen im Wandel: Analysen 1987.* Frankfurt New York.

[72] Küsters, U., G. Arminger (1989): *Programmieren in GAUSS.* Stuttgart New York.

[73] Layard, R., M. Barton, A. Zabala (1980): *Married Womens Participation and Hours.* In: Economica, Vol. 47, S. 51 - 72.

[74] Leu, R. E., P. Kugler (1986): *Einkommenssteuer und Arbeitsangebot in der Schweiz.* In: Schelbert-Syfrig, H., et. al. (Hrsg.), S. 205 - 255.

[75] Leuthold, J. H. (1968): *An Empirical Study of Formula Income Transfers and the Word Decision of the Poor.* In: Journal of Human Resources, Vol. 3, S. 312 - 323.

[76] MacRae, D. C., A. M. J. Yezer (1976): *The Personal Income Tax and Family Labor Supply.* In: Southern Economic Journal, Vol. 43, S. 783 - 792.

[77] Maddala, G. S. (1983): *Limited dependent and qualitative Variables in Econometrics.* Cambridge.

[78] McDonald J. F., R. A. Moffitt (1980): *The Uses of Tobit Analysis.* In: Review of Economics and Statistics, Vol. 62, S. 318 - 321.

[79] McFadden, D. (1979): *Quantitative Methods for analyzing travel behaviour of individuals: Some recent developments.* In: Hensher, D. A., P. R. Stopher (Eds.), S. 279 - 318.

[80] Merz, J. (1987): *Das Arbeitsangebot verheirateter Frauen in der Bundesrepublik Deutschland – Eine mikroökonometrische Analyse unter Berücksichtigung des 'selectivity bias'.* In: Krupp, H.-J., U. Hanefeld (Hrsg.), S. 126 - 157.

[81] MERZ, J. (1990): *Female Labor Supply: Labor Force Participation, Market Wage Rate and Working Hour of Married and Unmarried Women in the Federal Republic of Germany.* In: Jahrbücher für Nationalökonomie und Statistik, Vol. 207, S. 240 - 270.

[82] MONTGOMERY, D. C., E. A. PECK (1982): *Introduction to Linear Regression Analysis.* New York.

[83] MORDASINI, B. (1986): *Das Erwerbsverhalten der Frauen in der Schweiz.* In: SCHELBERT-SYFRIG, H. ET. AL. (HRSG.), S. 257 - 278.

[84] MORDASINI, B. (1985): *Das Erwerbsverhalten in der Schweiz – eine empirische Analyse.* Basel.

[85] NAKAMURA M., A. NAKAMURA, D. CULLEN (1979): *Job opportunities, the offered wage and the labor supply of married women.* In: American Economic Review, Vol. 69, S. 787 - 805.

[86] OECD (Eds., versch. Jahrgänge): *Labour Force Statistics.* Paris.

[87] PAARSCH, H. J. (1984): *A Monte Carlo Comparison of Estimators for Censored Regression Models.* In: Journal of Econometrics, Vol. 24, S. 197 - 213.

[88] PENCAVEL, J. (1986): *Labor Supply of men: A survey.* In: ASHENFELTER, O., R. LAYARD (EDS.), S. 3 - 102.

[89] PINDYCK, R. S., D. L. RUBINFIELD (1981): *Econometric Models and Economic Forecasts.* Auckland u.a.O..

[90] POLLAK, R. A., T. J. WALES (1980): *Comparison of the quadratic expenditure system and translog demand systems with alternative specifications of demographic effects.* In: Econometrica, Vol. 48, S. 595 - 612.

[91] PSACHAROPOULOS, G. (1981): *Conceptions and Missconceptions in Human Capital Theory.* In: CLEMENT, W. (HRSG.), S. 9 - 16.

[92] ROBBINS, L. (1930): *On the Elasticity for Income in Terms of Effort.* In: Economica, Vol. 10, S. 123 - 129.

[93] SACHVERSTÄNDIGENRAT ZU BEGUTACHTUNG DER GESAMTWIRTSCHAFTLICHEN ENTWICKLUNG (1985): *Auf dem Weg zu mehr Beschäftigung.* Stuttgart Mainz.

[94] RONNING, G. (1984): *Ökonometrische Modelle mit qualitativen abhängigen Variablen*. In: FROHN, J. (HRSG.), Göttingen, S. 28 - 50.

[95] SAS INSTITUTE, INC. (1985): *SAS Version 5.18*. Cary.

[96] SCHELBERT-SYFRIG, H., N. BLATTNER, P. HALBHERR, N. HARABI (Hrsg., 1986): *Mikroökonomik des Arbeitsmarktes*. Bern Stutgart.

[97] SCHMIDT, P., R. P. STRAUSS (1975): *The Prediction of Occupation using MULTIPLE LOGIT Models*. In: International Economic Review, Vol. 16, S. 471 - 486.

[98] SCHNORR-BÄCKER, S. (1986): *Zur Stellung der Frau in der Wirtschaft*. In: Wirtschaft und Statistik, S. 489 -498.

[99] SCHWARZ, K. (1978): *Erwerbstätigkeit verheirateter Frauen – Ergebnisse des Mikrozensus*. In: Wirtschaft und Statistik, Wiesbaden, , S. 473 - 480.

[100] SCHULZ, P. T. (1980): *Estimating Labour Supply Functions for Married Women*. In: SMITH J. P. (EDS.), S. 25 - 89.

[101] SFB3, DIW (Hrsg., 1989): *Das Sozio-ökonomische Panel, Benutzerhandbuch Version 2*. Berlin.

[102] SMITH, J. P. (Eds., 1980): *Female Labour Supply: Theory and Estimation*. Princeton.

[103] STATISTISCHES BUNDESAMT (Hrsg., versch. Jahrgänge): *Statistisches Jahrbuch*. Stuttgart Mainz.

[104] TOBIN, J. (1958): *Estimation of Relationships for Limited Dependent Variables*. In: Econometrica, Vol. 26, S. 24 - 36.

[105] WAGNER, G. (1979): *Mikroanalytische Arbeitszeiterklärung*. SFB3, Arbeitspapier Nr. 8, Frankfurt a.M..

[106] WALES, T. J., A. D. WOODLAND (1980): *Sample Selectivity and the estimation of labor supply functions*. In: International Economic Review, Vol. 21, S. 437 - 468.

[107] WHITE, H. (1980): *A heteroskedasticity - consistent Covariance matrix estimator and an direct test of Heteroscedaticity*. In: Econometrica, Vol. 48, S. 817 - 838.

[108] WILLIS, R. J. (1986): *Wage Determinants: A Survey and Reinterpretation of Human Capital Earnings Functions.* In: ASHENFELTER, O., R. LAYARD (EDS.), S. 523 - 602.

Wirtschaftswissenschaftliche Beiträge

Band 28: Ingo Heinz und
Renate Klaaßen-Mielke
Krankheitskosten durch Luftverschmutzung
1990. 147 Seiten. Brosch. DM 55,-
ISBN 3-7908-0471-1

Band 29: Brigitte Kalkofen
Gleichgewichtsauswahl in strategischen Spielen
1990. 214 Seiten. Brosch. DM 65,-
ISBN 3-7908-0473-8

Band 30: Klaus G. Grunert
Kognitive Strukturen in der Konsumforschung
1990. 290 Seiten. Brosch. DM 75,-
ISBN 3-7908-0480-0

Band 31: Stefan Felder
Eine neo-österreichische Theorie des Vermögens
1990. 118 Seiten. Brosch. DM 49,-
ISBN 3-7908-0484-3

Band 32: Götz Uebe (Hrsg.)
Zwei Festreden Joseph Langs
1990. 116 Seiten. Brosch. DM 55,-
ISBN 3-7908-0487-8

Band 33: Uwe Cantner
Technischer Fortschritt, neue Güter und internationaler Handel
1990. 289 Seiten. Brosch. DM 75,-
ISBN 3-7908-0488-6

Band 34: Wolfgang Rosenthal
Der erweiterte Maskengenerator eines Software-Entwicklungs-Systems
1990. 275 Seiten. Brosch. DM 75,-
ISBN 3-7908-0492-4

Band 35: Ursula Nessmayr
Die Kapitalsituation im Handwerk
1990. 177 Seiten. Brosch. DM 59,-
ISBN 3-7908-0495-9

Band 36: Henning Wüster
Die sektorale Allokation von Arbeitskräften bei strukturellem Wandel
1990. 148 Seiten. Brosch. DM 55,-
ISBN 3-7908-0497-5

Band 37: Rudolf Hammerschmid
Entwicklung technisch-wirtschaftlich optimierter regionaler Entsorgungsalternativen
1990. 239 Seiten. Brosch. DM 68,-
ISBN 3-7908-0499-1

Band 38: Peter Mitter /
Andreas Wörgötter (Hrsg.)
Austro-Keynesianismus
1990. 102 Seiten. Brosch. DM 55,-
ISBN 3-7908-0514-9

Band 39: Alfred Katterl/
Kurt Kratena
Reale Input-Output Tabelle und ökologischer Kreislauf
1990. 114 Seiten. Brosch. DM 55,-
ISBN 3-7908-0515-7

Band 40: Anette Gehrig
Strategischer Handel und seine Implikationen für Zollunion
1990. 174 Seiten. Brosch. DM 65,-
ISBN 3-7908-0519-X

Band 41: Gholamreza
Nakhaeizadeh/
Karl-Heinz Vollmer (Hrsg.)
Anwendungsaspekte von Prognoseverfahren
1990. 169 Seiten. Brosch. DM 59,-
ISBN 3-7908-0519-X

Band 42: Claudia Fantapié
Altobelli
Die Diffusion neuer Kommunikationstechniken in der Bundesrepublik Deutschland
1991. 319 Seiten. Brosch. DM 79,-
ISBN 3-7908-0525-4

Band 43: Josef Richter
Aktualisierung und Prognose technischer Koeffizienten in gesamtwirtschaftlichen Input-Output Modellen
1991. 376 Seiten. Brosch. DM 89,-
ISBN 3-7908-0529-7

Band 44: Elmar Spranger
Expertensystem für Bilanzpolitik
1991. 228 Seiten. Brosch. DM 69,-
ISBN 3-7908-0532-7

Band 45: Frank Schneider
Corporate-Identity-orientierte Unternehmenspolitik
1991. 295 Seiten. Brosch. DM 79,-
ISBN 3-7908-0533-5

Band 46: Beat Gygi
Internationale Organisationen aus der Sicht der Neuen Politischen Ökonomie
1991. 258 Seiten. Brosch. DM 75,-
ISBN 3-7908-0537-8

Band 47: Ludwig Hennicke
Wissensbasierte Erweiterung der Netzplantechnik
1991. 194 Seiten. Brosch. DM 55,-
ISBN 3-7908-0544-0

Band 48: Torsten Knappe
DV-Konzepte operativer Früherkennungssysteme
1991. 176 Seiten. Brosch. DM 55,-
ISBN 3-7908-0545-9

Band 49: Peter Welzel
Strategische Handelspolitik
1991. 207 Seiten. Brosch. DM 69,-
ISBN 3-7908-0546-7

Band 50: Hartmut Wiethoff
Risk Management auf spekulativen Märkten
1991. 202 Seiten. Brosch. DM 69,-
ISBN 3-7908-0549-1

Band 51: Rainer Riedl
Strategische Planung von Informationssystemen
1991. 227 Seiten. Brosch. DM 75,-
ISBN 3-7908-0548-3

Band 52: Klaus Sandmann
Arbitrage und die Bewertung von Zinssatzoptionen
1991. 172 Seiten. Brosch. DM 65,-
ISBN 3-7908-0551-3

Band 53: Peter Engelke
Integration von Forschung und Entwicklung in die unternehmerische Planung und Steuerung
1991. 351 Seiten. Brosch. DM 98,-
ISBN 3-7908-0556-4

Band 54: Frank Blumberg
Wissensbasierte Systeme in Produktionsplanung und -steuerung
1991. 268 Seiten. Brosch. DM 79,-
ISBN 3-7908-0557-2

Band 55: Pay Uwe Paulsen
Sichtweisen der Wechselkursbestimmung
1991. 264 Seiten. Brosch. DM 75,-
ISBN 3-7908-0561-0

Band 56: Barbara Sporn
Universitätskultur
1991. 213 Seiten. Brosch. ca. DM 75,-
ISBN 3-7908-0563-7

Wirtschaftswissenschaftliche Beiträge

Band 57: Arnis Vilks
Neoklassik, Gleichgewicht und Realität
1991. 112 Seiten. Brosch. DM 59,-
ISBN 3-7908-0569-6

Band 58: Mathias Erlei
Unvollkommene Märkte in der keynesianischen Theorie
1991. 267 Seiten. Brosch. DM 79,-
ISBN 3-7908-0571-8

Band 59: Doris Ostrusska
Systemdynamik nichtlinearer Marktreaktionsmodelle
1992. 178 Seiten. Brosch. DM 68,-
ISBN 3-7908-0582-3

Band 60: Georg Bol/Gholamreza Nakhaeizadeh/Karl-Heinz Vollmer (Hrsg.)
Ökonometrie und Monetärer Sektor
1992. 238 Seiten. Brosch. DM 75,-
ISBN 3-7908-0588-2

Band 61: Switgard Feuerstein
Studien zur Wechselkursunion
1992. 132 Seiten. Brosch. DM 65,-
ISBN 3-7908-0590-4

Band 62: Hubert Fratzl
Ein- und mehrstufige Lagerhaltung
1992. 190 Seiten. Brosch. DM 69,-
ISBN 3-7908-0602-1

Band 63: Peter Heimerl-Wagner
Strategische Organisations-Entwicklung
1992. 231 Seiten. Brosch. DM 75,-
ISBN 3-7908-0603-X

GPSR Compliance

The European Union's (EU) General Product Safety Regulation (GPSR) is a set of rules that requires consumer products to be safe and our obligations to ensure this.

If you have any concerns about our products, you can contact us on ProductSafety@springernature.com

In case Publisher is established outside the EU, the EU authorized representative is:

Springer Nature Customer Service Center GmbH
Europaplatz 3
69115 Heidelberg, Germany

Batch number: 10816188

Printed by Printforce, the Netherlands